Guerrilla Tours

Guerrilla Tours

Juan Nicolás Gaudenzi Chertkoff

Guerrilla Tours.

Primera edición, enero 2014

© Nicolás Gaudenzi Chertkoff
© Casa Editorial Abismos

México, D.F

Tijuana

Dirección editorial: Sidharta Ochoa
Diseño editorial: Erika Aguilar
Diseño de portada: Alejandro Casas

ISBN: 978-0615945552

A mi Liz

"Es un nuevo tipo de guerra en la cual se aprende mucho si estamos dispuestos a aceptar lo aparentemente increíble".

E. Hemingway.
"Un nuevo tipo de guerra".

ÍNDICE

CAPÍTULO 1
PLACER A PRUEBA DE BALAS

Lento, rugiente y arrojando una densa nube de humo negro, el mastodonte llamado "Terminator" sube la última cuesta antes de llegar al ultrajado Paraíso.

Desde la dudosa comodidad de sus entrañas, a través de los vidrios de 19 milímetros de espesor, los viajeros miran hacia abajo y respiran aliviados: el Purgatorio es apenas una imprecisa planicie con diminutas viviendas de adobe y teja, semi-destruidas algunas, abandonadas casi todas; maizales y campesinos resecos a ambos lados del camino; huérfanos con los vientres abultados rodando a la buena de Dios, como los ovillos de ramas y espinas con los que teje el viento. Y, por doquier, simbólicos túmulos de piedra y cruces de palo. Las osamentas que deberían estar dentro de ellos se amontonan en fosas comunes tan repletas como ignotas.

No lo saben, pero es obvio que lo presienten: han dejado atrás el tramo más lúgubre; el más vapuleado por la guerra y, paradójicamente, el menos comentado por los guías, habitualmente locuaces, informados, irreverentes, pero inexplicablemente silenciosos y taciturnos desde que abandonaron la carretera principal hasta que iniciaron el asalto al Cielo.

Ahora avanzan entre nubes y rayos de sol en armoniosa danza, en medio de montañas cubiertas de coníferas. Más adelante los picachos se inclinan para formar una especie de garganta sobre el camino. Y los guías, en lugar de explicarles que allí se produjeron algunas de las emboscadas más letales, los invitan a mirar hacia adelante donde se extiende el altiplano indígena, imbatible, pese a todo, durante quinientos años.

Algún día un nostálgico veterano de esa guerra comprará un lugar en "Terminator" y entonces el lucrativo negocio se habrá terminado. Porque descubrirá que los guías, al final de cuentas, de transgresores o descarados no tienen nada, o casi nada: en los parajes con siniestras historias callan y, en cambio, frente a las aldeas menos dañadas y las milpas más prósperas, los bosques mansos y los retazos de selva virgen, hablan hasta por los codos.

Los acusará de falsedad y será una calumnia, porque de lo ocurrido saben demasiado y precisamente por eso no comercian con el pasado. Apenas retocan el presente a gusto de los consumidores: aburridas amas de casa, jubilados inquietos, descartables veteranos de otras guerras, neuróticos perdidos, fantasiosos incurables, excéntricos de todo cuño. La fiel pero insatisfecha audiencia de las guerras transmitidas en vivo por televisión, sin sangre, sin alaridos, sin descuartizados, sin buitres hurgando en las cuencas de los ojos y perros disputándose las tripas.

Mucho antes de que las grandes cadenas de TV descubriesen el negocio de llevar a los hogares en tiempo real la versión menos real de las guerras – invariablemente el punto de partida de los disparos, las bombas, los misiles; nunca el horror de su llegada –, ellos ya las habían superado con creces, trasladando una parte del público estadounidense – la más entusiasta y adinerada – al teatro de operaciones, donde no inventan ni ocultan nada; solo acomodan algunas piezas.

Es verdad que evitan las referencias históricas. Sobre todo porque el principal argumento de venta del tour es que se trata de una guerra saludable; no de una guerra agónica. Pero, también, por otras razones más difíciles de explicar...

Si la hierba crece espléndida y hasta florida en ese tramo de la cuneta donde bastante tiempo atrás fue aniquilada una columna guerrillera, y de los cadáveres de hombres y mujeres jóvenes, hermosos, idealistas y valientes, incinerados con gasolina por los soldados, solo queda el recuerdo de una quimera ¿para qué van a explicarle a los cándidos turistas la composición química del abono de esas hermosas margaritas silvestres?

¿O, acaso, las aerolíneas explican a sus pasajeros que la precaución de ajustarse el cinturón en los despegues y aterrizajes no tiene nada que ver con la seguridad, sino con la necesidad de sujetar los cuerpos a sus respectivos asientos para poder reconocer más fácilmente los cadáveres en caso de un accidente?

Ellos no son médicos forenses, ni antropólogos, ni historiadores. Por eso no van por la ruta deteniéndose cada tanto para llamar la atención de sus clientes y decirles, por ejemplo: —¿Ven aquella ladera, cubierta de pasto tierno? Allí había una aldea que fue completamente destruida por el ejército.

O: —Bajo esta capa de cemento, frente a la Alcaldía Municipal, desde la cual pueden observar la belleza y pulcritud de un típico pueblo maya, se pudren los huesos de una docena de vecinos ejecutados ante la aterrorizada mirada de toda la población porque proporcionaban alimentos al enemigo.

O: —Esos maderos oscuros y chamuscados que apenas se distinguen entre la maleza, correspondían a una casa que fue incendiada con todos sus moradores dentro. La vida involuciona: donde había ancianos sabios, adultos laboriosos, niños bulliciosos, ahora – vengan a ver – hay bosta de vaca, rechonchos gusanos... Pero, no hay que ser pesimistas... también hay avecillas y simpáticos roedores.

O invitándolos a participar en el macabro experimento de los zopilotes[1]: ante un árbol a punto de sucumbir bajo el descomunal peso de decenas de esos bichos inmundos (aunque a W. Faulkner le hubiese gustado reencarnar en uno de ellos ya que "nadie lo odia ni lo envidia, ni lo quiere, ni lo necesita..."), por más piedras que les arrojen, batirán las alas pero no emprenderán vuelo. El sobrepeso logrado gracias a una dieta rica en proteínas humanas, se los impide.

Pero, entonces, ¿qué son ellos? Ex corresponsales de guerra. Socios de una pequeña y original empresa del sector turístico. Aventureros si, pero, sobre todo, artistas que desperdiciaban su talento en una actividad peligrosa, devaluada y, sobre todo, estéril. Como "Pegasos atados a un arado", según una antigua comparación anónima.

Heminway recomendaba no ejercer el periodismo durante demasiado tiempo. Y Faulkner (otra vez) fue el que dijo: "...la finalidad de todo artista es detener el movimiento, que es vida, por medios artificiales y mantenerlo fijo de suerte que cien años después, cuando un extraño lo contemple, vuelva a moverse en virtud de que es vida". La finalidad de ellos es precisamente esa (además de hacer dinero). Mantener detenido el movimiento de la guerra en alguno de sus momentos culminantes hasta la llegada de un nuevo contingente de turistas. Entonces, cuando el auditorio (el mastodonte) está lleno, dejan correr la película... que es la vida. Por medios bastante artificiales también: veteranos guerrilleros en lugares y situaciones novedosos; pequeñas unidades del ejército regular actuando como dóciles extras; escaramuzas prefabricadas; amenazas y peligros que sólo existen en el recuerdo.

15

Todo en nombre del Arte y para que nadie se considere engañado por la oferta de la agencia de viajes: **"Guerrilla Tours"**.

La idea surgió una mañana, cuando al salir a la carrera, cargando cámaras, grabadoras y chalecos anti-balas, una estadounidense en el umbral del hotel y de la tercera edad, con un bolso *Louis Vuitton* como único equipaje, los detuvo para preguntarles donde podía encontrar a las *guerrillas*.

—Soy viuda y jubilada. Me gustaría ser escritora y pienso que los comunistas pueden darme una buena historia —les explicó un poco avergonzada.

Acababa de llegar después de haber retirado casi todos sus ahorros de un banco de Seatle y estaba un tanto desorientada, sobre todo porque no sabía si esos estampidos provenientes de algún barrio periférico, eran producidos por cohetes de artificio o balas de verdad.

—Señora, ¿porque no entra a tomarse un cafecito mientras el tiroteo acaba? —le sugirió uno de ellos, antes de encaramarse en uno de los automóviles identificados con enormes carteles de "PRENSA" que partieron raudos hacia el lugar del combate.

Al volver, como siempre – salvo un par de novatos impresionados por los cuerpos agujereados –, después de transmitir sus respectivos despachos nadie habló sobre lo que acababan de presenciar. ¿Cadáveres? ¿Pequeños ríos de sangre corriendo por las calles? ¿Alfombras de cápsulas de bala sobre el asfalto? ¿Tantos impactos en las paredes que parecían haber sido súbitamente afectadas por una epidemia de viruela? Nadie había visto nada de eso. Para no terminar compartiendo la cama con fantasmas lo mejor es creer que no existen...

Además, esa tarde, apoltronados y semi-borrachos en el bar del hotel, la providencial aparición de la jubilada de Seatle les proporcionó otro tema de conversación hasta muy entrada la noche.

¿Qué relación existía entre la llegada de esa primera turista de guerra y las muestras de querer tirar la toalla de la Guerra Fría que en la URSS había comenzado a dar un tal Gorbachov?

—Muy sencilla —apuntó un camarógrafo griego que se había iniciado en los misterios de la región como un modesto narcotraficante—. ¿Quién de ustedes no hubiese querido asistir a un concierto de los Beatles teniendo algún dato sobre la inminente disolución del grupo?

16

—¿Es decir que en Estados Unidos algunos presienten el fin de esta guerra y quieren presenciar las últimas batallas? —le preguntó un italiano—. ¿Lo mismo que ocurre con una obra de teatro, con cualquier espectáculo en cartelera durante muchos años, que llena la sala en las últimas funciones?

—Y sí; a último momento todos quieren verlo para poder contarle a los nietos...

—¿Entonces, todos están de acuerdo con que esto se acaba? —quiso saber, con una mezcla de alivio y frustración, uno de los novatos.

El asentimiento fue tan unánime que la conversación se orientó entonces hacia las perspectivas sectoriales y los planes personales después de tantos años de conflictos armados en el istmo.

O porque tenían asegurada la retirada, o porque durante todo ese tiempo se habían convertido en burócratas del periodismo y no concebían su futuro en otra actividad, ni siquiera en otras empresas, para la mayoría imaginar otras fuentes de ingresos fue apenas un juego.

Para colmo, participaron en él como amateurs, es decir con propuestas carentes de seriedad, como la creación de una escuela de guías... para perros ciegos.

La minoría, en cambio, o porque había terminado estableciendo sólidos lazos afectivos con la región, o porque había roto para siempre con los que alguna vez los unió a sus países de origen, o por ambas razones, dio muestras de interés.

Sólo muestras, porque las iniciativas fueron desde las más vulgares, como abrir una pizzería, hasta las más absurdas como reproducir las condiciones del Toque de Queda: personal armado con órdenes de disparar ante cualquier intento de fuga de una discoteca-hotel, de manera que quienes fuesen a bailar no tuviesen otra alternativa que permanecer en su interior hasta la mañana del día siguiente.

Mientras tanto, el futuro fundador de "Guerrilla Tours", George (Guillermo) O'Rourke, un argentino descendiente de irlandeses, permaneció casi toda la velada en silencio, hundido en un sillón y abrazado a una botella de *"Jameson"*, reflexionando sobre la genial observación de los camarógrafos, por algo provenientes de la cuna de la civilización occidental: "... en Estados Unidos algunos presienten el fin de la guerra y quieren presenciar las últimas batallas".

«¿Algunos? ¿Cuántos? ¿Los suficientes cómo para justificar una pequeña inversión en el montaje de una agencia de viajes? Tal vez... El "turismo-aventura" era una iniciativa que apenas comenzaba a explorarse en algunos países del primer mundo, pero, sin duda, tenía un extraordinario potencial. ¿Y qué otra aventura más apasionante e inolvidable que una guerra de verdad, sobre todo si se tomaban las precauciones necesarias para que los viajeros pudieran contarla?»

—¿Saben cuál es el problema? —preguntó—. Y sin esperar alguna respuesta afirmó: - La solemnidad. Uno de los peores males que padecemos los latinoamericanos es la solemnidad.

Y como ni siquiera la botella entendió que tenía que ver ese comentario con el tema de la conversación, la alivianó otro poco y pasó a explicar:

—Puede ser que ese Mijail inquiete a la viejita de Seatle; pero a quienes tiene verdaderamente alarmados es a los camaradas cubanos. Como temen ser parte del precio a pagar por la Perestroika, ahora les ha entrado una gran urgencia por encontrar otras fuentes de ingresos. Hace unos meses estuve en la isla y al darme cuenta de esa necesidad quise aportar mi granito de arena con una de mis tantas ideas geniales...

—Como esa de los carritos de Coca Cola recorriendo las montañas —lo interrumpió un inglés.

—¡No!; en serio, («estúpido brit», pensó) ...un proyecto genial: invertir en infraestructura turística a lo largo del trayecto que hizo Fidel desde Playa de las Coloradas, ese remoto y casi desconocido lugar en la provincia de Oriente, donde desembarcó en el 56, hasta su entrada triunfal en La Habana, pasando por Sierra Maestra, Santiago, Escambray, Santa Clara, Las Villas... Es decir, el aprovechamiento turístico de los principales campos de batalla; de toda la campaña. ¡Una forma de mantener fresco el recuerdo de la guerra revolucionaria y... de hacer mucho dinero!

—Y, por supuesto, tu querías que la inversión la hicieran ellos pero que te dieran la concesión del tour —se adelantó un mal pensado.

—¡No; yo les di la idea con todo el desinterés que me caracteriza.

—¿Y qué pasó? —quisieron saber todos.

—Me mandaron a la mierda. "¡La sangre derramada jamás

será negociada!", me dijeron indignados los tremendos... solemnes[2] —se burló, sin imaginar que él terminaría adoptando más o menos la misma actitud ante los antiguos campos de batalla.

Como no estaba dispuesto a seguir gastando pólvora en chimangos[3] en los siguientes meses se lo vio desarrollar una febril actividad, cada vez menos vinculada a las noticias y más parecida a las relaciones públicas... o a la conspiración, a juzgar por la cantidad e intensidad de las conversaciones en *off* sostenidas con extraños o influyentes personajes, entre ellos nada menos que el sub jefe del Estado Mayor de la Defensa y un ex general extranjero, asesor de las Naciones Unidas y agente, en sus ratos libres, de algún servicio de espionaje.

Ya había comenzado la temporada de lluvia cuando toco el timbre de la casa del general europeo, una discreta mansión en las afueras de la ciudad. El veterano vivía con una sirvienta sorda, tres perros feroces, armas, libros y botellas de licor compitiendo en cantidad y calidad.

Esa tarde, por lo visto, el alcohol había ganado la justa cotidiana.

—Lo que dijo un premio Nobel de Literatura[4] sobre su país, es aplicable a toda esta región: aquí solo se puede vivir borracho —se disculpó el militar retirado al ver la expresión de desconcierto del argentino.

Pero el motivo de la turbación del visitante no era ni el aliento alcohólico, ni los enrojecidos ojos, ni siquiera el encanecido cabello alborotado de su anfitrión, sino la bata rosada que apenas lo cubría, y las pantuflas al tono.

«Estas guerras dan para todo» pensó O´Rurke.

—Siéntate. ¿Qué te sirvo?

En las siguientes horas, mientras afuera un verdadero diluvio se empeñaba en desmoronar árboles y hasta cerros, entre whiskies, rones y vodka, el alto oficial de inteligencia, con la dudosa credibilidad que puede conferir una bata rosa y con una verborrea que solo el alcohol proporciona, lo puso al tanto de la situación regional.

Claro, desde su perspectiva euro centrista, racista, despectiva, soberbia... Cinismo europeo, vodka ruso y travestismo universal *¡quel melange!*

—Efectivamente, la insurgencia está dando sus últimas bocanadas. Las potencias la están dejando sin oxígeno pero antes de pasar a mejor vida causará dos o tres desastres, especialmente en el frente sur-oriental, donde, como un escorpión, concentra su ponzoña.

—Espera que voy a darle la mano a mi mejor amigo y regreso para explicarte el ABC, porque no sabes nada —dijo antes de caminar con cierta dificultad hacia el baño.

—¿En qué estábamos? —preguntó al volver. ¡Ah si!; en el escorpión que se resiste a morir. ¿Y sabes por qué? Salud. Porque si analizas todas las operaciones guerrilleras en ese frente, planificadas por un cerebro estratégico de primer nivel (el comandante Joaquín Villalobos terminó asesorando al derechista presidente mexicano Felipe Calderón en su demencial guerra contra el narcotráfico), te das cuenta que tienen un único propósito: cercar las ciudades más importantes y lanzar sobre ellas un demoledor ataque final. Eso está pendiente y dará mucho que hablar... Salud. Ahí no se andan con mamadas[5], como dicen en México; ya cuentan con algo así como una columna móvil estratégica, el embrión de un ejército regular. Y por lo tanto, sean cuales sean tus proyectos personales, te recomiendo no acercarte demasiado. ¡Te van a romper el invicto! —sentenció con una carcajada que, por un momento, se impuso al rugido de la tormenta.

La situación aquí es totalmente diferente: pese a que Umbilical es un todo, este frente siempre me pareció otro continente... África: nunca supimos exactamente qué pasaba; quien era quien, cuál era la correlación de fuerzas; cómo debíamos actuar. ¿Crees que "el Che" alguna vez lo supo? Yo, aquí, trato de meterme en la cabeza de Fidel. ¿Qué hacer con un puñado de canches[6], universitarios, intelectuales, dirigidos por sus principales comandantes a control remoto y apoyados por una indiada analfabeta, sojuzgada y masacrada desde la Conquista; carne de cañón? ¿Conoces la historia del cerco a la ciudad de Mérida, en Yucatán? Creo que fue durante la "Guerra de Castas"; no estoy seguro... La indiada estaba a punto de tomarse la ciudad; los defensores no tenían como continuar resistiendo... Pero las primeras lluvias anunciaron que había llegado el momento de la siembra y los indios, en masa, abandonaron el campo de batalla y regresaron a sus milpas, ante la impotencia y desesperación de sus jefes. Si me dan a elegir prefiero 50 holandeses, Afrikaners, que 500 negros o indios... ¡Salud! Irregulares tan cercanos y tan diferentes... Aquí, primero, perdieron toda la estructura urbana. ¿Sabes que, en el colmo de la torpeza, llegaron a tener dos casas de seguridad en la misma cuadra, sin saberlo? Para los asesinos y torturadores asesorados por oficiales de tu país eso fue... ¿cómo dicen ustedes?... "papita para el loro". Ja, ja, ja... Pero, cuéntame sobre los oficiales de tu país... ¿Qué se creen, eh? Con esos bigotitos. Ja, ja, ja. ¿Son todos nazis, no? Como ustedes, los irlandeses (i). Los oficiales rubios; todos maricones; los suboficiales cabecitas negras[7] ¿Así les dicen, no? ¡Esos tienen huevos! ¿Y la tropa? Hijos o nietos de napolitanos y gallegos. Ja, ja, ja. Delincuentes y brutos. ¿Te corrieron, no? ¡Muy bien hecho, por rojo, comunista! Ja, ja, ja... Pero... ¡ah si!. Salud. Aquí, la guerrilla rural fue incapaz de proteger su base social; la perdieron ante la estrategia de "tierra arrasada"; "el garrote y la zanahoria": le prendo fuego a tu aldea, a tu iglesia, con todos adentro; una aldea, cien aldeas, qué más da...; a los que intentan huir los destripo ¿quieres ver fotografías? - pero te dejo una salida: los llamados *Polos de Desarrollo*; las *Aldeas Estratégicas*; el evangelismo y sus templos. ¿Y el ejército? ¿Crees que los asesores y mercenarios gringos alguna vez pudieron transmitirle algún conocimiento que no fuera la mejor forma de torturar? ¿Qué se puede esperar de un ejército de reclutas cazados y tratados como animales; de comisionados militares con permiso para asesinar y aterrorizados patrulleros civiles; de cabos que ordenan desertar a los soldados que no resisten los castigos a los que ellos mismos los someten; de oficiales corruptos, orgullosos por haber recibido un diploma del Curso Interamericano de Defensa, una verdadera estupidez marketinera que los gringos regalan como si tuviesen el mismo valor de una graduación en West Point? Salud. ¿Cuántos efectivos crees que son necesarios para quemar una aldea indígena? ¿Con qué preparación? ¿Con qué tecnología? ¡Machetes y antorchas! ¡La guerra de las antorchas! Fue suficiente para dejar a los canches aislados, sin armas ni provisiones, sobreviviendo como Robinson Cruzoe. Salud. Así, con semejantes contendientes; con un ejército que prácticamente se quedó sin aviones ni helicópteros y una guerrilla integrada por grupos de tres o cuatro combatientes muertos de hambre, ocultos en las montañas y la selva, esta guerra puede durar cien años. En la capital ni se enteran ni les preocupa. El "teatro de operaciones" les resulta tan lejano como Yemen. Los finqueros están resignados a no ver nunca más sus cafetalitos y sus cardamomitos[8] en el altiplano. Hasta los gringos están hartos de mal gastar sus dólares y asqueados de un genocidio que ellos mismos estimularon. Así que les impondrán una negociación. Pero, ¿a quién le importa esta guerrita? ¡Tomémonos otro trago!

La tormenta había perdido intensidad. Un buen pretexto para largarse.

Cuando O'Rourke llegó a la reja y miró hacia atrás, le pareció ver a través de una ventana al general completamente desnudo blandiendo una antorcha improvisada. Esa noche tal vez no sería una aldea indígena la consumida por las llamas.

Días después se reunió con un sombrío colega peruano, experto en temas económicos y negocios de todo tipo. —No hace falta ningún estudio de mercado —lo tranquilizó su amigo y primer socio—. El mejor estudio es el primer tour. Se necesita invertir únicamente para garantizar el primer viaje. Si resulta, con el dinero obtenido preparas el segundo y así sucesivamente... En el peor de los casos no habrás perdido mucho.

El éxito de la empresa, puesta en marcha menos de un año después de aquella charla en el bar del hotel, se debe, precisamente, a la aplicación de esa sencilla fórmula: cada tour, es encarado como si fuese el primero y el último. ¡Como lo que realmente es: una verdadera obra de arte: única, original, irrepetible! Es decir que, salvo el selecto grupo de accionistas-operadores; el medio de transporte ad-hoc ("Terminator"), una infraestructura administrativa mínima y un acuerdo marco con las principales estrellas invitadas: la guerrilla y el ejército, todo lo demás - itinerario, escalas y duración total, contactos y situaciones, provisiones y hospedajes, entre otros - se decide y organiza especialmente para cada viaje, en función, exclusivamente, del perfil (del grado de neurosis) del grupo de turistas que se logra reunir gracias a algunos recursos publicitarios de cuestionable calidad pero indiscutible eficacia.

¡Turismo de Guerra!!!!

Para reponerse de las batallas cotidianas, la "masa" se fríe en las playas o se excita con los cementerios europeos. Pero como usted nunca perteneció a la "masa" y siempre ha sido una persona de acción, le proponemos una expe-

riencia única e inolvidable: ¡una guerra de verdad!

Cambie ya mismo todas sus preocupaciones por la única que vale la pena: la lucha por la sobrevivencia en un campo de batalla real (en un confortable vehículo blindado y en compañía de expertos que velarán por su seguridad).

¡Únase a nosotros en una apasionante excursión por Umbilical, el último y legendario teatro de operaciones de la Guerra Fría, a un paso de su casa!
"Guerrilla Tours S.A."

(Solicite el envío gratuito de nuestro video-documental)

Tal el texto del anuncio previo a cada tour publicado en ciertos medios de la prensa estadounidense.

En cuanto al prometido material fílmico: cuatro minutos de las mejores escenas de guerra, cedidas gratuitamente por todos los camarógrafos de la región, para contextualizar las tomas de un reluciente e invulnerable "Terminator" trepando montañas azules; penetrando, avasallante, entre las esmeraldas derretidas de la selva tropical; surgiendo, amenazador, a través de los tules de la neblina matinal; horadando los misterios de la noche – y ahuyentando sus peligros – con sus potentes faros y reflectores auxiliares.

¡Ah! Y, por supuesto, el más sexi y multinacional grupo de "modelos" que pudieron reclutar en el propio gremio y en el del personal de auxiliares de vuelo de las aerolíneas con escala en Umbilical, para proporcionar al video el indispensable componente humano. Los supuestos "turistas de guerra" (los hombres con vestimentas de campaña y las atractivas muchachas con tan absurdas como atrevidas minifaldas) desayunando en un lujoso hotel; saliendo eufóricos para abordar "Terminator" como si fuesen a un pic-nic e instalados en su interior, con cocos desbordantes de ron en sus manos.

El título-slogan: *"Aventura y placer a prueba de balas".*

La verdad es que, con semejante presentación, nadie apostó un centavo en favor del éxito de la empresa. ¡Allá ellos! porque el alboroto que provocó su lanzamiento, en el restaurante de un amigo en South Beach, fue un presagio de la creciente aceptación que acompaña desde entonces el delirante negocio.

En poco tiempo "Guerrilla Tours" fue procurada no sólo por toda clase de solitarios, aventureros y adinerados, sino también por organizaciones humanitarias y pacifistas; congregaciones religiosas; sectas místicas; investigadores de OVNI's; clubes de ejecutivos y de solteros y hasta comisiones del Congreso.

Cuando se trata de alguna entidad la que, con suficiente anticipación, reserva todos los lugares de la siguiente excursión, los audaces empresarios aplauden alborozados. "Para cada sapo una pedrada" es la consigna en tales casos porque basta con conocer un poco las características y la historia del sapo para preparar un tour "ad hoc".

El verdadero desafío se presenta cuando a bordo de "Terminator" se instala un público impreciso o heterogéneo.

En tales casos, someten a los turistas a la siguiente encuesta, cuidadosamente elaborada por psicólogos y sociólogos de la Universidad Nacional de Umbilical:

a) ¿Tomó la precaución de dejarle suficiente comida y agua a su gato?

b) ¿Le gustaría pasar la noche en la misma cama (con las mismas sábanas sin lavar) en la que durmió el Che Guevara?

c) ¿Sabe cuál es la diferencia entre un tanque de guerra y uno de agua?

d) ¿Por cuánto dinero (dólares) cree usted que es posible alquilar el Palacio Nacional de Umbilical para un happening?

e) En la etapa de ovulación, ¿es muy evidente su excitación?

f) ¿Con quién le gustaría perderse en la selva: con Margaret Thacher o con Rigoberta Menchu?

g) ¿Votaría por Ríos Montt para Procurador de los Derechos Humanos de Umbilical?

h) ¿Qué cree que aprecia más un niño de la calle: una bicicleta o una pistola .45?

i) ¿Sabía que en Umbilical no hay cultivos de papas fritas?

j) ¿De qué color le gustaría que fuese la bolsa de plástico en la que repatriaríamos sus restos en caso de un accidente fatal?

La verdad es que alguna razón tuvo la mayoría de los socios para objetar el alto costo de semejante estudio. —¿De qué se quejan? —les preguntó visiblemente molesto el coordinador del equipo multidisciplinario que elaboró el cuestionario, cuando fueron a reclamarle. —Las respuestas tírenlas a la basura. Si hay alguien que se preste a semejante estupidez podrán hacerle creer cualquier cosa. ¡Y la mayoría de los clientes de "Guerrilla Tours", o se divierte en grandes con él, o pide más tiempo para contestarlo!

Entonces decidieron aprovechar la cuantiosa inversión con un método propio.

Para las excursiones con un mayor cargamento de buen humor reservan los lugares y las situaciones menos dramáticas o solemnes. Cuesta trabajo admitirlo pero hasta las guerras tienen algunos aspectos divertidos, como una fiesta, con guitarras y todo, en un campamento guerrillero y un recorrido, al anochecer, por algunos puestos de avanzada, de uno y otro bando, donde los estupefactos turistas comprueban que todos los días a la misma hora la guerra entra en el más absoluto receso mientras un canal local transmite los capítulos de "Roque Santeiro", una vieja telenovela brasileña. En cambio, para quienes el famoso cuestionario ameritó un sesudo y prolongado análisis, tienen previsto un breve curso de sobrevivencia e, inmediatamente después, la exposición a la mayor cantidad posible de peligros reales para que la ley de selección natural de los mejor dotados se encargue de hacer justicia.

Pero cuando la demanda de un tour no se caracteriza ni por una cosa ni por otra, es decir que resulta totalmente anodina, en vez de pensar en una obra de arte reproducen una pieza más de artesanía... y listo.

Con tal propósito aquí van, otra vez, en las postrimerías de un nuevo tour, entre las nubes que levantan vuelo y los rayos de sol que se niegan a seguirlas y se aferran a las cosas y a las almas de los viajeros; despertando gallos con el rugido del insomne mastodonte, con una tripulación de primera y un variado grupo de pasajeros de cuarta (el denominador común vuelve a ser la candidez)... salvo una atractiva mujer que, a todas luces, desentona con éste y con casi todos los turistas que hasta entonces "Guerrilla Tours" ha logrado convocar. De entrada, dobló cuidadosamente la hoja con el cuestionario, la deslizó por su discreto trasero y, acto seguido, la arrojó en dirección a las cabezas de sus anfitriones. En los parajes más atractivos o promisorios dormita. En las escenas más trabajosamente montadas, parece ausente. Por más que sobre-actúen, insurgentes y contrainsurgentes le producen la misma expresión de hastío. Mira los más hermosos paisajes de Umbilical: aldeas naranjas recostadas contra un imponente volcán lila; un hilo de plata serpenteando en el fondo de una profunda quebrada; prados y cultivos sumergiéndose en las heladas aguas de un lago, sin verlos; observando, en cambio, con sus inquietantes ojos verdes, alguna otra cosa oculta para el resto. Inclusive para el "padre fundador" que normalmente deserta de semejantes madrugones, pero que esa mañana está allí, en el asiento del co-piloto, despierto como nunca, esforzándose por encontrar en el trayecto por él tantas veces recorrido, los pretextos más lúcidos o más pueriles para girar la cabeza, mirar embelesado hacia ella y tratar de llamar su atención. Al menos hacia algunas cosas de este mundo que, por fugaces, irrepetibles, valen la pena, como el súbito y raudo vuelo de una saeta verde-azulada que vuelve a la vida el quetzal embalsamado en una vitrina del hotel; un pino lagrimeando miel sobre una roca de cuarzo; una avioneta que más parece un Pegaso saltando a lo lejos de cumbre en cumbre...

—Mira la menor altura de la maleza, en esa curva, junto al camino, comparada con los demás matorrales —le pide. —Como en muchos otros tramos, allí el ejército obliga a los campesinos a cortar periódicamente la vegetación para prevenir emboscadas.

Pero ella está y no está. Es más que evidente que está para él. Cuando le habla para señalarle algo, ella fija su mirada en sus ojos, en su boca, pero no se interesa por el objeto, el fenómeno apuntado; ni siquiera por la mano, el dedo que apunta. No está

1.- Los catártidos (Cathartidae.proviene del vocablo griego "kathartes" que significa los que limpian) son una familia de aves del orden Falconoformes que incluye los buitres americanos o buitres del Nuevo Mundo.

2.- En la primera década del siglo XXI el gobierno cubano puso en marcha este proyecto turístico.

3.- Dicho popular sudamericano. Como el "chimango" es un ave que no se come, se aplica al uso de recursos o energías inútiles.

4.- Miguel Ángel Asturias

5.- Delicadezas o sutilezas

6.- Blancos (los precursores). Después, por extensión, todos los guerrilleros.

7.- Expresión despectiva, racista y clasista para referirse a los mestizos.

8.- Tres géneros de hierbas perennes de las que sólo se utilizan las semillas. Oriunda de las selvas tropicales de la India meridional, Sri Lanka, Malasia y Sumatra, en la actualidad se cultiva también en Nepal, Tailandia y América Central, siendo Guatemala el mayor productor mundial.

para el mundo exterior con el que pretende distraerla (¿rescatarla?) de su propio mundo.

Mientras tanto, impertérrito, el entorno sigue su curso: la saeta continuará relampagueando mientras un indígena no la derribe de un plomazo o una pedrada para comérsela; y "Terminator" el suyo, acompañado con entusiasmo por el resto del pasaje.

Hasta que ella se digna a establecer una breve comunicación entre ambos mundos para proponer, así porque sí, caprichosamente – según la apresurada opinión de sus compañeros de viaje, especialmente uno de ellos – un repentino cambio de itinerario. Y el padre fundador se alegra porque tiene un nuevo motivo para volverse hacia ella y dedicarle toda su atención, como si los demás no existiesen. Y el conductor no puede creer lo que está presenciando, porque en cualquier otra circunstancia el director-gerente de "Guerrilla Tours" se hubiese hecho el sordo ante una sugerencia tan impertinente como esa. Sin embargo, ahora se lo ve feliz porque ¡finalmente! algo ha hecho que la enigmática mujer se interese por la travesía..., por otra travesía, a decir verdad.

En medio de la resignación de la mayoría y la airada protesta de un viejo, abandonan el camino previsto y seguro, para internarse en uno más pequeño e inexplorado, cubierto de piedras, coincidentemente en la misma dirección que pareció haber tomado la misteriosa avioneta antes de desaparecer detrás de una cadena de montañas.

CAPÍTULO 2
EL VIEJO NEIL

La primera bomba cayó en medio de un corral y ofrendó al cielo azul profundo un gigantesco ramo de tonos ocres: tallos de lodo y estiércol; flores de cuero, huesos y vísceras calcinados.

El manojo aun no había terminado de desplegarse, cuando otro A-37 ya estaba en picada.

¡Son of a bitch! alcanzó a vociferar Neil Alderton, jubilado de Michigan, antes de que un trozo de hierro candente le arrancara la mitad de la cabeza. La segunda carga había dado en el blanco. Hundió las chapas de zinc y explotó dentro de la sala de máquinas. El viejo Neil pagó cara su impaciencia. Mientras los demás estiraban las piernas y se demoraban en una primera visión de conjunto – nada espectacular, por cierto – él se había adelantado para cumplir con la impuesta visita lo más rápidamente posible. Y como era un tipo práctico, había caminado directamente hacia el edificio principal. Con semejante calor no estaba dispuesto a perder el tiempo en detalles innecesarios. El piloto aviador Estuardo Krummer Chang, de la Fuerza Aérea de la República de Umbilical, tampoco.

El joven capitán observó la generosa encomienda depositada por el comandante de escuadrilla, el coronel Eliseo Mendoza, a las 8 y a unos 30 metros fuera del objetivo. Como era su turno de "entrar en caliente", hundió el timón y desestimó el aviso de overspeed, para concentrarse obsesivamente en el cumplimiento de la misión.

Sorprendido a medio camino, Neil sintió que el "Dragon-fly" se le venía encima y todos sus sistemas de control dejaron de funcionar al unísono: mierda, lágrimas, orina y grito revueltos como 68 años antes en una cuna de encino en Zilwaukee, condado de Saginaw.

No fue el primero en morir. Dentro del edificio había media docena de técnicos y operarios, dos de los cuales quedaron fulminados una fracción de segundo antes que él. Los restantes acompañaron de mala gana los fragmentos de metal, las rajas de madera, los pedazos de ladrillo y cemento y las astillas de vidrio que volaron en dirección de Neil. Semi-cubiertos por ellos, quedaron desparramados dentro de un ángulo de 45 grados con vértice en la que había sido la entrada principal, retorciéndose y compitiendo con sus alaridos, en intensidad y agonía, con los mugidos de las vacas a esas alturas en incontenible estampida.

De ahí en más el ataque consistió en dar, con ametrallamiento y rockets, los últimos retoques a una obra que en líneas generales había quedado resuelta en los primeros diez minutos.

En el trayecto de los proyectiles 7.62 mm. desde un cafetal cercano hacia un pequeño estacionamiento alguien había tenido la mala idea de apilar unos tanques de combustible. Una vez perforados, las llamas que surgieron de ellos como relucientes morenas en el fondo de un mar abrasador mantuvieron sus colas aferradas al metal mientras se estiraban tratando de morder a tres peones que, a no mucha distancia, querían o creían ser tierra, piedra y grama. La explosión que se produjo después las ayudó a proyectarse. La mayor golpeó a Tierra en la espalda y a Piedra le achicharró la cabeza y los brazos con que inútilmente intentaba protegerla. Grama se levantó con dificultad e intentó una desesperada huida. Dio dos saltos y volvió a caer para no levantarse nunca más. Cuando el fuego lo alcanzó ya estaba muerto. La bala que lo perforó a la altura del hígado era letal, aunque hubiese tardado un poco en hacer efecto.

Para entonces, de las primeras zambullidas en profundidad los pequeños cazabombarderos habían pasado al vuelo rasante y de las bombas de 500 libras a los rockets M-117, de demolición, que parecían atraídos por poderosos imanes hacia las pocas estructuras que quedaban en pie Los vehículos, por ejemplo.

Cuando fue alcanzado el único tractor existente en decenas de kilómetros a la redonda pareció un elefante de circo respondiendo dócilmente a la vara de su domador: sacudió violentamente las orugas/orejas y cayó ruidosamente, primero de trompa y después de costado, fingiéndose dormido. Junto a él un pequeño utilitario 4 x 4 y un viejo camión corruptor de menores sucumbieron unidos por un inseparable abrazo de hierro, lámina y caucho. El único que resistió, a llantas firmes, la artera agresión, fue "Terminator". En realidad, no había sido blindado para ese tipo de ataques. Con buena voluntad podía decirse que llegaba a un nivel IV. Pero, como ocurre a veces, el disfraz puede terminar por imponerse al disfrazado; la apariencia de vigor fortalecer al débil; las delgadas planchas de acero transformar un reumático camión Ford 40, V8, en un formidable APC (*Armoured Personnel Carrier*), sólo que sin torreta ni cañón y bastante más grotesco.

Contrariamente a lo que cualquier observador desinformado hubiese pensado, el postrer improperio de Neil no estuvo dirigido a su ocasional asesino, el capitán Krummer, de quien, sin siquiera saber de su existencia, había sido un gran admirador. El destinatario, mejor dicho la destinataria, no estaba arriba sino a unos cien metros detrás. Y tampoco hubiese necesitado conocerla para ser su más temible detractor. Susanne Laforett conversaba con el resto de los excursionistas y la tripulación de "Terminator", del que acababan de descender, cuando la avioneta de reconocimiento – apenas un punto a 4 mil metros de altura – volvió a aparecer en el firmamento.

Habían llegado a media mañana, después de una prolongación del viaje, tan arbitraria como agotadora. Durante todo el trayecto, con cara de pocos amigos, Neil no había hecho otra cosa más que rumiar sus pensamientos.

«¡Shit!, no habían viajado miles de kilómetros ni gastado buena parte de sus ahorros para visitar un *fucking* establecimiento agro-industrial Contra la opinión de la mayoría de sus parientes y amigos y del *US States Department Travel Warning* se había embarcado en esa aventura precisamente para escapar de todo lo que oliese a industria y tecnología. Había sido una muy cuidadosa y costosa huida hacia el pasado, un pasado hasta entonces en penumbras para todos ellos. Peligroso, insalubre y casi siempre incómodo, pero fascinante desde todo punto de vista ¡Indígenas mayas viviendo exactamente igual que cuando los españoles llegaron a esas tierras! ¿O peor? En su profunda transparencia y sus brillantes arrecifes el mar aún conservaba peces de todo tamaño y color, montañas de caracoles, playas vírgenes y palmeras de verdad, balandros de madera y traineras oxidadas. El laberíntico mar de los conquistadores y los piratas... ¿Acaso no les había dicho O'Rourke – ese peruano ¿o era argentino? a quien con una mezcla de respeto e ironía sus compañeros llamaban "el padre fundador"– que por piratas no se preocuparan; que aún quedaban muchos en la región? Enormes áreas de selva tropical sólo habitadas por toda clase de animales y guerrilleros en una combinación tan armoniosa que, por momentos, costaba trabajo diferenciarlos. Guerrilleros casi pigmeos empuñando imponentes fusiles de asalto AK-47 rusos o chinos. Hermosas guerrilleras mestizas bañándose, en calzones y corpiño, en las cristalinas aguas de un río de montaña. Hierbas medicinales y frutas exóticas, alfarería, tejidos, redes, hamacas y antiguos instrumentos casi tan musicales como sus nombres (chin-chin, tun, chirimia) en los mercados de pueblo, en medio de todo ese colorido y ese bullicio propio de la gente pobre y despreocupa-da del Tercer Mundo. Ignorantes, pero serviciales y amables. Poco trabajadores y taimados, es cierto, pero profundamente creyentes y temerosos de Dios. Con mucha influencia católico-marxista, por lo visto; pero cada vez más cerca del Señor gracias a la creciente presencia e incansable labor de sus hermanos en Cristo. Una mi-sión evangelizadora verdaderamente universal: desde desnutridos indígenas hasta regordetas y emperifolladas damas de la sociedad. Todos los soldados y los paramilitares con un M-16, comprado a precio de sale, en una mano, y el Nuevo Testamento, absolutamen-te gratuito, en la otra. Según había leído en alguna parte, unos años atrás un famoso predicador le había pedido permiso al entonces director de la Escuela de Suboficiales (quien después se convertiría en Jefe de Estado) para distribuir ejemplares del Nuevo Testamento entre los cadetes. "No es necesario", le dijo el militar, "aquí, ya to-dos lo tienen". Habían viajado en el túnel del tiempo. Ya no quedaba nada de eso en la Gran Nación. Un pasado mítico y épico como el que recordaban los abuelos: tierras y mujeres para quien tuviera la decisión de tomarlas y trabajarlas... y los cojones para soportar-las, con la ayuda del buen Dios. Un revólver en la cintura, un buen bulto entre las piernas, parque a discreción y cero tax. Y también aguardiente familiar; ron del bueno; café de altura; aluviones de plata; ríos de oro; petróleo, bauxita y hasta uranio en las entrañas; aves de largos plumajes; campos de algodón y tabaco con escla-vos mestizos y hasta blancos; bosques de caoba y cedro; ríos hin-chados de peces; puentes colgantes; jaguares, venados y jabalíes; esteros con garzas y pelícanos; pueblos de adobe y rojizas tejas de barro cocido; sencillas iglesias coloniales e imponentes mansio-nes francesas; milpas en andenes hasta la cima de las montañas. Y una hermosa guerra por la libertad, mucho más parecida a las victoriosas guerras de su juventud como las de Grecia y Filipinas (Corea fue otra cosa y, además, nunca se supo quién ganó) que a esa payasada trágica de Vietnam. Y, sobre todo, mucho más cerca de casa. ¡Esos muchachos les habían abierto las puertas del paraíso doblemente perdido: por Adán y Eva, primero; por Johnson y Nixon algunos millones de años después! A bordo de ese ensordecedor armatoste de hierro y vidrios gruesos los habían conducido a través de la Gran Muralla construida sobre la margen derecha del río... bueno, de un río muy al sur del Grande o Bravo, y de entrada, al mostrarles esos miles de menesterosos de todo el mundo que, del otro lado, esperaban una oportunidad para colarse a través del campo minado, las barreras infrarrojas que accionaban electrónicamente ametralladoras M-60 – como entre Israel y sus vecinos –, el muro de 10 metros coronado con rollos de alambre electrizado, para hacer el mismo camino recorrido por ellos, pero en sentido opuesto, hacia la nación más poderosa y civilizada del mundo, les habían demostrado que cumplían al pie de la letra lo prometido: escenas y emociones fuertes, inolvidables. Aventura, peligro, pasión y contrastes. Es cierto que algunas cosas ya las había visto por televisión, en la época en que Washington estaba más interesado en esa guerra y, por lo tanto, las escenas de aldeas chamuscadas y decapitados con las manos amarradas con alambre eran invitadas infaltables a todos los *dinners*. Pero, ¿acaso no se aterrorizaron cuando, después de cruzar la Muralla, la multitud de alienígenas (indios, mestizos y orientales), hombres y mujeres de todas las edades, todos con esa expresión de desesperada esperanza, se abalanzó sobre "Terminator" y cuando temían lo peor los muchachos les explicaron, entre carcajadas, que solo querían dólares a cambio de sus depreciadas y despreciables monedas? ¿No fue inolvidable ese encuentro casual con los guerrilleros, en medio de la selva? Y la forma en que los muchachos manejaron la difícil situación, presentándolos a todos como miembros de una organización no gubernamental de los Estados Unidos dedicada a velar por el respeto de los derechos humanos en América Latina? ¿Y el impecable trabajo de los *Howitzer* de 105 mm., disparando contra un lejano reducto terrorista, que pudieron apreciar durante toda una tarde cómodamente instalados en un providencial mirador natural, mientras los muchachos les servían refrescos y sándwiches? ¿No estaban acaso disfrutando del aire puro y el olor a pólvora; de lo natural y elemental en todo su esplendor? De esa ausencia de industrias, de tecnología, de desarrollo, que hacía que todas las cosas y costumbres fuesen producto de la constante repetición a lo largo de los siglos, con el irresistible *encanto* de lo artesanal y primitivo que eso tiene.

¿A que venía entonces la insistencia de esa *fucking* Susanne para que se desviaran de la ruta e hicieran casi una hora más por un fucking camino de montaña para visitar una *fucking* fábrica de mierda?

Esa *fucking* liberal, marihuanera, intelectual, neoyorquina, con sus aires de suficiencia, igual que todos los democra-marihua-intelectua-judíos, buenos para cagarse en las más nobles y elevadas causas de la Nación – y limpiarse con la Bandera –, pero incapaces de plantar una papa».

La avioneta se estacionó en medio de la nada, pero exactamente sobre sus cabezas y después, siempre en silencio, comenzó a describir círculos concéntricos. Extrañados, la observaron durante unos minutos.

—¡Al camión! —gritó O'Rourke, ex cronista político y ex corresponsal de guerra; creativo desempleado cuando Washington se desentendió de esa guerra; culpable intelectual y director-gerente de "Guerrilla Tours" y, por lo tanto, encargado de velar por la marcha de la lucrativa empresa, misión que incluía preocuparse por la integridad física – la mental era una causa perdida de antemano – de los clientes para que ellos, sus hijos y los hijos de sus hijos continuaran siéndolo por mucho tiempo más. —¡Al camión, vamos al camión! —insistió con la autoridad de quien había asistido a otras ceremonias similares.

La Cessna arrastraba tres largas cuerdas electrónicas. En la punta de cada una de ellas había un pequeño caza-bombardero A-37. Los tres iniciaron su trayectoria de péndulo fuera del alcance de los sentidos de cualquier ser viviente en el valle y se arrojaron sobre la fábrica una vez superada la vertical, exactamente entre los dos cerros más altos.

Los viajeros estaban a pocos metros de "Terminator" y para que la cabina se ventilara habían dejado abierta la compuerta que ahora parecía convocarlos con urgencia a la engañosa seguridad interior. En la expresión desencajada de Sara Archer, de California, John Kogland, ex fotógrafo de Times reciclado en chofer titular de "Terminator", percibió claramente que la veterana entrenadora de golf estaba a punto de aceptar la riesgosa invitación y se la llevó al suelo, sin consentimiento previo. Los demás, O'Rourke incluido, los imitaron instintivamente y así, detrás de la ridícula protección de un cerco de maderitas pintadas con cal, pudieron ver el inmenso ramo de tonos ocres abriéndose al sol y debajo de su diabólica sombra a Neil convertido en patética estatua, las piernas de mármol teñidas de oscuro, la cabeza súbitamente reducida a la mitad unos segundos después.

Aunque la distancia y el aullido de las turbinas General Electric les impidieron oír el insulto, Guillermo lo registró como si el viejo se lo hubiese metido en un oído, de donde ya nunca más se lo podría sacar. Cuando vio que los A-37 maniobraban para pasar al ataque rasante, ordenó —¡Ahora sí, todos al camión!

Únicamente Susanne, John y Carlos "Carlitos" Samayoa, el chofer suplente y asistente general, ex sonidista de una cadena de televisión europea, obedecieron al instante. Entre los cuatro arrastraron al resto. El dulce John se apoderó de un tobillo de Sara y corrió con él debajo del brazo, con el resto de Sara detrás, rebotando contra las piedras. Mientras tanto, con la mano que le quedaba libre tiraba de la mochila de la maestra jardinera Ivonne Bath, de Georgia, y como la portadora no colaboraba, las correas amenazaban con dislocarle ambos brazos antes de que pudieran llegar al vehículo. La corpulenta Susanne se encargó de Nick, el alfeñique hermano de Ivonne, en una confusa escena que más tarde, teniendo en cuenta las tendencias sexópatas de Nick, motivó todo tipo de bromas; y como si fuese un tonel, Guillermo hizo rodar al diller de autos de Huston, Texas. Después de asegurarse de que el señor Douglas Delgado – que de delgado sólo tenía el apellido – chocaba debidamente contra la compuerta, se dio vuelta y miró en dirección a los añicos de la estatua de Neil, caída de su pedestal larga y pacientemente construido con partes iguales de ignorancia, ingenuidad y mala leche. Por un momento pensó ir a recogerlos pero las 7.62 ya habían comenzado a transitar el sendero en dirección al estacionamiento.

Hay que ver los milagros que obra una hilera de balas avanzando con decisión. Entraron como Dios les dio a entender. Es decir, sin dudarlo un instante y todos al mismo tiempo por la puerta trasera de apenas 60 centímetros de ancho por 120 centímetros de altura, proeza que no aumentó el número de pasajeros lesionados ya que ninguno llegó ileso hasta el vehículo, pero si la cantidad y calidad de las lesiones.

Cuando la tripulación, una vez cerrada la compuerta, trataba de poner un poco de orden en semejante zafarrancho una explosión, primero, y un estruendo amplificado cien veces en el interior del casi hermético recinto metálico, inmediatamente después, no dejaron un sólo tímpano con su curvatura normal.

El tractor había sido alcanzado de rebote. Si no hubiese sido porque el M-117 pegó primero en una casilla de vigilancia, del pesado vehículo probablemente no hubiese quedado ni la marca y de "Terminator", que estaba a su lado, tampoco. De todas maneras, como el impacto se produjo debajo del tractor, el suelo se transformó en una cama elástica que impulsó al blindado hacia arriba. La brusquedad del despegue fue tal que en su interior todos quedaron aplastados contra el piso, salvo la cabeza de Carlitos que encontró el panel de instrumentos en su trayecto y resultó con un formidable chichón. El griterío general (de Brigada) ascendió inmediatamente a general de División. Cuando aterrizaron, después de un vuelo de apenas un segundo y medio, el crujido del sistema de amortiguación y de la carrocería toda generalizó la convicción de que los gloriosos días de "Terminator" habían llegado a su fin. Sin embargo, el vehículo aguantó a lo macho1 y tras algunos brincos arrítmicos y decrecientes, sus cuatro llantas reforzadas quedaron niveladas sobre el suelo.

Como pudo John llegó a su puesto, dio arranque y después de un enérgico carraspeo para destapar sus vías respiratorias, "Terminator" vibró de emoción y anunció que estaba listo. John, que ya había enganchado la primera marcha, soltó bruscamente el pedal de embrague, pisó el acelerador a fondo y el mastodonte saltó hacia la vida, dejando atrás, en medio de una nube de tierra, humo y pólvora, varios muertos, una fábrica en ruinas y una escuadrilla de la heroica Fuerza Aérea de Umbilical que regresaba a su base con la satisfacción del deber cumplido, pero sin haberse percatado de la huida.

—¡Qué horror! —le dijo Susanne a Guillermo (parafraseando al Kurtz de Conrad, sin saberlo), con quien compartía el mismo asiento aunque semejante apretujón no tuviese absolutamente nada que ver con las excepcionales condiciones de la partida.

1.- Expresión popular equivalente a "resistir como todo un hombre"

36

Capítulo 3
UN DEDO SENSUAL

Se encontraron discretamente en el bar del hotel "El Lago" dos horas después de haber dejado a los atribulados turistas en sus camas, pensando en Neil (que ya no era viejo), dando gracias a Dios por no haber seguido sus pasos – en sentido literal y figurado – y por haber podido regresar a la ciudad, más salvos que sanos, para tomar un tecito y ocuparse de sus emociones y machucones hasta la hora de cenar. Una cena que, de no haber sido por la trágica pérdida del entusiasta y gruñón compañero de viaje, hubiese resultado la más conversada de la historia. Bueno, de todas maneras, lo sería. Y tras un cónclave de urgencia en la sede de "Guerrilla Tours" – una casona colonial alquilada por muy pocos dólares en uno de los barrios más elegantes de la pequeña ciudad – para analizar lo ocurrido y decidir qué hacer.

Los que participaron en el incidente más Jesús "Chucho" Fuentes, el administrador peruano, ex colaborador de "La República", y Roxana Roxi Lima, la secretaria, – llevaban suficiente tiempo viviendo en Umbilical – Carlitos y Roxi habían nacido allí – como para pensar siquiera en una denuncia ante alguna autoridad civil o militar. Bien sabían que en la Policía, en el Juzgado de Turno o en un cuartel, las posibilidades de comparecer ante un involucrado en el crimen, en cualquier crimen, eran altísimas; y que para el sistema de seguridad-justicia umbilicalense el primer candidato a extorsionar era la victima. También descartaron informar a la prensa local. El apego de esta a la verdad era tan escrupuloso que un bombardeo de la FAU podía aparecer el día siguiente como un ataque de extraterrestres. Pero, sobre todo, porque era la imagen de la empresa la que estaba en juego. "Agencia de viajes expone clientes a un bombardeo: un turista muerto" era un pésimo titular, pero peor aún era la posibilidad de verlo publicado en algún medio. En el extranjero – bien lo sabían – se enterarían de todas maneras. Tratarían de disuadir a los sobrevivientes, pero no podían impedirles que hablaran. El inevitable escándalo estallaría en cuestión de horas y para entonces tenían que tener una versión que reconociera la baja sufrida pero que, bajo ninguna circunstancia, los señalara como responsables de la imprudencia y mucho menos como testigos de la brutal agresión. Si algo caracterizaba la guerra sucia en Umbilical era la inexistencia de presos políticos: todo insurgente o simpatizante capturado era torturado primero y asesinado después; y la eliminación de testigos.

Con toda su experiencia en materia de evasión impositiva, Chucho fue, por unanimidad, el elegido para elaborar una coartada. En cuanto al cuerpo de Alderton, John y Carlitos regresarían al día siguiente para recogerlo, en un vehículo más rápido y, sobre todo, menos llamativo. Después vendrían los engorrosos trámites legales de la repatriación y del seguro, que no tenían al día, por supuesto...

Las ventanas estaban abiertas, de un lado, sobre la "aldad" (a medio camino entre aldea y ciudad y caracterizada por su fealdad) que a esa hora, con las primeras sombras extendidas y las luces del pobre alumbrado público siempre apagadas, ya estaba lista para iniciar, otra vez, su numerito de gran metrópoli, muy comentado, por cierto, en todos los folletos del Instituto Umbilicalense de Turismo. De todas maneras, al escaso público nocturno le daba exactamente igual que fuese apenas un recurso publicitario, porque o estaba borracho o estaba drogado o, simplemente, porque los homeless no suelen interesarse demasiado por el entorno turístico-cultural. Del otro, los ventanales (y las personas que estaban junto a ellos, sobre todo) miraban hacia el pequeño lago, famoso por su belleza y su altísimo nivel de contaminación. El calor del día probablemente se prolongaría durante la noche, pero una suave brisa hacía vibrar las llamas de unos candelabros tan prematuramente encendidos como mal distribuidos, con lo cual la mesa elegida por Guillermo sólo estaba iluminada por el tenue resplandor del atardecer. No se necesitaba ser astrónomo para prever que en pocos minutos la tibia luz anaranjada del ocaso sería sustituída sobre el pequeño mantel blanco por el más agradable aún resplandor lunar. Eso siempre y cuando algún mesero con iniciativa, esa rara especie que sólo aparece cuando menos se la necesita, no corriera hacia la mesa con el candelabro más grande del bar. ¡Veinte velas! En todo caso, no sería él quien lo pediría.

La vio subir las gradas, entre las plantas y las luces de colores del jardín. Lo primero que notó – las pequeñas lámparas estaban a la altura de los escalones – fue que en lugar de las horribles botas ahora tenía unas sandalias absolutamente indecentes con un delicado lazo a la altura del tobillo, otro en el talón y un tercero, alrededor del dedo gordo. ¡Nunca había visto un dedo gordo tan sensual! Y también había cambiado los jeans y la camiseta por un ligero y cortísimo vestido de algodón color ocaso que hacía más intenso, más antiguo, el bronceado de esa última semana al aire libre, y más suaves y amistosas las líneas de un cuerpo que sin ser perfecto – mucho hombro y poca nalga – por lo largo de las piernas, la discreta bóveda del vientre y la firmeza de los senos de regular tamaño, podía arreglarse por su cuenta en cualquier parte y salir airoso de cualquier cama. Aún tenía húmedo el cabello castaño y se la veía tan fresca, tan limpia, tan... desprovista de soutien e hipocresías que la única forma de terminar con ese delator campanilleo que se apoderó de los cubitos de hielo dentro de la copa que había pedido mientras la esperaba, fue tragárselos a todos de una vez, con la ayuda de dos medidas de whisky bien servidas. ¡Y él que sin tiempo para ducharse ni cambiarse tenía tierra hasta en los dientes, el cuerpo impregnado de sudor reseco, el pelo tieso y una insoportable combinación de olores: pólvora, gasolina, tierra, tabaco y ahora alcohol; que ni siquiera las ventanas abiertas lograban disipar!

Atravesó telarañas de miradas, nubes de suspiros, erupciones de taquicardia y, probablemente, percibió, imperturbable, señales de vida en unos cuantos penes herrumbrados, como si durante toda su vida no hubiese hecho otra cosa que moverse entre las mesas de un bar, para ir decidida en la dirección correcta. Es decir hacia donde la esperaba el hombre...«¡Amado!» estuvo a punto de gritar Guillermo para no dejar su fantasía a medio terminar. En lugar de semejante papelón, la saludó con forzada naturalidad. Ella le respondió el saludo y se sentó; llamó al mesero y sin averiguar si era *"Jameson"* o guaro[1] de la peor especie le dijo: —Por favor, me trae lo mismo que al señor.

—¿Viniste en taxi?

—No, caminando.

—¿Caminando? ¿Así?

—¿Así cómo?

«Vestida así en medio de semejante jauría de maniáticos sexuales, bárbaros libidinosos, violadores potenciales, con la que uno se cruza por estas calles todos los días», pensó, pero prefirió no responder.

Entonces, sin preámbulos, Susanne martilló verde contra castaño; su mirada directamente sobre la de Guillermo.

—Ok; hasta ahora todo fue una pantomima. Cada uno se gana la vida como puede y si hay idiotas como nosotros que pagan... Pero ese fue un ataque de verdad.

—¿Qué querés decir con "pantomima"? ¿Vos pensás que la guerra es una pantomima?

—Esta sí. Puede ser que hace algunos años... la guerra que tú viste... pero aquí no hay guerra desde que los militares liquidaron a casi todos los guerrilleros y, de paso, a algunas decenas de miles de campesinos indígenas. ¿O tú te crees que yo soy Neil? ¡Shit!, ¡no soporto que me trates como si fuera Neil! Él necesitaba creer que aún había una guerra. No podía vivir sin pensar que en alguna parte los intereses de nuestro país estaban amenazados y que estábamos luchando denodadamente contra esa amenaza; nosotros y nuestros aliados. Entonces, si esa amenaza no existía la inventaba; una inveterada costumbre en mi país. Vino aquí a confirmar su fantasía. Se encontró con todas las condiciones necesarias y con las secuelas de una guerra pasada. No le costó mucho prolongarla en su imaginación. El necesitaba creer que las estupideces que ustedes nos mostraron eran de verdad. Y se lo creía, como se lo creen los otros. Pero, te aclaro, por si no te diste cuenta, que yo nunca formé parte de los otros. ¿O tú crees que soy tan estúpida como para no darme cuenta de que ese encuentro con los guerrilleros fue una farsa, igual que los cañonazos. ¿Cómo es posible que estos muertos de hambre gasten tantas municiones en un simulacro, en una representación para turistas? ¿O ustedes comparten los gastos? Un circo como todo; bueno, como casi todo...

Le sacó un cigarrillo y el encendedor. De tan exagerada – casi todo lo que tenía que ver con "Guerrilla Tours" lo era –, la llama casi le quema las largas pestañas, pero también sirvió para resaltar por un instante sus hermosos ojos de felino. Un felino bastante irritado, por cierto.

—En el lugar donde paramos para ver los cañonazos, donde comimos los sándwiches, había latas de cerveza y paquetes de cigarrillos tirados por vaya a saber cuántos pinches gringos imbéciles, como nosotros, que guiados por ustedes, casualmente encontraron ese mirador mientras a sus pies la artillería del ejército de Umbilical ablandaba las posiciones enemigas. ¡Qué ridículo!

Le pareció una escena de celos. Algo así como —¿A cuántas habrás traído a este departamento? ¿A cuántas les habrás dicho lo mismo? —¡La gringa le estaba reprochando la falta de originalidad, de exclusividad! ¿En nombre de qué no declarada, aunque escandalosamente insinuada, atracción mutua, lo estaba presionando para que confesara todo? ¿A cambio de qué esperaba que le revelara todos los secretos de "Guerrilla Tours" tan trabajosamente construidos y tan celosamente guardados por los socios? ¿Con qué derecho? ¿Acaso era su amante? No, no lo era, al menos hasta ese momento. Y entonces, ¿a título de qué pretendía que le hablara sobre las mordidas en la frontera, de ambos lados; el arreglo económico tanto con los chafas como con los guerrilleros? Para los primeros electrodomésticos, whisky, cigarrillos, perfumes para sus amantes y todas esas porquerías traídas en "Terminator" desde los United States e ingresadas de contrabando; para los segundos el pago regular del famoso impuesto de guerra y, de vez en cuando, un cajoncito de municiones o de granadas, un par de M-16, un morterito, nada importante. ¿Y de la forma en que - no siempre - aprovechaban el viaje hacia Estados Unidos, también esperaba que le hablara? ¿O se estaba volviendo paranoico y Susanne no pretendía nada de eso?

—Yo no creo que vos seas como Neil. Tampoco pienso que seas una estúpida y nunca te traté como tal —le dijo. «Lo que sí creo es que estás furiosa porque te equivocaste al creer que la continuidad del inocente juego estaba garantizada para siempre. Y, de pronto, se acabó, precisamente en el lugar elegido por vos para visitarlo», pensó.

—Bueno, no personalicemos. No espero que admitas todas tus mentiras. La mayoría me parecen divertidas, ingeniosas. Lo que quiero que me expliques es el ataque a la fábrica porque ese sí que no lo armaron ustedes. Casi nos matan a todos. Perdiste el control del circo...

Para ocultar su bochorno optó por observar la rodilla que sobresalía del otro lado de la mesa e inclinándose un poco el muslo casi desnudo y la suave pendiente hacia un mundo mejor, con más circos que fábricas. «¿Había dicho "no personalicemos"?» No hubiese sido ella ni le hubiese gustado tanto si no hubiese dicho "no personalicemos". Definitivamente le gustaba esa mujer que intentaba despersonalizar una conversación con alguien por quien evidentemente se sentía atraída, a sabiendas de que esa atracción era recíproca; durante un cálido anochecer tropical, en un bar con luz de velas y tragos y todas esas cosas.

Haciendo un enorme esfuerzo para despersonalizar la rodilla, el muslo, la pendiente, le contestó: —Claro que fue un ataque de verdad. Si no, preguntále a Neil.

—¿Por qué contra la fábrica? ¿O fue contra nosotros?

—El objetivo era la fábrica.

—¿Por qué?

—Qué se yo. ¿Cómo querés que entienda la lógica de estos psicópatas?

—¿Alguna vez viste algo igual?

—¿Qué cosa? ¿Un bombardeo? Varias veces.

—¿Contra un objetivo no militar?

—Contra la población civil. Contra las aldeas. Con granadas de mano dentro de vasos de vidrio cuando se les acababa la provisión de bombas!

—¿Pero contra una fábrica? ¿No se supone que los dueños de las fábricas son los amos de los militares? ¿O podría ser alguna cuestión personal, algún ajuste de cuentas con el dueño de esa fábrica en particular?

—Muchas fábricas no hay por aquí. Los amos siguen siendo los finqueros.

—Precisamente eso hace más absurdo el bombardeo ¡Contra una de las escasas fábricas de la región!

—Por eso tenías tanto interés en visitarla...

Ella descruzó las piernas, apoyó los codos sobre la mesa y la cabeza sobre sus grandes manos. Parecía fascinada porque, por fin, había logrado situar la conversación en el nivel despersonalizado y teórico que tanto pretendía.

—Claro, era una verdadera reliquia... del futuro. Es decir, una pieza de museo, un fósil, la última prueba de que existió una época de relativa industrialización que la guerra – la guerra que tu viste – se encargó de liquidar y, al mismo tiempo, la primera manifestación del futuro, que para esta región no puede ser otro que la re-industrialización, sobre nuevas bases y con nuevas reglas de juego. «Por eso lo tenía como lo tenía. Porque era la única mujer que había conocido que podía combinar la sensualidad y la inteligencia con toda naturalidad, con toda impunidad. ¡Atención! porque estaba a punto de caer en manos de un monstruo inconsciente de su poder. Podía elevarlo a las nubes o aplastarlo contra el suelo como una cucaracha, sin darse cuenta».

—¿Y tu qué piensas? —le preguntó, tocando suavemente el brazo de Guillermo para llamar su atención entretenida en vaya a saber que otros pensamientos. —Desde que salimos es la primera oportunidad que tenemos de estar solos. De conversar tranquilamente. ¿Sabes que detrás de tu simpatía y tus *public relations* eres un tipo bastante hermético? Me interesa tu opinión; no sólo sobre lo que ocurrió hoy; sobre todo este infierno. Tú lo conoces bien…

Pidió dos dobles más. Mientras los esperaba pensó que no eran ni el momento ni el lugar adecuados; que la luna efectivamente estaba ocupando el lugar del crepúsculo sobre el mantel y que el mesero con iniciativa felizmente no aparecía por ningún lado; que Susanne olía a jazmines – ¿o eran esos jazmines junto a la ventana? –, pero también pensó en el cadáver de Neil tendido bajo la misma luna y le pareció que no tenía escapatoria.

—No sé; es un rollo un poco denso, aburrido, nunca fui muy bueno para sintetizar. Que conste que te lo advertí... Desde la Independencia hubo algunos intentos por convertir este paisaje en el que estamos – me refiero a toda la región, desde la Gran Muralla hasta el Gran Lago en el límite con la nada – en algo así como una Nación. Esos esfuerzos se destruyeron contra las murallas de los castillos medievales, enfrentados entre sí. El resultado fue un grupo de feudos sin existencia ni viabilidad. En este momento estamos sentados en medio de un espejismo. Umbilical no existe y sus habitantes, como en la Comala de "Pedro Páramo" – ¿lo leíste? – son todos fantasmas. Si hubiese podido en ese mismo instante hubiese dejado a los fantasmas en paz tomándola de la mano para conducirla por un sendero opuesto, hacia el mundo de los vivos, de los cuerpos paciente y exclusivamente esculpidos para el amor y el placer – no necesariamente en ese orden –. Pero, muy contra su voluntad, ya habían comenzado a andar el camino hacia la ignominia, la desesperación y la muerte. Ahora no tenían más remedio que seguir adelante hasta algo parecido al final – ¿habrá un final para tanto sufrimiento? – para desde allí, desde las tinieblas, observar a lo lejos, más cálidas, románticas y propicias que nunca, las luces de las velas y correr velozmente de regreso para quemarse y derretirse junto a ellas, antes de que se apagaran para siempre. Recordó dos frases atribuidas a Edward Grey, el ministro de Asuntos Exteriores de Gran Bretaña en 1914: "Las lámparas se apagan en toda Europa" habría dicho mientras contemplaba las luces de Whitehall la noche en que su país y Alemania entraron en guerra. "No volveremos a verlas encendidas antes de morir". En realidad, en Umbilical las luces jamás se habían encendido – aunque un puñado de hijos de puta viviera bajo reflectores – y nunca había logrado imaginar el milagro que lo lograría.

—Por eso aquí la muerte no tiene ninguna importancia — agregó. ¿A quién puede importarle el destino de los inquilinos de un cementerio? Y si ustedes, los gringos, de vez en cuando se interesaron por Comala…Umbilical, es porque de aquí sale su sobremesa: las bananas, el azúcar y el café... El postre es lo único que importa. Lo demás es ficción. Y para producir bananas, azúcar y café no se necesita un país, mucho menos una Nación. Basta con tener tierras aptas, semi-esclavos que las hagan producir y algún capital para proporcionar a esos pobres diablos las semillas y los instrumentos de labranza. Me refiero a tecnología de punta como machetes, palas y azadones. Las tierras las aportaron los indígenas expropiados; la mano de obra semi-esclava también. En cuanto a la invalorable contribución de europeos y gringos, consistió en someter o comprar a los caciques, a los dictadores de turno, a los obispos dueños de los indios y a los criollos traficantes de mestizos, para conseguir todas las facilidades y todas las garantías que el capitalismo, como se sabe, necesita para contribuir al desarrollo del Tercer Mundo. Ok. Todo estaba muy bien; el progreso y el orden social – a fuerza de garrotazos – relucían por todas partes y supongo que hubiese seguido así si los Confederados ganaban la guerra en tu país. Pero como ganó la Unión, era previsible que algún día, aunque fuese un siglo después, a algún bostoniano de mierda se le ocurriría que si Umbilical era buena para producir el postre, también podía serlo para fabricar licor, cerveza, gaseosas, cigarrillos, ceniceros, platos y cubiertos. Ah... y papel higiénico. Ahí, literalmente, la cagaron, porque eso significaba construir algunas fábricas – esos infames reductos de sindicalistas – , enseñarle a los indios que también se pueden hacer ceniceros con una máquina, sin necesidad de tallarlos a punta de machete, con lo cual aparecieron unos tipos raros y peligrosos llamados obreros. Y como para los caciques – no todos –, dictadores – todos – , obispos de la época y explotadores criollos, la voz de Washington siempre ha sido la voz del amo, de pronto a todos les agarró una euforia integracionista y desarrollista que los llevó a terminar con las pocas manifestaciones precapitalistas que quedaban en el campo: colonos, arrendatarios, comuneros, a la mierda; mientras las capas medias urbanas, los estudiantes pobres, por ejemplo, se cagaban de hambre. Junta todos estos elementos objetivos, agrégale unos cuantos subjetivos como el Partido Comunista y todos sus desprendimientos y tenés, en la década de los sesenta, los gérmenes del desastre que se produciría pocos años después. Un desastre bélico con un saldo positivo – sobre todo para "Guerrilla Tours" – . Como después de tres décadas de guerra la incipiente planta industrial y toda la infraestructura quedaron hechas mierda, Umbilical regresó a sus mejores tiempos: las bananas, el café y el azúcar volvieron al centro de la mesa de donde nunca deberían haberse movido. ¿O acaso la región pretendía convertirse en exportadora de fibra óptica y micro-chips? Los sindicatos desaparecieron y los obreros volvieron a sus chozas en lo más remoto de las montañas, a sembrar maíz. Los dictadores al poder. La integración y el desarrollo de un mercado interno no pasó de una marihuanada. El interior volvió a ser tierra de nadie. Las selvas resurgieron; los bosques y los ríos se repoblaron. ¡El sueño de los ecologistas! Como a su alrededor el resto del mundo avanzó a una velocidad alucinante, Umbilical, gracias a la guerra, logró – con mucha sangre, dolor y lágrimas – ser lo que es hoy: un museo viviente, que atrae curiosos de todo el mundo, como ustedes.

Prendió un cigarrillo y a través del humo, en la expresión contrariada, pero absorta de Susanne vio el mapa del tesoro y descifró las claves de esa peculiar forma de seducción. ¡Por primera vez en sus reputísimas vidas y en sus putrefactas muertes los saqueadores de ayer y de hoy, los genocidas, los Reagan y sus ejércitos mercenarios, sus sicarios argentinos, estaban propiciando un acto de amor! Porque seguramente muchos tipos antes que él habían podido llegar al corazón o al sexo de Susanne, pero tal vez ninguno había descubierto la clave: que para obtener ambos y hacer del sexo un verdadero acto de amor, la única puerta de acceso estaba en su cabeza, en su intelecto, en su enorme deseo de entender por qué y para qué. ¡El camino que esa noche habían emprendido juntos era el correcto! La metáfora de las velas también. Ella necesitaba ir al fondo de las cosas, hundirse en las siempre lodosas, sulfurosas e infectas aguas primigenias, para después emerger más mujer que nunca, revalorizándose a sí misma y revalorizando la vida. El hombre que tuviese la inteligencia, la voluntad y los huevos para acompañarla en semejante inmersión sería su compañero para toda la vida.

—Lo que me gustaría saber es si en alguna parte la guerrilla destruyó la industria —insistió ella.

—No. Se dedicó a sabotear la poca infraestructura que había. Y algunas instalaciones en el campo como ingenios azucareros y beneficios de café. Pero las pocas fábricas existentes no fueron un objetivo prioritario, no.

—Sin embargo, el gobierno le adjudica a la guerrilla la intención de acabar con todo. Además de noticias sobre voladuras de puentes, sabotajes a las líneas férreas, al tendido eléctrico y cosas así, los diarios de estos días están llenos de advertencias sobre los riesgos que corre la planta productiva...

—¿Planta productiva? Aquí ese es un eufemismo para referirse a la industria cervecera y del ron... Pero, mirá... por salud mental, no leo los diarios de aquí. Además, vos tenés razón, los pocos combatientes irregulares que quedan no son una guerrilla y no están en condiciones de destruir nada. A esta altura del partido ya olvidaron cómo y por qué se inició la guerra – los soldados nunca lo supieron –. Su única preocupación es sobrevivir. Los pilotos de esta mañana no eran precisamente tres camaradas de la montaña...

—Ante escribías en ellos...

—Jamás escribí para la prensa local. Los principales medios son la basura más abyecta que puedas imaginar. «Ni nunca escribiré para nadie más» —podría haber agregado—, pero eso hubiese abierto otra línea de conversación igualmente engorrosa y, sobre todo, divergente respecto de su única, trascendente y vital preocupación de esa noche que providencialmente —gracias a los A-37 y al viejo Neil— comenzaba a parecerse a otras añoradas noches de los buenos tiempos que seguían a esos días de los buenos tiempos, pletóricos de noticias y combates de verdad, peligro, miedo y esa indescriptible sensación de conservar la (s) pelota (s) entre las piernas y la cabeza sobre los hombros después de haber gambeteado a la muerte. Más sensación que triunfo – al final de cuentas una gambeta no hace un partido – que ameritaba, siempre, ser festejada con mucho alcohol y mucho sexo.

—¿Susanne, puedo ver tu dedo gordo?

—Claro. Alargó el brazo derecho sobre la mesa y le extendió la mano, grande, fina, fuerte.

—No. el dedo gordo del pie.

—¿De cuál de los dos? —le preguntó entre sorprendida y divertida.

—No se. De cualquiera.

—Ok; pero antes me tienes que decir que piensan hacer.

—Nada.

—¿Cómo nada? ¿No lo van a denunciar?

—No.

– ¿Y en la embajada?

– Nosotros no, pero si vos querés, adelante... sos ciudadana estadounidense; vivís en los Estados Unidos; nosotros vivimos aquí, con todo lo que eso implica.

—¿Y si les preguntan, qué versión van a dar?

—Qué se yo; que se bajó de "Terminator" y pisó una mina, por ejemplo.

—¿Y tu no vas a investigar?

—No soy detective ni periodista. Ahora soy un hombre de negocios.

—Pero eras un cazador de noticias de raza. No entiendo cómo puedes haber cambiado tanto. Si a ti no te produce ni siquiera curiosidad, yo estoy muy afectada. Esto no puede quedar así... Algo hay que hacer...

—Espero que tu dedo esté un poco menos loco que vos...

Con toda naturalidad ella desdobló una pierna por debajo de la mesa en penumbras y colocó el pie desnudo sobre las rodillas de Guillermo. Un pie grande, fino, fuerte, como sus manos, desprovisto de ese frío tipo lápida de cementerio que caracteriza la planta de los pies de casi todas las mujeres, y dotado de unos dedos lisos, plenos, apenas húmedos, especialmente el pulgar, que los convertían en un verdadero objeto sexual. Como tal comenzó a acariciarlo.

—Creí que te interesaba solo el dedo...

—Imposible aislar la parte del todo.

—Estábamos hablando de desarrollismo e industrialización

incipiente... —le reprochó amablemente, mientras los dedos de la mano derecha de él trataban de abrirse camino entre los dedos del pie de ella en un acto que más que caricia era algo así como el intento de separar varias piernas a la vez para introducir otros tantos penes.

—Esto forma parte del mismo proceso.

—No digas tonterías ¿Qué tiene que ver? —le preguntó con un susurro, excitada por la sensación, pero más aún por la fantasía de la violación múltiple de la mujer mitológica, con cinco piernas y cuatro vaginas en la que él la estaba transformando, y temerosa de que su propia voz, cualquier sonido inoportuno, pudiese romper el hechizo de ese instante.

—Me extraña. En el próximo siglo únicamente personas con tus pies, con tu dedo gordo, serán capaces de afrontar el desafío de la re-industrialización.

La miró derretido, implorante. Ahora ella tenía que preguntar "¿por qué?" No tenía la menor idea de como continuaría ese diálogo absurdo, pero eso era lo de menos. Sabía con certeza como terminaría. Si ella preguntaba "¿por qué?" habría aceptado el juego y dejaría las puertas abiertas para entrar en otra dimensión.

—¿Por qué?

1.- Bebida alcohólica de mala calidad y bajo precio.

Capítulo 4
LA NOCHE DE LAS LUCIÉRNAGAS

La época del deseo sexual compulsivo y desesperado que suelen producir las grandes catástrofes, las guerras, cuando el instinto reproductivo acude al rescate de la especie amenazada, había terminado en esa región bastante tiempo atrás. No acabó abruptamente, como si hubiese sido una temporada de caza, sino que fue extinguiéndose lentamente, acompañando el ocaso de las acciones bélicas. Constatación hecha, desde la óptica de la pandilla de "Guerrilla Tours". con inocultable nostalgia porque – cuánto antes se aclare mucho mejor – ellos sufrieron pero también disfrutaron con la guerra.

Desde esta cuestionable – aberrante, para muchos – perspectiva, la primera señal de alarma fue el levantamiento del toque de queda. Comenzaba a las 19 y se extendía hasta las 7 del día siguiente, hora en que todos los corresponsales extranjeros se lanzaban a las calles para hacer un recuento de los acribillados durante la noche por las fuerzas de seguridad y los Escuadrones de la Muerte que, como todo el mundo sabe, son la misma cosa.

¿Qué patología podía entonces hacer que la supresión de uno de los principales pretextos para el genocidio fuese considerada una señal de alarma? «Porque fue uno de los primeros signos inequívocos del retorno a la "normalidad"», seguramente habría contestado Guillermo, si se lo hubiesen preguntado, sin dejar de ampararse en las comillas empleadas para referirse a la "normalidad". Para él y sus compañeros ni siquiera las ejecuciones nocturnas eran peores que lo normalmente considerado "normal" en Umbilical: la sociedad de castas, la Nación inexistente, el Estado represor; el interminable genocidio a la luz del día, por plomo o por hambre; la impunidad flagrante; el poder y la justicia como la correlación de la capacidad de fuego – el poder de la subametralladora sobre el revolver de acción simple –; la política como la feroz disputa por el reparto del botín; el gobierno como la llave maestra para el saqueo, y así sucesivamente.

Cediendo gentilmente el espacio de la imparcialidad periodística a los escribas del *USIS*[1], ellos vivieron e interpretaron la guerra como el único cuestionamiento real y efectivo de esa "normalidad". Y, en términos mucho más vulgares y egoístas – ¿para qué negarlo? –, como la posibilidad de ganar fama y dinero; de legitimar sus tendencias aventureras; de satisfacer buena parte de sus fantasías sexuales... mientras la "anormalidad" no sucumbiera bajo el peso y las balas del stablishment. Por eso, cuando la desaparición de las supuestas causas del toque de queda – las operaciones de la guerrilla urbana – hicieron insostenible la coartada del gobierno para sus asesinatos nocturnos, los futuros cómplices de "Guerrilla Tours" compartieron la sensación de alivio que se extendió entre la población, especialmente entre los noctámbulos incurables y la inmensa mayoría de madrugadores irredentos, aunque no dejaron de percibir, con tristeza, que el principio del fin de la fiesta había llegado. Tristeza compartida por decenas de periodistas extranjeros alojados en el mejor y más seguro hotel de la capital y por una multitud de umbilicalenses que durante algunos meses de libertad sexual, nunca antes ni después disfrutada, encontraron en ese estado de excepción un irreprochable argumento para llegar antes de las 19 horas a la discoteca del hotel y quedarse a dormir – en cualquier habitación, con cualquier compañía – hasta pasadas las 7 del día siguiente.

Sexo de guerra, imperioso, anónimo, animal. Sexo merecedor de una bendición por partida doble nunca concedida: de la Santa Madre Iglesia Católica, Apostólica y Romana, por su componente instintivo – la reproducción antes de la muerte que acechaba en las calles, aunque la relación entre una y otra, en la práctica de los preservativos y las balas, fuese desequilibrada en favor de la segunda – y del marqués de Sade, por su contenido lujurioso, absoluto, total. Sexo de combate, de reacción inmediata, de toque de queda, estado de sitio, emergencia nacional. Sexo de las cavernas, en la penumbra de otros tiempos, antes de que el engañoso brillo de la cocaína, las lámparas de mercurio de los laboratorios de investigación del SIDA y el destello de los monitores de miles de millones de PC, laptops y notebook esparcieran por doquier la mortecina luz de un nuevo amanecer, un segundo Renacimiento, "el hombre por fin libre de ataduras ideológicas para realizarse plenamente"... disfrutando plenamente del sexo virtual...En el mundo desarrollado, se sobreentiende, porque en Umbilical "el fin de la historia" consistió en la partida de los corresponsales extranjeros – no todos –; la recuperación de la discoteca y las habitaciones del hotel por los borrachos y los infieles de siempre; la reconciliación de los novios, sin preguntas y con alianza de compromiso y todo; el rescate de la sana práctica de las tertulias familiares; la reinstalación de la mentira, la mojigatería y la hipocresía en el sitial de los símbolos patrios; el redescubrimiento de los encantos de la rutina marital, los prostíbulos, la pornografía y la masturbación.

Es cierto que era la antítesis de la vulgaridad y la mediocridad circundante, pero tampoco podía asociarse con el sexo al borde del abismo del pasado, aunque tuviese algunas de sus reminiscencias. Era otra cosa. Por transparente, honesta, directa y desmedida, un verdadero atentado contra la moral y las buenas costumbres que, victoriosas, al mando de un ejército de evangélicos llegados del Norte, volvían a instalarse en sus tronos de plástico y felpa barata. Se atraían mutuamente desde la primera vez que se vieron con esa intensidad tan poco usual que hace que todos los gestos, todos los actos, todas las cosas adquieran un contenido erótico exclusivamente proyectado hacia el otro, como si antes de la inevitable colisión sexual existiese un pre-sexo, que no consiste precisamente en el ritual de la seducción porque ya están suficientemente seducidos, sino en un fantástico y prolongado coito mucho más rico que el propiamente dicho porque la ausencia de contacto físico es compensada por todo tipo de percepciones lúbricas y los más variados e insospechados objetos y símbolos, como un juego de llaves, manchas de grasa en un pantalón, una página en blanco, una patada en una piedra, un grito, que gracias a la alquimia erótica se transforman en factores de identificación, acercamiento, intimidad, calor, pertenencia...El ambiente se carga entonces de una extraña energía, muchas veces insoportable para el resto, porque es como si a cada instante se dijeran a los gritos "te voy a coger", "me vas a coger", o, mejor dicho, "te estoy cogiendo", "estamos cogiendo". Y, la verdad es que no han parado de coger desde el día en que se conocieron. Les gusta cogerse así. Untar con grasa tu juego de llaves y arrancar una página en blanco de tu libreta de apuntes para limpiarme con ella y gritar de dolor cuando tratas de usarla para detener las gotas de sangre que se escapan del dedo con el que le pegue a la piedra.

No digamos un adulto cualquiera; hasta el más heterodoxo

de los psicoanalistas – suponiendo que en Umbilical existiesen adultos y psicoanalistas – no lo hubiese considerado normal. "Por supuesto que no es normal. No somos normales", se decían entre risas, cantos, bailes y uno que otro porro con la mejor yerba del mundo, mientras uno u otro, o los dos a la vez, se excitaban y terminaban masturbándose mientras, con los ojos húmedos y enrojecidos, se observaban mutuamente. En medio de una sórdida realidad que para ellos se había evaporado jugaban a ser adolescentes vírgenes. Raramente se aproximaban o tocaban. Si lo hacían, mas allá de una caricia al pasar, un beso en la comisura de los labios, sabían que acabarían con el culto que ellos mismos habían creado; un culto de limpieza y purificación después de tantos pecados carnales cometidos en el pasado.

—Los dos somos plenamente conscientes de que en algún momento perderemos la inocencia, seremos expulsados del Paraíso. Volveremos a ser un hombre y una mujer en la plenitud de su madurez sexual. Pero mientras conseguimos resistir ¡soy tan feliz! —le dijo ella un día, mientras compartían un dulce y chorreante mango.

—Lo que pasa es que no te gusto —la provocaba.

—Irlandés estúpido; sabes que nos deseamos con locura, pero precisamente de eso se trata: de llevar este deseo a un nivel que jamás ninguno de los dos sintió por otra persona; a un nivel sobrehumano; a una dimensión olímpica.

—¿A una qué? Estas reloca. ¿Sabes lo que pasará el día que maduremos? Nos vamos a convertir en antropófagos —sentenció con una sonora carcajada.

—No lo sé pero me lo imagino. Y cuanto más me lo imagino más quiero prolongar nuestra abstinencia. ¡Es algo increíble! Nunca sentí nada igual. No lo puedo explicar. Explícamelo tú, por favor.

—¿Sabes que creo que nos pasa? Que estamos muertos de miedo. En estas semanas hemos llegado a idealizarnos tanto, a hacernos tantas fantasías con respecto a la capacidad de dar, de amar, del otro, que nos aterroriza la idea de comprobar que la realidad no esté a la altura de esas fantasías. Y por eso queremos demorar la hora de la verdad. Aunque no lo dijo, pensó en la imposibilidad de trasladar a una simple cama, a dos cuerpos de carne y hueso, las mil y una ideas con las que todos los días se abren, se ensucian y se limpian, se untan, se mojan y se secan, se envuelven, se enroscan, se marean, se drogan y se duermen, se penetran, se hurgan, se rascan y arañan, se acarician, se masturban y se pegan...

Hasta que una noche... —Unos cobardes, eso es lo que somos —le dice al oído, en el exuberante jardín rumbo a la escalera trasera del hotel, cuando entre risas juntan luciérnagas en un vaso de whisky. Pero su lengua se le ha adelantado y lo contradice en cada curva de una oreja de Susanne donde va depositando una aromática mezcla de saliva y alcohol.

—¿Tú tienes miedo? —le pregunta ella, mientras amenaza con meterle una luciérnaga dentro del pantalón.

—¿Y vos? —le contesta mientras le acaricia suavemente los senos por encima del delgado vestido.

—*I wish you* como una loca.

—Esperá, dejáme... —la retiene al pie de la escalera. Saca una luciérnaga del vaso. Le levanta el vestido y la refriega delicadamente contra el diminuto bikini. Después se la lleva a la boca y la chupa con fruición. Ella le saca el animalito de la boca y lo sustituye por su lengua, suave, flexible y vibrante. Así, abrazados, suben la escalera, entran en la habitación, se aplastan contra una pared, caen al suelo, ella sobre él, con una rodilla entre sus piernas, una rodilla tan poderosa, avasallante, que lo obliga a aflojarse el cinturón y bajarse el cierre, para aliviar la presión. —¡Dámelo! —le ordena y se arrodilla junto al cuerpo del hombre para poder manipularle el pene a voluntad. El intenta relajarse, dejarla hacer, porque intuye la experiencia y la magia de esa mujer... Primero lo desnuda de la cintura para abajo, después pretende fundir con sus dos manos testículos y pene en un sólo objeto... Recrear la anatomía, reinventarla. Redimensionar órganos y sensaciones en función de las necesidades sexuales de ambos, que esa noche parecen haber alcanzado una jerarquía sobrenatural. Esa parece ser su alocada intención. Por eso, cuando sus manos han formado una apretada copa en torno de ese insólito bulto caliente, casi transparente de tan dilatado, intenta infructuosamente metérselo todo en la boca, devorarlo. Pero la naturaleza, por más dominio que crea tener sobre ella, se lo impide. Entonces, con ayuda del paladar consigue que el glande le llegue casi a la garganta.

¿La primera vez? Bien podría haber sido porque reacciona entre sorprendida y fascinada con el prodigio y entonces se queda

quieta, aplastando los testículos contra sus labios desmesurada-
mente abiertos, respirando con dificultad y succionando suave y
rítmicamente una verga a punto de estallar. —Seguí, por favor seguí —le suplica Guillermo, mientras con su mano izquierda hace
a un lado el diminuto culotte y le introduce apenas la punta del
pulgar en la vagina ni demasiado húmeda ni elástica y casi todo el
anular en el ano, por contraste, sorprendentemente laxo, amistoso,
convocante... Angustiado, siente en sus entrañas que en unos segundos más todo ese placer acabará. Demasiado tiempo desde la
última vez y demasiada atracción auto-contenida por esa hermosa
y sorprendente mujer. No tiene sentido luchar contra lo inevitable
¡pero si, al menos, pudiese elegir el lugar para su inminente desin-
tegración! Se hundiría todo él en esa diminuta cavidad, para sentirse – por comparación – más potente, más fuerte, más bestial y, por
lo tanto, más deseado. La inundaría con los litros de semen que
cree tener acumulados para llevarse consigo a la confortable tum-
ba toda esa belleza oculta, tan supuestamente defendida, una vez
violada, mancillada, encharcada, destruida y amada. Sabe que no
hará explícita su fantasía, pero se comunican sin palabras. Después
de saborear las primeras gotas que lubrican su garganta, ella se da
vuelta, se postra ante Allha, dispuesta a satisfacer todos los deseos
de Guillermo. Entonces, él le arranca el bikini, le abre las pequeñas
nalgas y se lanza en una contundente arremetida que la hace gritar,
le afloja los brazos y le aplasta la cara contra el suelo. Dos, tres em-
pujones más y el mundo se viene abajo. Se desploman los malditos
A'37. Una turbina se le incrusta en la cabeza y su chorro de aire
hirviendo le arranca todas las neuronas para empujarlas a lo largo
del cuerpo, comprimirlas en el pequeño conducto que durante una
fracción de segundo parece obstruido, pero el tapón termina cediendo junto con un alarido que debe haberse escuchado en toda
la capital de Umbilical... y la vida inunda a borbotones el generoso
interior de la mujer.

No sabe si ella se queja de dolor o porque la está aplastando. Disminuye su peso apoyándose en el piso con ambas manos e
intenta una suave retirada, pero Susanne no lo deja. Despegando
el pubis de la madera comienza a mover las caderas en círculo,
mientras con notables contracciones le va succionando hasta sus
últimas reservas... Ronronea. Mucho más fuerte que un gato ronronea al compás del ahora casi insoportable movimiento, porque

54

el miembro ya ha perdido tensión y se asemeja a una pequeña barca en medio de un furioso temporal. Para escapar de la tortura la abraza por la cintura, echa la cabeza hacia atrás y con un brusco movimiento cae de espaldas con ella encima. Susanne aprovecha la maniobra para sentarse. Afloja la presión y entre triunfante y magnánima deja escapar la maltrecha presa. Para ella, el safari apenas ha comenzado... Siempre sentada sobre el vientre de Guillermo se le ocurre otra travesura: deposita una pequeña cantidad de semen sobre el vello púbico del hombre... se refriega contra los endurecidos músculos del estómago y vuelve a hacer lo mismo... y así continúa su camino, de espaldas, en cuclillas, en dirección a la cara de Lalo que, en la penumbra, ve como la luna se ha colado en la habitación para aproximarse silenciosa, lisa, chorreante. Ahora son las dos tetillas del muchacho las regadas con su propio semen...
—¿Alguna vez lo probaste? —le pregunta ella y sin esperar su respuesta se separa las nalgas con ambas manos, funde ano y boca y deja caer entre los labios entreabiertos una última carga. Como a Guillermo no le resulta agradable, la regresa a su lugar de origen con la punta de la lengua, con la lengua toda, pero ella insiste en devolvérsela y así boca y ano sostienen un prolongado intercambio de saliva y semen hasta que – como todo diálogo – termina resecándose... Pero sobre el resto del cuerpo del amante, Susanne vuelve a la carga contra otra de las armas de un arsenal que parece inagotable. Con su lengua, desde los dedos de los pies hasta la nariz, lo limpia prolijamente de tantas emociones acumuladas a lo largo de los días y de los primeros placeres de esa noche, hasta dejarlo como nuevo, completamente brillante, húmedo y perfumado. El quiere comprobar el efecto de todo ese juego y de ese rito de purificación en el sexo de la mujer. La hace sentarse sobre sus piernas y, mientras le besa los pezones le acaricia el clítoris, los labios, la vagina... sorprendentemente ausentes. —¿Tienes sed? —le pregunta ella y con la decisión que la caracteriza se levanta bruscamente y camina hacia el teléfono, junto a la cama intacta.

Guillermo aprovecha para ir al baño donde, frente a un enorme espejo, comprueba con satisfacción dos fenómenos bastante inusuales en él: su expresión descontraída y su pene recuperado y casi listo para una nueva incursión después de ese prolongado y delicioso intercambio de lamidas. Se contempla: esa noche, más que nunca, quisiera tener algunos centímetros más de pene y de altura, las espaldas más anchas y los dientes menos sucios de nicotina. El cabello menos gris en la sienes, porque si bien es una de sus características físicas más elogiadas por las mujeres, sabe que en unos pocos años no serán sólo las sienes y prematuramente las adolescentes comenzarán a decirle "señor". En realidad es un tipo de proporciones y líneas armoniosas... demasiado armoniosas para su gusto porque sabe que entre armonía y vulgaridad apenas hay un paso. Ni alto ni bajo, ni gordo ni flaco, ni desagradable ni hermoso. Un tipo común y corriente. Esa imagen es una de sus obsesiones predilectas. Lo atormenta la posibilidad de parecerse al capitán Mac Whirr del vapor "Nan-Shan", de Conrad, cuya fisonomía era "en el orden de las apariencias materiales(...) el equivalente exacto de su mentalidad: no presentaba ninguna característica especial de firmeza o estupidez; carecía totalmente de rasgos pronunciados, era sencillamente ordinaria, impasiva e impertérrita". Por eso algunas veces se deja crecer la barba y el pelo, para poder atárselo con una cinta negra por detrás, otras se rapa la cabeza estilo marine y complementa el *loock* de macho agresivo con un severo bigote prolijamente rectangular. El resultado siempre es el mismo: una cierta frustración porque con cabello de más o de menos, con cintas negras y sombreros texanos, sigue siendo el mismo tipo "sin señas particulares", aunque logre sorprender momentáneamente a algunos observadores. "¿Cómo es físicamente?" le preguntarán a Susanne y ella, seguramente, se verá en apuros para describirlo. «Si al menos tuviese el tabique quebrado», piensa mientras se achata la nariz frente al espejo. «O fuese una mole de 150 kilos». «O un enano con una pinga gigantesca». «O un miope de ojos transparentes como el agua». Pero como no es ni será nada de eso, no tiene otra alternativa que resignarse a ser un medium en todas las dimensiones y aspectos durante el resto de su vida. «No, durante el resto de tu vida, no», se corrige. —¿Sabés en que se convierten los *medium* después de los cincuenta? —le pregunta al espejo. —En transparentes. Esos millones de seres que andan por el mundo sin que nadie, sobre todo las mujeres jóvenes y lindas, los perciban. Translúcidos totales con una única identificación posible: una abultada billetera llena de dólares y tarjetas de crédito que si uno se detiene en cualquier esquina de un barrio elegante o en el interior de un shopping y observa con atención, verá pasar, varias de ellas, levitando de aquí para allá, casi siempre a la altura, muy cerca, de impresionantes traseros femeninos... o casi. «Siendo así, después de los cincuenta no volverán a encontrarme», presiente.

Después de tan profunda conclusión, está por abrir la puerta del baño cuando por azar gira la cabeza hacia el espejo y entre aterrorizado y ufano rescata de un vistazo su única, espantosa, "seña particular". —Susanne, ¿no te importa que tenga las nalgas chatas? —le pregunta avergonzado cuando regresa a la habitación sólo iluminada por una lámpara de pie y la encuentra de bruces sobre la cama, tratando de encontrar alguna música en la radio. Se sienta junto a ella, con una mano le hace girar la cara hacia él y con la otra le aprisiona suavemente la boca para depositar en ella el beso más dulce, agradecido, comunicativo, de todos los besos que tantas veces dio.

¿Duró hasta que el camarero golpeó la puerta? Tal vez, porque le dio tiempo de decirle sin palabras: —No tenés necesidad de decirme nada. Ya lo se. No te preocupes, porque estoy totalmente seguro /algo me lo dice/ que esta noche vas a gozar mucho, vas a ser tan feliz como yo: un tipo machista, creado y entrenado para ser un machista y un egoísta total, que, de pronto, siente una enorme necesidad de dejar de serlo para pensar en vos, en tu placer, en tu felicidad. Tengo una enorme necesidad de hacerte gozar mucho, de devolverte con creces todo el placer que me has dado. ¿Mensaje recibido? Tal vez, porque mutuamente embobados, tomaron champagne, comieron frutas y se embadurnaron con ellas, bailaron boleros en el balcón, a la luz de la luna, con el habitual acompañamiento nocturno de algunos esporádicos disparos de armas de fuego. Todo en medio de una agradable atmósfera desprovista de calenturas excesivas, por más que afuera hicieran 29 grados centígrados; porque él había eyaculado esa urgencia animal y ella...

—Soy frígida... o semi/frígida —le confiesa ocultando su cara en el hombro de él mientras se desplazan apenas unos centímetros al compás de Agustín Lara.

La abraza más fuerte y se la lleva a la cama.

«Fue en aquel bar donde se enamoró de mis pies y descubrió su sensibilidad y la sensualidad de los dedos. Ahora, mientras me aferro a sus piernas y me hago cosquillas en la cara con sus pelos, se ha olvidado de mí. El muy hijo de puta me está traicionando con ellos. Los acaricia y besuquea como si yo no existiera. Les susurra cosas incomprensibles que, por el tono, podrían ser una plegaria o toda clase de obscenidades. Aunque perece un loco, me gusta oírlo dialogar con ellos, porque a su manera le responden y corresponden: la planta de mi pie derecho, juguetona, le aplasta una oreja, la del izquierdo, tierna, le acaricia el pelo, le masajea la frente, se desliza por su nariz, se deja besar exactamente en el centro, morder en los costados, lo incita a seguir con su lengua hasta el talón, el más lascivo de ese sorprendente grupo tribal pluri sexual, desesperado por un poco de placer después de tanta opresión y sufrimiento. Se le mete en la boca, se revuelve dentro de ella, le traslada su saliva del mentón al cuello. Le presiona suavemente los párpados. Se deja acariciar por sus pestañas. Por una mano que lo eleva como si fuera etéreo para exponerlo desnudo a los cuatro vientos y manosearlo a su antojo. La verdad es que así, semi-iluminados por la lámpara de pie, por novedoso, prohibido y hermoso, me excita observar ese conjunto de formas tan disímiles, de texturas tan diversas — su cabello, su boca, mi piel, mis uñas- fornicando con total desparpajo ante mis ojos y aunque él parece haber perdido todo interés por mí después del primer polvo, no soy mujer de pedir permiso para participar en esa verdadera orgía que se desarrolla a mis pies, con mis pies. Participar, ¿como? Dejándolos actuar por su cuenta, una vez que me han demostrado que mis pies tienen vida propia; vida y sexo. Mucho más sexo que yo y, sobre todo, muchas menos represiones. Únicamente sienten, reciben y dan placer, no piensan. Dos extraordinarios objetos sexuales, experimentados y vírgenes al mismo tiempo. El lo sabe y con maestría, lentamente, les va descubriendo sus insospechadas posibilidades de goce. Mordisqueando los dedos, atrapando las pequeñas uñas entre sus dientes, ejerciendo presión en algunos lugares especialmente sensibles. Es obvio que prefiere las plantas de mis pies. Pero no cualquier parte de ellas sino un punto exactamente ubicado en la intersección de la línea horizontal que se forma debajo de los dedos cuando los doblo y la vertical que las divide en dos parte exactamente iguales. No tarda en encontrar ese lugar que, por lo visto, tiene algo de secreto, de mágico. Cuando presiona sobre él, como si estuviese estampando sus huellas digitales, pero utilizando no la fuerza de sus músculos, sino el peso de su cuerpo, siento que está conectado con mi clítoris por medio de un flujo eléctrico que... ¡Dios mio! ¡comienza a transformarse en flujo vaginal! ¡Me gusta! —¡Más! —le pido, pero parece no oírme de tan compenetrado que está con

58

su delicioso labor. Por alguna razón que no alcanzo a comprender, ni me interesa, permanentemente utiliza las yemas de los dedos de las dos manos al unísono, en perfecta armonía. Y cuando es una la que se hace cargo de la tarea principal, la otra no deja de tocarme. Alargo el brazo y trato de tomar la que me acaricia la pierna para atraerla hacia mi sexo, pero se resiste. Estoy sintiendo como me mojo y pienso que es orina mientras él busca algo en la habitación. No lo encuentra, entonces retira la funda de una almohada, de un formidable tirón la raja, improvisa una enorme venda y con ella me tapa los ojos. Lo dejo hacer. No tengo temor ni vergüenza, ni pasado ni futuro, ni padre, ni madre, ni Dios, ni salvación. Esta noche soy la más puta de las putas, la hembra sometida, la perra que lo calienta y se calienta. ¡Si, me calienta, me estoy mojando, estoy sintiendo mi clítoris crecer y latir y mi vagina que comienza a escurrir! Mojo la punta de mi dedo con las gotas del jugo y lo pruebo. Me gusta y me gusta chuparme el dedo, los dedos. Quisiera volver a chuparlo a él, pero con los ojos vendados no lo encuentro. ¿Dónde está? ¿Qué hace? Me rodea la obscuridad y el silencio.»

«Comienzo por los pies, desde el plano de la tierra Yin, para alcanzar la hermosa redondez de tu cabeza, el cielo Yang. Al chuparte los dedos de los pies entro en contacto con tu esencia, con tu energía femenina, con tu cerebro. Y si te manoseo el talón es porque para el Tsú aquí está el centro reflejo de tu sexo más profundo. Doblá los dedos, así, para abajo. Apretándote así, en este centro de dispersión de energía invito a tu clítoris a participar de la fiesta. ¿Lo sentís? ¿Te gusta? No me agarres la mano, necesito las dos totalmente libres, relajadas y actuando al unísono. Así la energía Yin y Yang circula entre nosotros sin trabas. Se que estas mojada pero aún no ha llegado el momento. Esto es fantástico: así, chupate los dedos, saboreá tu miel, todos los dedos, abrí la boca, grande, y te sentirás más hembra, más dispuesta. No, en la boca no, esta vez te voy a penetrar pero cuando estés hirviendo, iluminada como una luciérnaga. ¿Sabías que sólo las luciérnagas hembras despiden esa luz fosforescente? ¿Y que son más grandes, más fuertes, que los machos?

Dejame vendarte: confianza, sorpresa, anonimato, sólo piel y sensaciones corporales son ahora nuestro código secreto. Por eso te separo un poco las piernas... sólo quiero masajearte estos puntos invisibles ubicados un poco más arriba de los tobillos. Así, en círculo, lentamente. Ahora las yemas de los dedos de tus pies tibios. ¿Te gusta que te las frote así? ¿Te excita? Dame tus muñecas... Deja los brazos así, relajados sobre la cama. Quiero presionarte aquí, debajo del meñique... y también presionarte aquí, con estos dos dedos, debajo del ombligo. Así, así... hembra hermosa. ¿Querés tenerme adentro? No me lo digas, hablame con tu cuerpo. Levanta las piernas para que pueda masajearte exactamente entre la vagina y el ano. Aquí. No, no quiero acariciarte directamente. Puedo lubricarte de mil maneras, sin necesidad de acariciarte el clítoris. Y vos podés masturbarme de mil maneras sin usar las manos. Deja que sean las plantas de tus pies, así. ¿Te gusta? Apretame fuerte. ¿Te das cuenta de cómo estoy?» Ella se arranca la venda, se llena los dedos de saliva y como una poseída comienza a masturbarse con sorprendente intensidad. —Métemela, métemela —le implora, al tiempo que, dándose vuelta, se apoya sobre sus rodillas y un codo y levantando las nalgas le ofrece una vulva grande, encarnada y completamente mojada, mientras continúa manipulándose. Él la sujeta por la cintura, pero en lugar de penetrarla, desliza la glande entre los labios vaginales y se los acaricia con ella. —Métemela —vuelve a pedirle después de unos minutos de roce que aumenta aún más su excitación. Entonces Guillermo la toma del cabello con una mano y con la otra coloca el pene en posición. Empuja y lentamente va sumergiéndose en el profundo y estremecedor remolino vaginal de la mujer. —¡Voy a venirme, amor! —le anuncia con un grito. —Si, mi amor. —¡Voy a acabar! —repite como si necesitara convencerse a sí misma de que lo que le está ocurriendo es cierto. La respuesta de él es un decidido y rítmico movimiento de pelvis que combina con caricias en los endurecidos pezones de Susanne; besos en su espalda empapada y la introducción de un dedo, de dos dedos, en su ano dilatado. El extremo del contundente pene impactando una y otra vez en el punto vaginal más sensible y los dedos de ella moviéndose a una velocidad cada vez más vertiginosa sobre su clítoris hacen el resto... El tiempo parece detenerse un instante... El mismo instante en que quedan suspendidos en el espacio, el corazón pasmado, los músculos en su máxima tensión, rodeados de una calma tan absoluta como efímera porque tras ella sobreviene el orgasmo más intenso y prolongado que Guillermo haya conocido en su larga y promiscua vida: una poderosa onda sísmica que ingresa incontenible por las plantas de los pies de Susanne, le retuerce los dedos y la hace lanzar un alarido, la sacude e ilumina como si se hubiese electrocutado, rebota en sus quijadas haciéndolas crujir y desciende por el espinazo convertido en una montaña rusa, en busca de una o varias descargas a tierra a través del clítoris macizo como una pelota de golf, la vagina ajustada al pene como un guante quirúrgico a una mano, y el ano vibrando como las cuerdas de un violín, seguido de un desesperado llanto de felicidad que lo alienta a continuar con sus violentas arremetidas, ahora sin ninguna consideración, hasta que él mismo llega al clímax y se licua en chorros de semen, algo así como un regreso a los orígenes.

1.- United States Information Service.

Capítulo 5
LAS 4 NO SON LAS 3 NI LAS 5

Lo observa desde algún lugar de la nada y sigue mirándolo fijamente mientras describe círculos concéntricos sin pestañar, sin aletear, en un silencio insoportable porque es el silencio de la muerte y para comprobar si es su muerte o la de ella la llama, estira sus brazos para abrazarla y sus manos se hunden en un cielo acuoso mientras el ojo continúa girando ahora sobre su propio eje para mostrarle la cabeza partida de Neil amplificada como si el ojo incoloro fuese una lupa a través de la cual puede mirar un pedazo de la masa encefálica de Neil, aunque algo le dice que no pertenece a Neil y cuanto más se acerca a la lupa o la lupa a él la angustia aumenta porque presiente que la masa encefálica destruida es la de ella y que el ojo dado vuelta no le está mostrando algo que está delante de él sino a su alrededor. Y entre sus propias lágrimas ve al ojo llorar y no sabe si son sus lágrimas o las de ella las que empapan el cielo, sus mejillas, la almohada, en un llanto angustiante que lo despierta, cada vez con más frecuencia, a cualquier hora de la noche.

«¡La reputísima madre que los parió!». A todos, que para el caso, en la soledad de ese cuchitril amoblado con lo indispensable para no dormir y comer en el suelo y decorado únicamente con sus libros, fotografías y sus trofeos de guerra (el esqueleto de una granada de RPG1 , restos de un LAW², cápsulas de varios tipos de proyectiles, un tornillo de un puente destruido, la llave de un hotel, una enorme fotografía del *team* de "Guerrilla Tours" encaramado en "Terminator"), es lo mismo que a nadie. Bueno, a nadie no porque la puteada que, de alguna manera, le da continuidad a la pesadilla – él quiere perpetuarla porque, pese al sufrimiento que le causa, es el medio que más lo aproxima a ella, o que más lo distancia de la imposibilidad de aproximarse a ella – es un boomerang de muy corto alcance lanzado para golpearlo con fuerza en el pecho y en sus circunstancias. Las de un paria que a los 40 años aterrizó con su equipo de combate (mental) y sus metafóricas heridas, taras, tics, temores y obsesiones, ridículos comparados con las

verdaderas secuelas de una guerra, pero al final de cuentas mere-
cidamente ganados, legados de una desastrosa campaña por una
causa más perdida aún – la suya –, en la capital de un remoto país
llamado República Argentina, mucho más extravagante y siniestro
que Umbilical, pero unido a él por varios lazos político-históricos,
tan reveladores como ignorados por la mayoría, como, por ejemplo, que Umbilical pudo avanzar hacia el mejor momento de su
historia gracias a que la lucha por el poder entre dos coroneles se
definió en favor del mejor[3] cuando el otro[4] fue asesinado mientras
trataba de dar, obsesivamente, con el paradero de un lote de armas
donadas por el entonces presidente de Argentina – el general Juan
Domingo Perón – a su colega umbilicalense – un maestro[5] – para
mejorar su seguridad personal. Envío de armas que unas cuantas
décadas más tarde cambiaría dramáticamente de signo, aunque
no de dirección, con la transferencia de la tecnología del terror –
secuestros y torturas para el desmantelamiento de las redes clan-
destinas urbanas – y el entrenamiento del ejército mercenario de la
CIA que en la década de los 80´s. asoló aquella región, a cargo de
los militares argentinos. Operación que, en su conjunto, fue bautizada como "Charly" y que se desarrolló entre 1979 y 1982 gracias
a un convenio entre la dictadura militar argentina y los gobiernos
de Carter, primero, y Reagan, después. Un país con taxistas que
citan a Francis Fukuyama como si alguna vez lo hubiesen leído y
con ese solo acto confirman la indecencia intelectual de un oriental colonizado por Wall Street que para vender su basura – como
otros venden títulos de la deuda externa latinoamericana o relojes
falsos – no necesita que la democracia y el libre mercado recorran
el mundo de la mano, sino que haya millones de imbéciles que
crean que semejante pareja se encarga de desparramar prospe-
ridad y felicidad a su paso; un país con cuarteles transformados
en cárceles y cementerios clandestinos y después en shoppings
que satisfacen orgásmicamente la vorágine consumista de gordos
gusanos alimentados con carne de desaparecidos y disfrazados
por Ives Saint Laurent sobre el uniforme que todos llevan puesto;
un país de *cabecitas negras* excluidos y explotados y de rubios,
altos, elegantes, que obtienen la absolución de todas sus ruinda-
des a través de sus móviles mientras, displicentemente, toman café
en la terraza de un elegante restaurante; intelectuales que se ga-
nan el pan como comentaristas de fútbol, ex propagandistas de

la dictadura militar que dan cátedras de democracia por televisión; ex guerrilleros convertidos en agentes de inteligencia del Estado, diplomáticos, asesores parlamentarios de la derecha, guardaespaldas de sus ex secuestrados. Y cientos de padres, hermanos, hijos de desaparecidos que, en el sumun de la indignación ante la impunidad imperante y en el colmo de la reverencia ante un imaginario Estado de Derecho, se dedican a arrojar puteadas y bolitas de papel a los reconocidos y probados secuestradores, torturadores y asesinos de sus hijos, hermanos y padres; en vez de arrojarles balas, como ocurriría en cualquier otro lugar un poco menos carcomido por la civilización occidental, las buenas costumbres y el apego a la vida, como si ésta fuese una obligación irrenunciable, no importando cómo ni para qué (si al menos se hubiesen adelantado a Sudáfrica, sentado a los represores delante de los familiares de sus víctimas y permitiéndoles que éstas decidieran absolverlos (o no) después de escuchar su confesión y únicamente si consideraban que el arrepentimiento era sincero y total).

Un país más complejo y retorcido y, paradójicamente, más obvio y provinciano. Casi folclórico el resultado de su construcción histórica en la que chantada[6] , tibieza y mediocridad resultaron, al final de cuentas, las materias primas predominantes. Vulgar meta-mensaje con que, al tiempo que exalta y reproduce esas "virtudes" se avergüenza de ellas y trata torpemente de ocultarlas. Un país doblemente ajeno porque alguna vez fue el suyo – ¿lo fue? – y doblemente repudiado: primero por haber sido como fue; segundo por haber dejado de serlo. Un teatro de operaciones eternamente debatidas e instantáneamente olvidadas; de pueriles escaramuzas sangrientas y de una verdadera guerra civil impensable en un país tan pacífico (?), educado y culto donde todo, al final de cuentas, termina arreglándose por medio del diálogo y la negociación. Es decir, por medio de los acuerdos secretos y mafiosos; la compra-venta de principios y lealtades; el pago de sobornos y comisiones. En definitiva, una sociedad que no sólo ha renunciado a cualquier sueño o fantasía épica para consumar una entrega total, sin límites, al más abyecto mercantilismo una vez identificado éste como el fin supremo por el que tanto bregó; sino que, además, para despejar cualquier duda respecto al rumbo elegido, se caga en cualquier tipo de más de 40 años que no esté o se resista a estar en la rosca de la corrupción política o en alguna de las mafias del mercado financiero o bursátil (para no hablar del negocio de la "blanca"[7]). En definitiva, una sociedad de fariseos asumidos y orgullosos con los que no tiene absolutamente nada que ver – el sentimiento es evidentemente recíproco – porque entre las aventuras y desventuras de "Guerrilla Tours" y ese mundo existe un abismo insalvable y si hay alguien que no lo vea así le importa un carajo. Ni siquiera la frustración es un punto de contacto, porque se trata de frustraciones diametralmente opuestas: la suya, irreversible, una verdadera, reluciente frustración sin fisuras; la de ellos – la mayoría de ellos – una "pinche" frustración, igualmente eterna, pero vergonzante, temerosa de asumir su verdadera identidad, de mostrar su verdadero rostro; otro disfraz en el baile nacional de máscaras con el que juegan a la frustración momentánea, pasajera, «estamos pasando un mal momento, pero...» Ahí está, el espíritu mercantilista de nuestro tiempo encarnado en ese tragicómico personaje ("turco, riojano y peronista", como lo descalificaba un antiguo amigo), el Primer Mandatario de la Nación[8] , con su corte de delincuentes, narcotraficantes, rameras y sirvientes del Tío Sam, responsable de que la mayoría este comiendo mierda, pero igualmente responsable de que sigan creyendo que aún hay espacio para el "pero", es decir para la justificación y la esperanza que se consumará en el largo plazo (cuando todos estén muertos), en el seno de nuestro todopoderoso señor del Mercado. Por eso, para evitar que lo identifiquen y lo persigan como el último combatiente del ejército de los frustrados sin atenuantes ni esperanzas – los demás se suicidaron o se mantienen a conveniente distancia –, el despreciable heraldo del pasado, el último enemigo del Primer Mundo (de esa caricatura del Primer Mundo) y el único que no cree que el sumun de la felicidad consiste en poder establecer una comunicación telefónica al primer intento, ni lee la revista "LMC" (Lindos, Millonarios y Cocainómanos), vive atrincherado y aislado – sin televisor, teléfono ni sol – en ese departamento de mierda desde que se fue de Umbilical, que no es lo mismo que decir desde que volvió, porque nunca volvió, aunque haya regresado al punto de partida.

«Estas mal, Guillermo O'Rourke», se auto-diagnostica en voz alta mientras camina hacia el baño. «¡Puta, que cara!», se asusta frente al espejo, muy poco indulgente, especialmente a esa hora.

Mira su reloj: las 4 de la mañana. Ni las 3 que podrían tener la disculpa de una buena trasnochada, ni las 5, bastante normales para que se levanten los pocos obreros que quedan en el área suburbana. Pero él no es un noctámbulo ni un obrero. Ahora es un hombre maduro, solitario, con barba de tres días, aliento amargo y bañado en sudor y llanto, despierto a las 4 de la mañana y sin saber qué hacer. «A las 4 de la noche, de la plena noche», se corrige satisfecho con su profunda reflexión porque no necesita mirar por la ventana de la cocina, desde la que se ve una esquina de la ciudad, para saber que no hay nadie parado allí, ni cruzando la calle, ni circulando dentro de un automóvil, ni siquiera acostado en la parte trasera de una ambulancia. A esa hora ni los moribundos transitan por la ciudad. «¡Mierda!», él es el único tipo en esa ciudad de mierda despierto a las 4 de la noche, angustiado por una pesadilla recurrente, deprimido por sus circunstancias y sin la más puta idea no digamos sobre el futuro, sino sobre qué hacer hasta que amanezca, abra el kiosco de los diarios y el almacén para comprar cigarrillos.

Se moja la cara; orina; se conduele por el triste y empequeñecido aspecto de su inseparable y más antiguo amigo, el más afectado por las difíciles circunstancias; regresa a la cama, se sienta en el borde y mirando una polilla vibrar contra el techo saca cuentas, suma pero, sobre todo, resta. Él es, sobre todas las cosas, un especialista en restar. Han pasado casi dos años desde que dejó Umbilical, "Guerrilla Tours" y toda esa añorada mierda; sus socios y amigos y los conocidos del café, tan sinvergüenzas como él pero, tal vez, más sanos en su simpleza: "Chalo" el escuadronero[9] arrepentido y misógino, el croata Stipe, un traficante de armas tan previsiblemente fascistoide como cualquier otro de su gremio pero excepcionalmente lúcido por contraste con un medio y una región monopolizados por mediocres, el dentista sádico loco por las armas, el viejo repostero de la antigua "Flota Mercante del Estado" que un día desembarcó en Umbilical, comprobó que los oligarcas cafetaleros no tenían la menor idea de lo que era un *croissant* y se quedó para convertirse en millonario; las gemelas dueñas del mítico café *"Il Focolare"*, famosas por sus crochet y sus largas marchas matinales, una a 50 metros de la otra como si no se conocieran. Los más obscuros personajes de la *happy hour*: pequeños comerciantes, vendedores de seguros, empleados públicos, funcionarios jubilados. Todos bajo la bandera de la Triple A, la única que convoca a los hombres blancos de Umbilical: autos, armas y amantes. Esa especie de minas tan abundante en Umbilical – como en cualquier otra parte –, brutas como un arado pero absolutamente "in", incansables, desde que, a los 13 años, descubrieron que si Natura da, Salamanca ("¿de dónde son los mariachis? ¿o esa es Guadalajara?") se puede ir al carajo. Una ocupación entretenida y, entre una excursión y otra, bastante tiempo libre para las mujeres, los deportes, algún libro y las interminables sesiones en "Il Focolare". Apasionadas discusiones sobre todos y cada uno de los acontecimientos de Umbilical y del mundo, sin saber nada o casi nada ni de unos ni de otros. El placer de la polémica; el duelo, el engaño y la mentira. La emoción de la lucha a brazo partido, minuto a minuto, sin dar ni pedir tregua; por la preservación de la dignidad, el respeto y la vida. Una verdadera epopeya llena de batallas pelotudas: por un lugar en el estacionamiento, la mejor forma de distinguir entre un "Rolex" auténtico de uno falso, una deuda atrasada, un negocio, una madre ofendida, una mirada, tan sólo un gesto o una palabra fuera de tono, lugar o momento. Una muy especial cotidianidad, por cierto, exigiendo a cada instante pruebas del sexo al que uno, por casualidad o por elección, pertenece. Los sentidos y el cerebro siempre alertas; la amada "Browning 9 mm". siempre lista para desenfundar, montar y disparar, prácticamente en el mismo acto. Tiro instintivo – los primeros disparos son los que cuentan –, series de tres, bala generalmente expansiva. Serenidad, la mayor posible, tanto para disparar como para emborracharse, seducir y amar. Serenidad al ser detenido por un retén militar, a medianoche. O al desnudarse frente a la esposa de un general. O en el momento de disparar a las piernas de un indio que enloquecido por el alcohol está a punto de descargar un machetazo sobre la cabeza de su mujer, tirada en el suelo. Y placer, mucho placer, entre los arrecifes buceando a 60 pies de la superficie del Caribe, o sobre un Sloop proa a las olas y el viento, o sobre los muslos de una mujer. En resumen, nada trascendente, pero ni más ni menos que un tramo de su vida. Una vida hecha de tramos, como esas antenas telescópicas: de mayor a menor a medida que se estiran, de la felicidad a la frustración y la angustia. Cuanto más larga, los tramos van siendo cada vez más delgados y débiles. Pero el conjunto gana en flexibilidad. ¿Acaso no es ese uno de los valores más preciados de nuestro tiempo? Claro, pero él no es de este tiempo. ¿Quién fue el pelotudo que, orgulloso, se comparó con una palmera, que se arquea con el viento pero no se quiebra? El pertenece a un tiempo en que los teléfonos eran negros, las heladeras blancas y los hombres preferían quebrarse a arquearse. Así le fue. Hoy es un auténtico quebrado.

El primer tramo desplegado en Umbilical fue el de la guerra y el de sus andanzas como corresponsal. Una guerra de baja intensidad por comparación con las grandes conflagraciones del siglo, sobre todo las que tuvieron a Europa como principal escenario. Aunque, en realidad, esa comparación siempre la pareció una hijoputez porque para la pequeña y mísera región fue la más grande y prolongada carnicería de su historia, el hecho más traumático para su pueblo y para quienes, como él, lo acompañaron paso a paso en su tragedia.

En sus múltiples e increíbles correrías tuvo más suerte que muchos otros colegas y salió más o menos ileso para presenciar el ignominioso final. Pese a que las raíces del conflicto estaban en la conquista española del siglo XVI, las grandes potencias y todos sus lacayos- desde la ONU hasta la gran prensa internacional, de la que fue uno de sus más pequeños engranajes – decidieron que correspondía a la Guerra Fría y, por lo tanto, que una vez finalizada ésta, el enfrentamiento armado en Umbilical no tenía más razón de ser. Así, sin que ninguna de las causas de fondo – económicas y sociales – del conflicto quedara resuelta, Washington y Moscú simplemente les cortaron el oxígeno a sus respectivos tutelados – las fuerzas beligerantes de uno y otro lado –, les impusieron interminables negociaciones políticas y, con bombos y platillos, anunciaron y atestiguaron la firma de voluminosos Acuerdos de Paz ni siquiera buenos para limpiarse el culo. En Umbilical todo quedó más o menos igual. Bueno, todo no, porque además de las decenas de miles de muertos y mutilados, refugiados, viudas y huérfanos, de las centenas de pueblos arrasados, de la escasa infraestructura destruida, la economía maltrecha y la delincuencia desenfrenada, hubo un gran cambio. Con la complicidad de las direcciones insurgentes, fascinadas con la desmilitarización auspiciada por Washington, los empresarios del campo y la ciudad, los principales responsables de la tragedia regional, aprovecharon la ocasión para arremeter contra sus otrora obedientes sicarios: las Fuerzas Armadas, transformadas en feroces competidores en la lucha por el poder político y económico.

A la hora de pasar las facturas por las terribles violaciones de los derechos humanos cometidas durante la prolongada contienda nadie se preocupó por establecer la autoría intelectual de las mismas y los militares, histórica y estructuralmente incapaces de sacudirse el papel de perros amaestrados para el combate, forros sanguinolientos de los poderosos de Estados Unidos y Umbilical, cargaron con toda la responsabilidad – aunque nunca asumieron públicamente ni siquiera la parte que les correspondía –, en el fondo orgullosos de sí mismos porque, por fin, los trataban como si alguna vez hubiesen pensado y actuado por su cuenta.

Satisfecho con los resultados – vía el sector privado regional, después de tantas décadas de inestabilidad y rebeldía, quedaba reestablecida y garantizada la dependencia y subordinación absoluta de Umbilical al Imperio – el poder estadounidense dio por cerrada y olvidada la cuestión. Como otra de las consecuencias de esa pax fue el derrumbe de las cotizaciones de las materias primas periodísticas originadas en la región, para él llegó el momento de cerrar para siempre el tramo de zopilote de la gran prensa internacional y desplegar el de idéologo y director gerente de "Guerrilla Tours" aprovechando que, además de toda la experiencia y los contactos acumulados, en los parajes más recónditos de la selva y la montaña, más por la fuerza de la costumbre que por el poder de fuego o el vigor de las ideas, aún persistían algunos focos de resistencia guerrillera. Resistencia a los nuevos tiempos mucho más que a unas Fuerzas Armadas que se habían olvidado casi por completo de ellos para dedicarse al tráfico de drogas y a los secuestros extorsivos en una verdadera carrera por acumular la mayor cantidad de recursos antes de su definitiva salida del primer plano de la escena nacional. Resistencia en patéticos campamentos de andrajosos, descalzos, con sus fusiles reparados con alambre; los últimos ejemplares de una especie en extinción que, habida cuenta de la evolución del contexto regional, la ONU estaba pensando rescatar sin que ellos mismos lo supieran.

Un nuevo y entretenido tramo que al llegar, más o menos, al 75 por ciento de su longitud se cagó en la lógica del diseño industrial y se ensanchó de golpe cuando conoció a Susanne. Para terminar derritiéndose, evaporándose, bajo el implacable sol del trópico, cuando Susanne desapareció de la vida de él, pero, sobre todo, cuando desapareció de su propia vida. Es decir, cuando esos hijos de puta la hicieron desaparecer. ¿Hubiese podido salvarla? Las 4 de la mañana de una podrida noche como esa daban para cualquier cosa. Inclusive para formularse una pregunta que siempre había logrado evitar, al menos conscientemente, y para asumir, de una vez por todas – sin ningún atenuante –, toda la culpa contenida en la terrible respuesta: Sí, podría haberla salvado... y salvarse. Pero su supuesta solidaridad, su interés por ella, se limitó a una cogida. ¿Su amor también? Por supuesto que no. ¿Y entonces por qué carajo después de esa noche, esa misma noche, no cambió de opinión y decidió jugarse con ella en esa absurda investigación del bombardeo? ¿Le pareció una locura, otra manifestación de la inmadurez ideológica y emocional de las tantas que le tocó presenciar entre algunos compatriotas de Susanne? Pero, locura o no, ¿acaso él mismo no había descubierto que Susanne sólo sería del hombre capaz de acompañarla en sus inquietudes, en sus obsesiones, en sus búsquedas, hasta las últimas consecuencias, las causas primeras? Sí lo supo, probablemente mejor que nadie. ¿Y entonces, macho? Hay algo peor que no tener una respuesta: no tener – o no querer – una pregunta. Porque nunca se interrogó sobre los motivos que lo mantuvieron anclado a su negativa inicial, aún a sabiendas de la importancia que un cambio de decisión tenía. ¿Fue su incredulidad? ¿El cinismo incurable que contrajo en Umbilical, después de tanta muerte inútil? ¿O simplemente, sin excusas rebuscadas, su propia naturaleza, pequeña, mezquina, acomodaticia, pusilánime, rastrera? Un punto de contacto con el entorno nacional que tanto aborrece. Porque, al final de cuentas, su actitud de entonces fue la misma que la de todos esos tipos que ahora, en decenas de kilómetros a la redonda, roncan, se pedorrean, se echan un polvo porque se despertaron con la pinga dura y tienen a sus mujeres al alcance de la mano, y que en unas pocas horas se levantarán con aliento amargo y el conducto urinario pegoteado para continuar defendiendo con uñas y dientes las cuatro porquerías que lograron reunir a lo largo de todo una vida y para terminar de romperse el culo en el intento de multiplicarlas antes de que sea demasiado tarde. Tantos tipos como él que nunca tuvieron un carajo, que durante la mayor parte de su vida vivieron con la soga al cuello dependiendo de un miserable salario, excluidos de cualquier posibilidad de acumulación, y que de pronto, gracias a un golpe de suerte, un buen conecte , una buena idea, se convirtieron en pequeños empresarios, patrones de un par de empleados, propietarios de un pequeño capitalito y algunos bienes de mierda, pero con un valor simbólico tan descomunal y desproporcionado que termina sobreponiéndose al de la amistad y el amor, la dignidad, el coraje de mandar todo a la mierda y jugarse por una causa noble, justa, buena.

"Ahora soy un empresario" recuerda haberle dicho en tono de joda. Pero los años hicieron desaparecer el tono para mostrarle la brutal realidad de aquel entonces. ¿Realmente se creía un empresario? ¿Había asumido ese papel y actuó en consecuencia? ¿Fue capaz de renunciar a su hombría en aras de su condición de pinche empresario?

Si al comenzar aquella noche inolvidable la deseaba con pasión, al amanecer la amaba profundamente. ¿Entonces, por qué la dejó sola? Ella no conocía Umbilical ni la clase de canallas con los que iba a enfrentarse. Él tenía toda la experiencia, todas las relaciones y los contactos, la estrategia, la táctica y la logística, la capacidad operativa llegado el caso.

Lo que no tenía era estómago para volver a entrar en una redacción; en cualquier redacción – ella, a toda costa, quería ver en negro sobre blanco la investigación del bombardeo – y comprobar que en su interior ya no se fuma ni existen cestos para papeles ni escupidas; que no se discute ni se putea; que no se duda ni se piensa; que la vieja guardia – bohemios, borrachos, drogadictos, tortuosos, neuróticos a más no poder, pero talentosos, críticos, eruditos cada uno en lo suyo, comprometidos cada uno a su manera – ha sido relevada por jóvenes e impolutos comunicólogos políticamente correctos, licenciados en Administración de Empresas, técnicos en computación, diseño gráfico, presentadores de TV y modelos, reclutados y formados para apretar teclas y hacer correr programas; escoger la corbata apropiada; sonreír; escribir o hablar sobre lo que no saben; aplaudir el arrollador avance de la democracia y la economía de mercado en 20 líneas y respetar escrupulosamente el principio de la imparcialidad: ¡un minuto para los judíos y un minuto para los nazis! Y para hacer de las mercancías periodísticas – más mercancías que nunca – espejos de sí mismos: impecables, atractivos y vacíos como las piezas del museo Madame Tussaud. Salvo a una redacción, juntos hubiesen podido ir a cualquier parte, demasiado lejos tal vez y, en el peor de los casos, hubiesen muerto juntos en el intento. Por haber perdido su amor, por haberla dejado ir hacia la muerte, pero, sobre todo, por no haber muerto con ella, se condenó para siempre.

Susanne no era una mina de hablar por hablar. Le había advertido que, con él o sin él, investigaría el bombardeo a la fábrica y, efectivamente, se metió a investigar. ¿Por qué? Durante esos años había conjeturado sobre sus motivaciones. Si el ataque hubiese sido contra una aldea indígena, su reacción hubiese sido más fácil de entender. ¿Pero, contra una fábrica, aunque fuese la única que quedaba en pie en Umbilical? ¿Qué podía representar para ella la destrucción de una pequeña fábrica más allá de un hecho absurdo en un gigantesco absurdo con forma de región? Su comportamiento tampoco podía explicarse por la muerte de Neil y el loable deseo de que no quedara impune. Ellos se detestaban mutuamente. ¿O por encima de sus sentimientos personales estaba su sentido de la justicia, su imposibilidad de aceptar tan fácilmente como ellos – los malandrines de "GuerrillaTours" – el asesinato del viejo y de los técnicos y operarios de la fábrica? Teniendo en cuenta su personalidad y sus ideas (y la incomprensible idiosincrasia de los estadounidenses para los cuales tiene más valor una vida humana – o la de un perro – que la destrucción de una ciudad completa) esa era una hipótesis razonable, pero había otra que tenía que ver con su biografía que apuntaba en una dirección mucho más correcta...

1.- Rocket Propelled Grenade o granada propulsada.
2.- Light Anti-armor Weapon o Light Anti-tank Weapon es un lanzamisiles portátil antitanque de 66 mm.
3.- Coronel Jacobo Arbenz Guzman.
4.- Coronel Francisco Javier Arana.
5.- Juan Jóse Arevalo.
6.- Combinación de mediocridad, simulación, irresponsabilidad, etc.
7.- Cocaína.
8.- Carlos Saúl Menem.
9.- Integante de un "Escuadrón de la Muerte".

Capítulo 6
UNA NEOYORKINA DE PAC BO

Una neoyorkina de Pac Bo, en la provincia vietnamita de Cao Bang, a pocos kilómetros de la frontera con China, donde nació el 21 de abril de 1954. ¿Qué hacía una típica neoyorkina naciendo tan lejos de "la Gran Manzana"? Su madre, Anne Laforett, de Lyon, sin profesión conocida, rica por herencia, pintora por vocación, altruista por aburrimiento, vivía en esa pequeña aldea donde colaboraba con una organización humanitaria de monjas francesas. Se habían instalado allí inmediatamente después de la rendición de Japón, en 1945, con el propósito de aliviar un poco el dolor y las miserias de la postguerra, absolutamente convencidas que con el fin de las hostilidades la normalidad colonial se reestablecería en la península. No tardarían en darse cuenta que como estrategas eran unas buenas samaritanas porque ese mismo año y el siguiente se vieron en medio de una inestabilidad política y militar pocas veces vista, con japoneses que no terminaban de irse, franceses de Vichy que de la noche a la mañana se convertían en franceses de De Gaulle y pretendían retomar el control de la región, chinos nacionalistas que llegaban argumentando que la conferencia de Postdam les había otorgado derechos sobre el Norte, ingleses que sostenían lo mismo con respecto al Sur y, para terminar de complicar el caótico cuadro, un tal Nguyen Ai Quoc (Nguyen "El patriota") que sin que las buenas monjas tuviesen la menor idea, unos años antes – en 1941 – había cruzado la frontera con China y elegido la misma aldea (Pac Bo) para instalar el cuartel general del comité central del Partido Comunista de Indochina, y desde allí dedicarse a hacerle la vida imposible a todas las demás fuerzas.

Teniendo en cuenta que los primeros barcos de guerra franceses habían llegado a Indochina en 1858 para "proteger" a misioneros de esa nacionalidad establecidos en Tourante (Danang) y Saigón, es un verdadero misterio por qué el veterano dirigente comunista, que después de apalear a japoneses, franceses y estadounidenses pasaría a la historia con el nombre de Ho Chi Minh, (He who Enlightens "El que ilumina") aceptó no solo que las monjas se establecieran en su vecindario, sino también que continuaran realizando su labor humanitaria y evangélica – en una nación donde el Budismo, el Taoísmo y el Confucionismo representaban una aplastante mayoría – después que las operaciones militares de setiembre y octubre de 1950 acabaron con las posiciones francesas a lo largo de la Carretera Colonial número 4 y consolidaron el dominio del Viet Nam Doc Lap Dong Minh Hoi (más conocido como Vieth Minh) en todo el norte de Vietnam.

Cuando de la mano de un antiguo y entrañable amigo y correligionario del "Tío Ho", un ex profesor de historia que se reveló como el más genial estratega militar del siglo XX, llamado Vo Nguyen Giap, los combatientes del Minh se fueron con su guerra hacia el sur, para concentrarla en la región de Tonkin, en el norte el calor y las lluvias torrenciales intensificaron el tedio de los días y la melancolía de las noches.

De todas maneras, durante el día siempre había algo que hacer, aunque muchas veces no fuese otra cosa que planificar las actividades para el siguiente. Eran las noches, demasiado prolongadas, insondables y solitarias; las noches más antiguas y sabias – y, por lo tanto, completamente mudas detrás del monótono y ensordecedor chasquido del agua sobre los árboles, sobre los techos de bambú y palma y sobre el agua que cubría toda la tierra –, las que atormentaban a Anne. No era una mujer frívola; todo lo contrario. Buena o mala, era una artista; sensible, razonablemente angustiada, intensamente perceptiva y comunicativa. Y las noches de un artista no pueden ser tan inescrutables como una efigie, salvo que se propongan desquiciarlo. Con cristiana resignación, parecía dispuesta a esperar que las noches se decidieran a romper su mutismo para confesarle que, efectivamente, ese era su siniestro cometido, cuando a través de la oscuridad y bajo la lluvia llegó a la misión un gringo -umbilicalense, agregado a cierta Oficina de Asuntos Civiles, con sede en Hanoi, a donde había sido transferido, en mayo de 1953, desde otra oscura dependencia del ejército norteamericano en Corea. Para no tener que afrontar sola el temido veredicto de las noches, Anne, lo condujo con urgencia a su cama, sin que el recién llegado ofreciese ninguna resistencia.

Si el general Henri Navarre, quien ese mismo año se hizo cargo del comando de las fuerzas francesas, hubiese cumplido su promesa de "acabar con la guerra en 18 meses" la historia de todo el sudeste asiático hubiese sido otra y, probablemente, la de Anne y Susanne también. Pero, para eso, Navarre necesitaba crecientes cantidades de refuerzos que la Cuarta República terminó negándole como también se negó a negociar con Ho Chi Minh. Cualquiera de las dos negativas era temeraria, pero las dos juntas presagiaban un desastre como seguramente lo comprendió el misterioso oficial estadounidense que puso pies en polvorosa, dejando atrás a una romántica francesita con un flamante embarazo.

Susanne – como la bautizaron en honor a la madre superiora – nació, con la ayuda de una enfermera vietnamita, taoísta y comunista, exactamente 16 días antes del asalto final de las tropas de Giap a la inexpugnable fortaleza de Dien Bien Phu (tan inexpugnable como "la línea Maginot") donde el general Christian de Castries se había atrincherado con 17 batallones, tres grupos de artillería, un batallón de ingenieros, una compañía blindada y una unidad de transporte con 200 camiones, para un total de 16.200 efectivos y una mujer: la enfermera Genoveva Garat de Galard.

Como la derrota francesa, la inmediata independencia de Laos y Cambodia, pero, sobre todo, la partición de Vietnam en dos y la entrada – oficial – en escena del poder norteamericano no podían presagiar otra cosa que más guerra, Anne también decidió que había llegado momento de partir. Aunque también hubo un motivo personal en su determinación: en Vietnam estableció una estrecha relación con la Garat y después de la caída de Dien Bien Phu supuso que su amiga había muerto. El dolor y el terror la ayudaron a preparar con urgencia sus maletas y la cuna de viaje de la recién nacida. Tiempo después, alborozada, recibió la noticia de que Genoveva estaba viva. Fue capturada y se negó a aceptar la libertad concedida por el Vieth Minh por ser mujer no combatiente para continuar atendiendo a sus compatriotas prisioneros. En la ceremonia en la que se convirtió en la primera mujer en recibir la Cruz de Honor de la República Francesa, Anne, por supuesto, ocupó un lugar en una de las primeras filas.

Es decir que antes de aprender a levantar la cabeza, Susanne, comenzó su peregrinar por el mundo: de Vietnam a Lyon; de Lyon a París; de París a Londres, donde comenzó sus estudios de Historia del Arte; de Londres a Nueva York, donde obtuvo un padre prestado, la residencia definitiva y el descubrimiento de que le interesaba más la filosofía de la historia; siempre detrás de la romántica

Anne que no escarmentó con un umbilicalense e insistió con otros latinos hasta que dio con un estadounidense, no tan macho, pero bastante buen compañero.

Susanne creció rodeada de lujos y comodidades, pese a los espantosos óleos de la madre y a las entradas y salidas – más salidas que entradas – de los numerosos y ocasionales amantes y pretendientes de la millonaria artista.

Hasta los cinco años juraba que había nacido en el nido de un colibrí; después comenzó a relacionar esas súbitas e incomprensibles correrías multilingües con ciertas cochinadas y a éstas con la causa de su existencia. Cuando un poco más crecidita descubrió que esas cochinadas no eran tales, las adoptó – absolutamente todas – no digamos como la razón, pero si como uno de los más poderosos   alicientes de una vida plena de objetos y de gente que la trataba como si fuese una princesa, pero sin dos seres humanos comunes y corrientes – una mamá y un papá – y sin esa sociedad igualmente vulgar, generalmente enferma, pero tan necesaria, sobre todo para un hijo único, que esos dos seres insisten en establecer, pese a todo, y bautizar pomposamente como matrimonio, familia y hasta hogar.

De su madre recibió, sobre todo, mucho dinero – para pagar las mejores universidades, por ejemplo – y regalos caros. De su padre ni siquiera el apellido. Por Anne sabía que se llamaba, o decía llamarse, Thomas Whayt y que era un tipo atractivo y sospechoso, que había nacido en algun lugar llamado Umbilical – que lo mismo podía estar en África que en el Polo Sur –, que se había convertido en ciudadano estadounidense cuando ingresó en el *Army*; que estuvo primero en Corea y después en Vietnam y que su madre – la abuela paterna de Susanne – había sido una puta o tal vez la pobre señora no hubiese tenido nada que ver, y él – su padre – fuese un *mother focker* por generación espontánea.

Pero, ¿cómo era físicamente su padre? Anne nunca había entrado en detalles ni ella se los había pedido. Como en Pac Bo no había cámaras fotográficas, Susanne nunca vio el rostro de su padre y para imaginarlo tenía como única referencia su propia fisonomía. Entonces dedicaba tardes enteras a construir el rostro, el cuerpo, el universo físico del hombre, por descarte: todas las piezas que no tuviesen el inconfundible sello materno, las usaba para armar el rompecabezas de Whayt.

A cada cual lo suyo: las largas piernas eran de Anne; los brazos delgados, también, pero los pies y las manos grandes seguramente eran como los de él. El pelo caoba; los ojos verdes, rasgados, profundos; la nariz delgada y recta, eran inconfundiblemente Laforett; pero su madre no tenía esa boca grande ni ese mentón enérgico ni ese lunar exactamente donde el cuello se une con el hombro derecho. Pero, sobre todo, lo que Anne no tenía era el tono ligeramente oscuro de su piel, que no podía ser otra cosa que el resultado de la unión de una mujer rosa pálido con un hombre probablemente cobrizo. Además, la caja torácica definitivamente no correspondía a la estructura de Anne, una alargada mujer de Modigliani. Su pecho y, por lo tanto, el de Thomas, era ancho, fuerte, atlético. *«God damnit, seguramente era un tipo alto, grandote y buen mozo ese tal Whayt»*.

Toda la culpa la tiene la historia, por eso, para acabar con la culpa es necesario terminar con la historia o, en todo caso, re-escribirla. Eso en términos muy generales y abstractos y también muy precisos y concretos en el caso de Susanne porque fueron sus cursos de historia de América Latina los que la pusieron en contacto con Umbilical y con algunos libros y documentos sobre el primer golpe de Estado perpetrado por la CIA en el sub-continente, precisamente allí para derrocar al único régimen democrático de toda su historia, en 1954, el año de su nacimiento, el de la caída de Dien Bien Phu y menos de uno después de la desaparición de su padre como si se lo hubiera tragado la tierra.

—¿Por qué Whayt te pareció sospechoso? —le preguntaba a Anne. —¿Qué hacía un militar norteamericano, vestido de civil, paseando y seduciendo francesas en territorio controlado por el Vieth Minh? ¿Vivió en Umbilical hasta que se incorporó al *Army*? ¿Hablaba español?

Y a partir de las muy poco consistentes respuestas de su madre y de las inútiles gestiones en la Secretaría de Personal de la Defensa – donde lo primero que le dijeron fue que tenía que demostrar que era la hija de ese tal Thomas Whayt –, más por fantasía que por intuición, se dedicó a elaborar una hipótesis de conflicto – personal –que la llevaba desde los arrozales de Vietnam, de los que únicamente tenía un recuerdo pre-natal, hasta las plantaciones de caña de azúcar de Umbilical, que conocería muchos años después, detrás de los improbables pasos de una figura alta, fuerte, sin rostro, con un lunar exactamente donde el cuello se une con el hombro derecho, que iba sembrando hijos y maldad por el mundo, sin asumir su responsabilidad en ninguno de los dos casos.

Con esa hipótesis como eje de sus pensamientos vivió casi toda su juventud, Inclusive, poco después de haber cumplido 21 años de edad y tres de vivir sola, se le ocurrió atribuir a algo vinculado con Whayt el tan repentino como inexplicable cambio de humor y actitud de su madre, quien, para entonces, ya estaba casada con un alto ejecutivo estadounidense.

El matrimonio le había sentado francamente bien a Anne. Parecía haberle demostrado que las grandes causas de la humanidad podían arreglarse para seguir siéndolo sin necesidad de que ella las asumiera a todas con la misma y desmedida entrega. A medida que la pareja se iba amoldando, su nivel de expectativas... ¿cómo llamarlas?... ¿globales? descendía en procura de sus posibilidades reales. Estaba menos ansiosa; más interesada en los pequeños quehaceres y placeres domésticos – como volver a preparar pannequets, después de tantos años – y, sobre todo, menos obsesionada en cubrir cualquier espacio libre en las paredes de su departamento con algún óleo producido en medio día.

Sin embargo, una tarde llamó a Susanne por teléfono para contarle, muy excitada, que se había puesto a trabajar en la que "con toda seguridad" sería su obra maestra.

—¡Qué bueno, mami! ¿Qué tema?

—¿Crees que existe un orden universal?" —le preguntó Anne para comenzar a organizar una respuesta.

—O un infinito desorden organizado.

—Me refiero a un equilibrio perfecto, en el que si algo falta o falla todo se viene abajo.

—No; la verdad es que pienso que el universo está hecho a prueba de fallas. Por lo menos con garantía de fábrica por varios millones de millones de años.

—Yo acabo de descubrir que nuestras vidas dependen de ese orden, de ese equilibrio.

—¿Nuestras vidas como especie?

—No, nuestra vida personal.

(...)

—La pintura – el arte – es la mejor representación del universo y de nuestras vidas. Cada forma y cada color tienen un lugar, una función determinada... predeterminada. Si no están donde tienen que estar, el resultado nunca puede ser bueno. Artista es aquel que entra en sintonía con el más allá y va organizando las formas y los colores según un mandato divino. ¡El artista es un medium! ¡Y el mandato es el mismo para la pintura que para el universo!"

—Mami ¿ Está todo bien?

—¡Demasiado bien! ¡No seas mala!

—Es que, francamente...

—Con este cuadro pretendo mostrar el proceso creativo. El proceso por el cual cada cosa va ocupando el lugar que le corresponde. Hay un espacio en blanco. Una herida; nos duele... Pero, tarde o temprano, solito, llega el color – el único color – que puede llenarlo... para establecer o reestablecer la armonía. Tenés que venir para ver el boceto. ¡Es genial!

—Ok. mami; tal vez mañana. Un beso... y *congratulations*.

«Tarde o temprano, solito, llega el único color que puede reestablecer la armonía» se quedó pensando Susanne cuando colgaron. «¿Noticias de Whayt, tal vez?» Y, preocupada, decidió cenar con Anne y su marido esa misma noche. Los encontró francamente extraños. Arthur – un poco aburrido pero bastante buen tipo – nunca se había interesado por los temas internacionales, la política exterior de los Estados Unidos y, mucho menos, por sus consecuencias en la historia de América Latina. Sin embargo, durante la velada, no paró de hablar – con sorprendente conocimiento de causa – de "las hijoputeces cometidas por nuestros gobiernos al sur del río Grande". Anne, en cambio, parecía más alejada que nunca de las cuestiones terrenales. Como si estuviese dulcemente poseída por algún efluvio celestial, no caminaba, levitaba, y filosofaba sobre la trascendencia del ser; el famoso orden universal y el poder sobrenatural de las cosas para encaminarse, "tarde o temprano" – repetía – en dirección a ese orden.

—¿Qué ha pasado en esta casa? —les preguntó Susanne cuando los cambios experimentados por la pareja le resultaron insoportables.

Anne y Arthur se miraron, como reprochándose a priori cualquier indiscreción.

—¿Tiene algo que ver con mi padre? —se atrevió a preguntar.

—¡Cómo se te ocurre! —exclamaron a dúo.

Después de esa falsa alarma, sin proponérselo, Susanne fue sustituyendo la búsqueda mental de su padre por otras pesquisas más concretas, como el amor y la realización profesional. En ninguna de ellas obtuvo resultados demasiado satisfactorios: se casó dos veces y cambió de amantes y empleo una decena, pero, al menos, le sirvieron para creer que había superado esa sensación de invalidez emocional que la atormentó durante tanto tiempo. Invalidez que una funesta madrugada de finales de 1986 un llamado telefónico transformó brutalmente en parálisis total. Anne y Arthur acababan de sufrir un accidente automovilístico cuando regresaban de visitar unos amigos en Pittsburgh; ...ambos murieron en el acto. El discretamente alcohólico Arthur estaba completamente borracho cuando insistió en conducir esa noche rumbo a Nueva York.

Susanne acababa de divorciarse de su segundo marido. Sin pareja, sin padres, sin hermanos y sin hijos, pasó a ser uno más – un mueble (aunque fuese un Rontgen1 auténtico), un tenedor de plata, un pomo de pintura retorcido – entre la enorme cantidad de objetos que heredó por partida doble..., además de propiedades, acciones y mucho dinero. Se trasladó al departamento del Central Park para estar cerca de los óleos de Anne. Además de dormir, comer e ir al baño, su única actividad cotidiana – por llamarla de alguna manera –, consistió, durante años, en atravesar la 5ta. Av. y caminar entre los jardines para contemplar su diluida imagen, en las aguas del Reservoir para tratar de encontrar, infructuosamente, en ellas el reflejo de una mujer menos solitaria, un poco más feliz. Hasta que, por pura casualidad, vio en una revista el disparatado anuncio de "Guerrilla Tours" y no dudó un instante en llamar por teléfono a Roxi para reservar un lugar en "Terminator" a nombre de Susanne Laforett.

1.- Debido a su antigüedad y al alto valor de estos muebles, muchos aún se conservan en castillos, museos y colecciones privadas dispersas por todo el mundo.

Capítulo 7
UNA ANTIGUA COMPAÑERA

Mientras terminaban de desayunar en el balcón, desde donde ya se advertían las profundas ojeras de la ciudad y las primeras muestras de su fealdad, ella puso un enérgico punto final al relato, después de su nombre, rúbrica de una postrera carta oral de despedida, como no tardaría en comprobarlo.

El tour que le costó la vida a Neil Alderton fue el último para Guillermo O'Rourke. El resto de los "turistas de guerra" de ese fatídico día optaron por regresar inmediatamente a Estados Unidos, por avión. Únicamente Susanne decidió quedarse sin dar mayores explicaciones, ni a sus compañeros de viaje ni a él. Guillermo no las necesitaba. Después de aquel encuentro en el bar del hotel, de la subsiguiente fundación del "culto de los jóvenes vírgenes" y de la noche que acababan de pasar, estaba seguro que la decisión se balanceaba entre él y esa absurda intención de investigar el bombardeo, como el incesante ir y venir de la hamaca donde ahora se abrazaban, tan felices como desnudos. Si por él hubiese sido la hamaca hubiese revolucionado la física para perpetuar su movimiento *Ad infinitum*. Pero ambos sabían que en algún momento se detendría. ¿Y entonces?

—Necesito encontrar un lugar para vivir; alquilar algo… —dijo Susanne.

Guillermo sintió que su corazón dejaba de latir. No supo que decir. De un salto se puso de pie.

—¿Qué te pasa? — preguntó ella.

—¿Qué me pasa?

—Ya lo sé. Después de todo lo que nos ha pasado; de este increíble amor; de haber comprobado que todas nuestras expectativas no eran falsas; lo más lógico sería que nos fuéramos a vivir juntos; que yo me instalara en tu casa…

—¿Pero…?

—No quieres y no te quiero presionar.

—Es lo que más quiero.

—No te hagas el tonto. No me estoy refiriendo a vivir juntos.

—¿Se trata del bombardeo; de esa absurda investigación del primer acto de guerra que presenciaste en tu vida? ¿Qué querés saber? Tres pequeños caza-bombarderos que salieron de la base principal de la FAU destruyeron con bombas de 500 libras y rockets una fábrica de mierda y mataron a tres o cuatro infelices, entre ellos a un viejo gringo que se encontraba allí por casualidad. ¿Qué más?

—Estaba furioso.

—Hay algo más, pero ni yo misma puedo explicármelo.

—¿Tiene que ver con tu padre? ¿Acaso crees que un tipo que a principios de los cincuenta andaba por Vietnam haciendo no sé qué mierda, y que si aún vive andará por los setenta y pico, era uno de los pilotos de aquel día? ¿Alcanzaste a reconocerlo cuando atacaron en picada? ¿Cómo, si nunca lo viste?

—No, no es eso. Necesito tiempo… Susanne lloraba y esta vez no era de felicidad.

Sintió deseos de abrazarla; de confesarle todo el amor, único, ardiente, desesperado, que sentía por ella. De convencerla de que una identificación emocional, intelectual, sexual, como la que se había producido entre ellos ocurre, con suerte, una vez en la vida. De suplicarle que volviera a la realidad; a esa minúscula porción de la realidad que habían descubierto juntos; tan cálida, tan placentera, tan íntima, tal vital, que valía más que cualquier otra cosa. ¡Era exactamente lo opuesto a la violencia, la destrucción, la muerte, los fantasmas del pasado!

Pero no le dijo nada, ni en ese momento, ni nunca.

Susanne se quedó en Umbilical, pero esa fue la única noche que pasaron juntos.

Los primeros días pensó que recapacitaría. Si no, la secuestraría, le quemaría pasajes y *travels-chek* para que no pudiese partir y la sometería a un tratamiento intensivo de amor, cuidados, atenciones, cariño, protección, tan profundo y respetuoso que no podría resistir. Llamó y llamó al hotel donde se cansaron de decirle que ya no estaba alojada allí y que no tenían ningún dato de su nuevo paradero. Preguntó y movilizó infructuosamente a todos sus informantes y contactos: militares, guerrilleros urbanos, policías y delincuentes, contrabandistas y traficantes de armas ¡Para qué carajo servían si no eran capaces de encontrar a una mujer como Susanne en esa ciudad!

Los siguientes, que cada vez más pesada y sombríamente

fueron convirtiéndose en semanas, no se la devolvieron pero propiciaron el reencuentro con una casi olvidada compañera de juventud: la depresión. *«Hola, tanto tiempo, se te ve muy bien, estás igualita. Siempre la misma hija de puta, como si hubiese sido ayer».* Una antigua, maldita depresión, fuerte y saludable como una piedra, bien lo sabía, con un sólo flanco vulnerable: como las piedras no podía mantenerse a flote; pataleaba, manoteaba, chillaba como una loca, pero en un medio líquido, sobre todo alcohólico, se iba irremediablemente al fondo donde permanecía quieta, tranquila, inmóvil pero no ahogada, porque la grandísima hija de puta no sabía nadar pero había aprendido a contener la respiración.

«Veamos por cuanto tiempo» pensaba él antes de comenzar a verter whisky dentro de su cuerpo, como si hubiese sido lo que en realidad era entonces y sigue siéndolo ahora: un recipiente absolutamente vacío, desprovisto de órganos, vísceras, entrañas. Vacío pero no herméticamente cerrado, desgraciadamente, razón por la cual cada cierto número de horas tenía que compensar la pérdida con más whisky para que el nivel se mantuviera estable y la hija de puta depresión siguiera allí en el fondo hasta que no aguantara más y tuviese que expulsar el aire viciado y realizar una profunda, desesperada, inspiración.

«Entonces vas a ser mi leal e inseparable compañera de borrachera, hija de puta» le decía mientras no paraba de beber.

Hasta que una tarde, en su casa de la playa donde sus socios lo habían recluido al cuidado de la agradable y siempre bien dispuesta Roxi, se le fue la mano y el whisky rebasó el nivel de la boca, comenzó a salirle por la nariz, los lagrimales y hasta cree recordar que le brotó por sus orejas, todo lo cual no tuvo otra consecuencia que un formidable vómito, sobre el generoso pecho de Roxi, que le ayudó a expulsar la piedra, es decir la depresión. El aire de mar, la calma de esa extensa playa solitaria y los cariñosos cuidados de Roxi hicieron el resto: rescatarlo del fondo junto con la piedra, pero mientras esta se unió a otras de su calaña en el camino al muelle para festejar su última demostración de inmortalidad y planificar un nuevo asalto, él quedó instalado en un curioso estadio entre la vida y la muerte o sobre ambas; "más allá del bien y del mal" Nietzsche *dixit*.

Con esa actitud que contrastaba —¿o combinaba? — tan bien con el tostado intenso de su piel después de esa terapia de playa, regresó a la ciudad sin un proyecto definido. Como de inmediato sus socios comenzaron a presionarlo para poner a "Terminator" nuevamente en marcha, les pidió que lo relevaran durante un tiempo y se entregó, por completo al ocio y la contemplación, sagradas actividades para las que "Il Focolare" era lo que la Meca para los musulmanes.

Una desabrida mañana desayunaba en la terraza del café cuando vio a un niño jugando al fútbol con una piedra. La pateaba de un lugar a otro, sobre la vereda, rescatándola de los rincones más inaccesibles sólo con los pies, sin utilizar las manos en ningún momento.

Asoció esa piedra, ese comportamiento, con la piedra de la playa y entonces comprendió: ¡De alguna manera el sartriano guijarro ("achatado, seco de un lado, húmedo y fangoso del otro") que un sábado de 1932 Antoine Roquentin[1] dejó caer junto al mar porque le produjo una "desagradable" sensación en su mano, se las había arreglado para llegar hasta la costa de Umbilical. Y esa "especie de nausea" que a Roquentin le produjo en la mano, a él, en el estómago ¡le provocó ese formidable vómito...!

Debería, por lo tanto, de ahí en más, cuidarse como de la malaria de guijarros sospechosos y, sobre todo, de las mujeres con el corazón de guijarro.

Claro que supo de ella y hasta volvió a verla bastante tiempo después. Había alquilado un departamento ¡a tres cuadras! del café y en él coincidieron un par de veces.

La primera, él, para variar, compartía una mesa con otros contemplativos, circunstanciales algunos, profesionales la mayoría, cuando ella llegó acompañada por uno de esos pocos y, por lo tanto, llamativos desconocidos que, como era absolutamente previsible, diez segundos después de entrar, produciría en alguno de sus interlocutores, cualquiera de ellos, uno de los fenómenos más típicos del variado folklore del café. Un incontenible acto de autovaloración y desafío del prójimo contenido en la pregunta: —¿ya sabés quién es ese, no?

No, no lo sabía.

—Armando Arrau, ex encargado de las relaciones públicas de la Bestia (uno de los últimos y más sanguinarios dictadores militares de la región) en el exterior y, probablemente, uno de los hombres más ricos de Umbilical.

No pudo evitar mirarlo cuando, totalmente desprevenido – y desprotegido – la vio a ella. El tipo estaba un poco, muy poco, detrás y a su derecha. Unos segundos después los dos habían abandonado su campo visual porque no movió la cabeza, ni los ojos que se esforzó en enfocar en la enredadera de una esquina de la terraza y más allá en un automóvil estacionado y más allá en un vendedor de cigarrillos y más allá en un ómnibus destartalado y humeante que circulaba por la avenida. Pero no necesitó seguirlos con la mirada para saber que el tipo no era muy alto, delgado – no flaco – y rubio, atributos que de por sí querían decir bastante en una región donde ser blanco es una profesión. Que, además, tenía prolijos bigotitos, ojos claros, uñas cuidadas, vestía ropa sport de marca y mocasines italianos. Que lo mundano le salía naturalmente, pero que sus esfuerzos por resultar inteligente no le alcanzaban ni para parecer simpático.

¿Qué misteriosa condición natural o social hacía que en Umbilical no fuese necesario ver para observar ni oír para escuchar ni saber para entender?

—¿Finquero? —preguntó por preguntar, mientras seguía escrutando la enredadera y más allá de ella.

—Entre otras cosas pero, sobre todo, industrial.

—No me jodas.

—En serio. Es dueño de una de las más grandes siderúrgicas de México. Dicen que tiene otras en Estados Unidos y en el Caribe.

—¿Siderúrgicas?

—Bueno, fundidoras o como se llamen esas mierdas.

—¿Y qué hacía trabajando como funcionario gubernamental?

—Es pariente político de uno de los hombres más cercanos a la Bestia.

—¿Casado?

—Sí, pero parece que su mujer le salió medio putarraca.

—Y entonces él se desquita por ahí…

La segunda vez llegó sola.

Era una de esa plácidas mañanas de sábado en las que la vida consistía en beber buen café; fumar cigarrillos importados; observar la motocicleta – poderosa y reluciente, ocupando el espacio destinado a un automóvil en el estacionamiento –; estirar las piernas en toda su extensión debajo de la mesa; imaginar inexistentes mujeres atractivas paseando, risueñas y despreocupadas por la avenida; y sostener cualquier charla intrascendente, amena y, sobre todo, pacífica, rogando que no apareciese alguno de los infaltables pelotudos[2] que, invariablemente, echaban todo a perder.

Llegó bonita, sin una pizca de maquillaje o pintura, enfundada en un llamativo jogging naranja y azul y con una vincha deportiva sujetando su hermoso cabello castaño. Entonces sí se levantó para saludarla. Eligieron una mesa en la terraza y pidieron él un café, ella un jugo de naranja.

Durante un largo rato se observaron embelesados. Era evidente que se amaban. En una noche habían logrado lo que algunas parejas tardan años en construir y la mayoría no consigue en toda una vida: una estrecha relación de complicidad emocional. Más que por sus atractivos y virtudes, los cómplices se unen por sus defectos, debilidades, vicios y carencias. Por lo general, en el rito de la seducción macho y hembra/hombre y mujer tratan de mostrar únicamente lo mejor de sí. Lo peor (las dentelladas por un pedazo de carne, la demarcación del espacio vital, la distribución – e incumplimiento – de los roles, etc.) vendrá después, si es que el engaño previo surte efecto. Ellos, en cambio, pudieron ser macho y hembra como pocos precisamente porque, primero, supieron ser humanos como pocos, mostrándose ante el otro tal cual son: imperfectos, solitarios, insatisfechos, hambrientos de amor, de aceptación. Y, maravillados, descubrieron que, juntos, podían serlo sin culpas, reproches, arrepentimientos.

Sin embargo...

—Te debo una explicación   —le dijo ella.

—No me debes absolutamente nada. Yo no te presté ni te vendí nada, así que no tenés nada qué pagarme y yo no tengo nada que cobrarte   — le contestó. «Pagale a Roxi el vestido que le vomité» pensó.

—Es una manera de decir —aclaró un poco molesta.

—La verdad es que los adultos somos los únicos responsables de nuestros vómitos —le salió del alma.

—¿Yo soy el vómito? —le preguntó bastante irritada.

—No, no me hagas caso; estaba pensando en otra cosa. Mirá, Susanne, dejáme que sea yo el que te de una explicación. Simplemente porque quiero dártela. ¿Ok? Una explicación de la no explicación. Me explico: una explicación de por qué no quiero una explicación. Siempre pensé que en asuntos, ... ¿cómo llamarlos?... las cosas que pasan entre un hombre y una mujer, lo único que importa son, precisamente, las cosas que pasan, no las interpretaciones o explicaciones sobre esas cosas. ¿Soy claro? Lo único importante, por lo menos para mí, es lo que pasó entre nosotros y lo que dejó de pasar inmediatamente después. Las explicaciones de por qué pasó lo que pasó, de por qué dejó de pasar lo que pasó o por qué pasó lo que no pasó me importan un carajo —subió el tono una octava.

—Está bien; si así lo quieres —dijo ella con claras muestras de intranquilidad como, por ejemplo, mirar insistentemente hacia la calle y hacia la mesa donde los demás contemplativos se hacían los disimulados pero no se perdían un solo detalle del encuentro.

—¿Encontraste a tu padre? —le preguntó aprovechando su distracción.

—No.

—¿Estas investigando el bombardeo?

—Si.

—¿Crees que esa investigación te conducirá hacia tu padre?

—¿De dónde sacaste eso? —le preguntó entre sorprendida y desconcertada porque, tal vez, hasta ese momento no había tomado plena conciencia de la relación existente entre ambas búsquedas. Podían haber sido, de alguna manera, asociaciones libres, aparentemente absurdas. «Pero ahí estaba ese querido monstruo argentino-irlandés, hasta podría decirse que con una atención parejamente flotante, insinuando una interpretación, apenas una hipótesis, para que fuera ella la encargada de corroborarla».

—Explícame, por favor —¿de dónde sacaste eso? —le suplicó.

Guillermo no tenía nada de psicoanalista aunque había pasado por unos cuantos divanes. Sin embargo, permaneció en silencio. Cualquier especialista hubiese dicho que sabía lo que quería decir y la importancia de la abstinencia3 .

Efectivamente, no tenía o no conocía la respuesta. Por eso, reorientó la conversación:

—¿Querés hablarme de la investigación?

—No. No quiero comprometerte. Tu eres "un hombre de negocios", según me dijiste.

—Quiero ayudarte.

—¿Escribirías?

—El periodismo es una mentira. No voy a volver nunca más a esa mierda.

—Entonces, *forget it*. Vos me gustás mucho. Sos un buen amante, ¿sábes? El mejor que he tenido. Lástima que nos encontramos en un momento de mi vida en que no necesito un amante.

—Necesitás un padre...

—No; nunca lo necesité —mintió. —Lo que necesito es alguien - hombre o mujer - que crea en algo... que no sea el dinero, por supuesto. Un ser inexistente en estos tiempos. A ti toda esta vida te ha convertido en un incrédulo, en un cínico total.

—¿Yo? —se hizo el sorprendido. —Yo creo en tantas cosas. En el amor, mientras dura; en los niños; en los perros mansos que pueden, por una buena razón, convertirse en feroces; en la paz después de una verdadera guerra. En los pueblos guerreros. En tantas cosas... ¿Querés que te haga una lista?

—¿Y en ti mismo? ¿Crees en ti, o toda esta nueva vida tuya, tu actitud ante la vida es solamente una cobertura de todo tu fracaso profesional, existencial; y de tu incapacidad para recuperar tu autoestima, para volver a creer en ti y en tu gran capacidad para volver a hacer lo que siempre quisiste hacer: escribir, hacer periodismo, literatura?

Prefirió no contestarle. Ella no era su psicoanalista y, además, seguramente se acostaba con otros tipos. Pero era atractiva, sabía coger, pensar, acertarle debajo de la línea de flotación y la estaba perdiendo...

—Sólo decime una cosa: tu decisión de vivir aquí; de meterte en lo que te estás metiendo... ¿Te das cuenta, sos plenamente consciente de la mierda que es esto? ¿Vos sabés lo que significa para una mujer vivir sola en esta jungla? —le preguntó verdaderamente angustiada.

—¿Qué significa? ¿O tú te crees que Nueva York es menos jungla que esto? —le retrucó.

La cosa no daba para más. Dijeron otras dos o tres tonterías más y se despidieron... La mujer de sus sueños se fue para siempre, sin haber probado su jugo de naranja, caminando entre lustra-botas, pordioseros y algunos blancos que acababan de estacionar sus automóviles a un costado de la avenida y se daban vuelta para mirarle el culo. Así, después de semejante diálogo.

— ¿Cómo era posible? —pensó entonces y lo sigue pensando ahora.

En Umbilical todo era posible. Inclusive que fuesen ciertas las infamias que circulaban en puntas de pie por las oficinas de "Guerrilla Tours", la Asociación de Corresponsales Extranjeros y hasta por el café – especialmente por el café – sobre las andanzas amorosas de Susanne con el general Eliseo Mendoza, comandante de la Fuerza Aérea, y hasta con el general Marco Tulio Calderón Sosa, Jefe del Estado Mayor Conjunto de las Fuerzas Armadas.

Benditos rumores que indicaban que estaba viva, saludable, hermosa y activa como siempre, empecinada en su absurda investigación – porque esas supuestas o reales relaciones no podían obedecer a otra cosa –.

Hasta que un día esos rumores fueron sustituidos brutalmente por la noticia de su desaparición.

No recuerda si fue John o el "Chucho" Fuentes quien lo llamó por teléfono al café, le pidió que fuera inmediatamente a la oficina, lo encerró con llave en su propio despacho, y le dijo: — Hace dos días que no aparece. Normalmente, le avisa a la dueña del departamento cuando sale. Esta vez no lo hizo.

No recuerda quien se le dijo ni otros detalles. Sólo quien ha pasado por una circunstancia como ésa – la desaparición, no en sentido metafórico, sino en el más literal y crudo sentido de la palabra, de un ser amado – sabe el desbarajuste emocional, mental y visceral que produce, inclusive en los seres que como él carecen de vísceras. La muerte puede producir dolor, angustia, desesperación, desconsuelo. Pero la desaparición forzada produce un vacío infinito, abre un agujero negro, porque es la más contundente y desgarradora imposición de la nada, la negación de la existencia. Como la materia no existe nada puede decirnos sobre sí misma. La nada lo único que puede confirmar es la nada. Esto nos coloca frente a todos los interrogantes sin respuesta con los que siempre se ha debatido la humanidad. ¿Y hay algo que nos empequeñezca más, que nos confirme con mayor contundencia nuestra condición de insignificantes animales presuntuosos que la Duda; así con mayúscula?

1.- El protagonista de "La náusea", la primera novela filosófica de Jean Paul Sartre (1905-1980).
2.- Palabra muy utilizada, sobre todo en la ciudad de Buenos Aires, para referirse a un estúpido.
3.- En el psicoanálisis, la regla de abstinencia designa el conjunto de los medios y actitudes puestos en obra por el analista para que el analizante no pueda recurrir a formas de satisfacción sustitutivas, capaces de ahorrarle los sufrimientos que constituyen el motor del trabajo analítico.

Capítulo 8
ÁLVARO TRINIDAD

Amanecía, y a través de la ventana sin persianas ni cortinas del dormitorio, tenía la hermosa vista de una enorme pared con manchas de humedad. De tanto mirarla, en las múltiples y cambiantes tonalidades del gris había aprendido a leer con bastante facilidad el lúgubre lenguaje del tiempo y el espacio. Como un jardín de arena para los japoneses, la pared lo ayudaba a pensar en trivialidades como la eternidad del día y de la noche en continua persecución, el ying y el yang, la vida y la muerte... ¿Quién perseguía a quién? ¿Los vivos a los muertos o viceversa? "Si Evita viviera sería Montonera". "Si Evita viviera estaría presa". "Si Evita viviera estaría muerta".

Ahora los grises apenas más brillantes en el borde superior le anunciaban que el sol había comenzado, por fin, a cepillar algunas azoteas para sacudirles la penumbra y los fantasmas.

No toda la penumbra ni todos los fantasmas.

Cuando aún vivía en Umbilical, mientras trataba de dar con el paradero de Susanne había recordado el apretado relato de su vida y con notable nitidez cada una de las palabras, los tonos de su voz, la cantidad y calidad del aire utilizado, los gestos y ademanes con los que lo había administrado (¿"gerenciado", se dice ahora?), para referirse a su desconocido padre. De ese recuerdo tan perfecto y completo cree haber aprovechado tan solo un elemento – el aire – para, regulándolo exactamente igual que como ella lo hizo, construir, con el mismo ritmo pausado de su respiración, las breves inspiraciones, las profundas exhalaciones por la nariz, las pausas más prolongadas de lo normal entre una frase y otra, durante las cuales estaba seguro que detenía su corazón, el boceto no de un joven alto y atlético de unos 23 o 24 años, sino el de un viejo grandote, obeso, miope y millonario, probablemente de la misma edad que Neil y con su misma expresión entre torpe y alucinada en el azul claro de sus ojos, a quien no conocía personalmente, pero sobre quien había leído muy poco y oído mucho; uno de eso personajes famosos en algunos impenetrables círculos de Umbilical por lo mucho y terrible que no se sabía (pero se sospechaba) de él, más que por su casi inexistente trayectoria pública.

Recuerda que la sola corazonada le produjo escalofríos.

Los flancos siempre fueron lo mejor resguardado de "Il Focolare". Así lo había dispuesto la geografía urbana. El izquierdo aún más que el derecho porque nadie podía aproximarse por él – caminar a la descubierta los 15 metros que separaban la terraza del café de la esquina – sin ser detectado por alguno de los vigías de turno que, de inmediato, alertaría al resto: "ahí viene fulano". Inclusive, a tal punto había llegado el entrenamiento y el entendimiento de los infaltables que, muchas veces, ni siquiera ese alerta sonoro era necesario. Cuando la terraza estaba muy concurrida y la mesa principal – exclusiva para ellos – muy rodeada, bastaba un brillo en la mirada del que estaba sentado de frente a esa esquina, un fruncido de sus labios para afuera, como si se tratara de un beso arrojado en esa dirección, para saber que alguien que por alguna razón debía ser detectado y anunciado con anticipación, se estaba aproximando por ese flanco fatídico. A él – bien sospechaba por qué – invariablemente le correspondía esa dudosa distinción.

A los que ya se encontraban cómodamente instalados frente a la mesa principal el alerta, verbal o gestual, les daba una ventaja de entre 10 y 11 segundos para idear una emboscada que casi siempre comenzaba con un recibimiento irónico, burlón, disimuladamente agresivo o estudiadamente indiferente, ocasionalmente simpático, acorde con las características del recién llegado, con las circunstancias del día, con algún hecho ocurrido desde la última vez que se vieron (normalmente unas horas antes, a lo sumo el día anterior), con algún rumor, chisme sabroso, calumnia o difamación de los tantos que saturaban el ambiente de la capital.

En cambio, cuando uno – como él ese día – no estaba para boludeces[1] podía elegir entre ser el primero en llegar (para lo cual había que madrugar) o el ataque sorpresivo y frontal, siempre y cuando en el pequeño estacionamiento, entre la terraza y la avenida hubiese suficientes automóviles como para ocultar el avance deslizándose entre ellos. Pero para eso había que tomarse el trabajo de cruzar la avenida una o dos cuadras antes, caminar por la acera opuesta, extrañamente menos frecuentada y atractiva, y volverla a atravesar sin el auxilio de semáforos o cosa parecida exactamente por la perpendicular de la terraza y el estacionamiento.

Así lo hizo esa tarde porque impulsado por la corazonada

había arreglado un encuentro tan urgente como decisivo y menos que nunca quería verse envuelto en alguno de los pueriles juegos o ritos del café. Sin embargo, para variar, Chalo no había llegado puntual a la cita, con lo cual la precaución del rodeo sólo sirvió para dejar desconcertados y mudos..., apenas por un momento, a los cinco infaltables sentados en torno a la mesa principal.

—Buenas... hola... que tal.... ¿No vieron a Chalo? —les preguntó desde prudente distancia.

—No, pero seguramente no tarda en llegar. Sentate.

—¿O tienen reunión del buró político? —comenzó a chicanear el croata. Arrimó una silla y se sentó poco dispuesto a seguirle la joda.

La noticia de la desaparición de Susanne no había sido difundida pero por lo menos tres de los que estaban allí no necesitaban de ningún medio de prensa para enterarse de casi todo lo que ocurría en la aldea y, si se trataba de algo que no los involucraba directamente, menos aún de tiempo y reflexión para poner al tanto al resto con detalles reales o inventados. Por lo tanto, seguramente ya habían escuchado algo, pero como correspondía a una de las poquísimas áreas en las que no se incursionaba abiertamente alrededor de esa mesa frecuentada por militares, para-militares, agentes de la CIA y del Mossad², narcotraficantes e informantes de DEA y periodistas a sueldo de los militares, entre otras "joyitas", prefirieron hacerse los desentendidos y concentrarse en una acalorada discusión sobre la sexualidad de las judías. Debate en el que, por supuesto, no participó, primero porque carecía de experiencia al respecto – muy probablemente ellos también – y segundo, porque le importaba un carajo. «¿O acaso, la prolífica y podrida mente del croata ya había urdido una de sus habituales patrañas, atribuyéndole a Susanne un disparatado origen judío para relacionarlo de alguna retorcida manera con su presencia en Umbilical y sus andanzas con altos oficiales del Ejército y empresarios?»

Se tomó dos cafés mientras esperaba a Chalo y apenas se sumó a la charla para desmentir al más imbécil y desinformado de los cinco – dueño de un comercio de electrodomésticos – cuando aseguró que la guerrilla preparaba una ofensiva general contra la ciudad.

—¿Te lo contó un comandante que bajó de la montaña para comprar un micro-ondas? —le preguntó con toda inocencia.

—No, lo leí en una de esas noticias sensacionalistas que vos escribís.

—¿Qué? Desde que se hizo millonario jodiendo gringos, éste no escribe ni una carta —intervino un tercero.

—¿Y entonces quién prepara los informes para la "Compañía"³? —preguntó el croata intrigante.

—Andáte a la mierda, Stipe —reaccionó Guillermo. —Con razón éste sabe tanto sobre la guerrilla. Porque sos su principal fuente de desinformación... —Vos seguí haciéndole caso al croata que un día de estos te anticipa la llegada de OVNI´s al patio de tu casa —le dijo al tendero.

—¿Y Guillermo, cómo andan las cosas? —le preguntó el más reservado y menos inocente de los cinco. Un rubio, alto, medio gringo, veterano enfermero de Vietnam, descendiente de una tradicional familia de Umbilical, voraz consumidor de cuanta información técnica cayera en sus manos, pero alérgico sin cura a cualquier cosa que tuviese que ver con trabajo o esfuerzo físico.

«¿Las cosas? cabrón», pensó. —Bien, ahí andan —le contestó esperando poder cambiar rápidamente de tema porque bien sabía que "las cosas" eran Susanne, el futuro de "Guerrilla Tours", su propio futuro... Y ninguno de los infaltables con dos dedos de frente, ni siquiera en medio de la más formidable borrachera, colocaba todas sus cartas sobre la mesa. Por lo general, en esa mesa, la principal, no se ponía ni una sola, reservando algunas confidencias o cuestiones personales – nunca todas ni demasiado personales – para las mesas más pequeñas, espacios celosamente reservados para dos, a lo sumo tres, reunidos por alguna cuestión puntual y más reservada o íntima. Por eso ninguno se sorprendió cuando al llegar Chalo, tras los saludos de rigor, él se levantó y de común acuerdo se trasladaron a la mesita más apartada de la principal.

Sí. Con la rapidez habitual y por los mismos misteriosos conductos, la noticia se había desparramado, aunque para Umbilical fuese un verbo excesivo: lo único que se desparramaba allí eran las epidemias. La expresión y la actitud extrañamente discreta de Chalo así lo indicaban.

Después de haber renunciado, asqueado, al terror anticomunista, su amigo parecía conservar algunos hábitos del pasado – la pasión por las armas, la insaciable sed de información, la violencia apenas contenida, más por inercia que por alguna otra razón más inquietante. Sin embargo, no estaba dispuesto a poner las manos en el fuego por ello. Ya lo había visto blandir la abundante y privilegiada información que poseía como un arma temible contra funcionarios corruptos, periodistas venales y, sobre todo – su obsesión – contra mujeres infieles. Cuando lo conoció hacía bastante tiempo que el ex escuadronero[4] se había convertido – con el mismo dogmatismo y la misma impiedad – en un anacoreta, fundamentalista y sufriente, de una moralidad tan rígida como imposible, sobre todo en esa sociedad podrida hasta los tuétanos después de toda una historia de saqueos, abusos de poder y violencia.

—Chalo: el viejo Trinidad —le dijo en voz baja, inmediatamente después de sentarse y comprobar que no necesitaba ninguna explicación introductoria.

—¿Qué pasa con él?

—Necesito verlo.

Sabía que no le preguntaría para qué. Pero también estaba seguro que le preguntaría:

—¿Cómo qué?

—No, como periodista no, no te preocupes. Te consta que hace mucho tiempo que estoy fuera del negocio.

—¿Entonces?

—Qué sé yo... Es un asunto personal.

—¿Sabés lo que opina de vos y de tu empresa?

—Me lo imagino.

—No va a ser fácil.

—Chalo, cosas más difíciles me has ayudado a resolver.

—Puta, ¿más difíciles?

—¿Qué? ¿Tan jodido es verlo?

—Para vos, muy jodido.

—Pero vos podés arreglarme una reunión.

—No, yo directamente no. Pero podemos intentarlo a través del Licenciado, son medios parientes...

—¿Parientes?

—Es una historia turbia, como todo lo que tiene que ver con Trinidad. ¿Vos sabes que ese no es su apellido paterno, no?

—Acabo de intuirlo. ¿Vos sabés cuál es su verdadero apellido?

—Nadie lo sabe. Dicen que la vieja Estela Trinidad – su madre – tuvo un romance con un gringo X que murió en circunstancias muy oscuras... Dicen que ella lo mató. La cuestión es que se quedó con un hijo y con todas las tierras que habían pertenecido a su amante. El abuelo de Álvaro Trinidad tuvo un montón de hijos, legítimos e ilegítimos. Una de las hijas - hermana o hermanastra de Estela – se casó con un tío del Licenciado. Es decir que entre ambos no existe ningún lazo de consanguinidad, pero se conocen muy bien.

—¿Cuándo puedo ver al Licenciado?

—¿Qué tanto te urge?

—Mucho.

—Esperá, voy a hablarle por teléfono —. Se dirigió al interior del café.

A la mesa principal se había sumado un sexto parroquiano, con cara de niño. La regordeta y rubicunda cara de un niño inocente...

—Che, aquí hay alguien que quiere conocerte —le gritó Stipe cuando lo vio solo. Se levantó para saludar al recién llegado.

—Capitán Estuardo Krummer, mucho gusto.

—¿Infantería?

—No, Fuerza Aérea. Piloto aviador.

—Ah... Mucho cuidado entonces con los aviones que andan vendiendo por ahí... Dicen que se les caen las alas —bromeó mirando hacia el crotata para disimular la desagradable sorpresa.

—Me han hablado mucho de usted —le dijo el piloto con una sonrisa demasiado simpática para ser creíble. —Espero que bien —le respondió con la misma moneda cuando Chalo llegó en su auxilio.

—Podemos ir ahora, si querés —le susurró.

Dudó unos instantes porque la casualidad – ¿o no? – lo había puesto ante un muy posible extremo del hilo que podía conducirlo hacia las causas del bombardeo, tal vez las mismas de la desaparición de Susanne. Pero estaba a punto de emprender un camino más directo.

—Perdón, pero tengo que irme. Ojalá podamos charlar en otra oportunidad —le dijo al militar.

Le hizo la clásica seña a una de las chicas que atendían las mesas para que le anotara el importe de los cafés en su voluminosa cuenta; se despidieron y mientras se dirigían hacia el auto de Chalo, a través de la enredadera de la esquina de la terraza pudo ver las miradas cómplices de los infaltables y la sonrisa burlona del croata que, sin duda alguna, sabía de qué habían hablado, hacia donde se dirigían y el porqué de la urgencia.

El ego del Licenciado nunca había logrado amoldarse a la pequeñez integral de Umbilical. Se sentía bastante cómodo en un cuerpo grandote y de buen aspecto, pero rebalsaba por los cuatro costados los límites de la región, más aún los del barrio y la modesta casa donde había ido a dar. Era una observación carente de cualquier ironía o juicio crítico, porque por origen, educación, experiencia y proyección, el Licenciado se merecía la enormidad de su ego; también Umbilical para la cual era un insoportable recordatorio ambulante de su pequeñez y mediocridad. Hasta pocos años antes el ego del Licenciado había superado con bastante facilidad las limitaciones circundantes, extendiéndose hacia los más altos cargos de gobierno, la política exterior y los organismos internacionales. Pero, independientemente del tamaño de su ego y de la magnitud de su brillo, el Licenciado era un umbilicalense de muchas generaciones, es decir un tipo con su cordón umbilical enterrado en las profundidades de esa tierra y en las tragedias de su historia. Así que su ego podía ser todo lo cosmopolita y mundano que quisiese, pero él, por familia, tradición e intereses, estaba fundido en la misma argamasa de las desventuras de la región, de su incierto destino. Desventuras que lo habían llevado de la cima a la sima, de la fama al escarnio, de los barrios y las mansiones más lujosos a una modesta y casi clandestina vivienda que ahora compartía, en medio de apremios económicos pero feliz pese a todo, con una hermosa mujer que lo quería (bué, nunca se sabe...) y sus pequeños hijos.

Mientras rebotaban contra las piedras y se hundían en los hoyos de las calles de tierra a bordo del impecable y poco discreto Mercedes-Benz 300S de Chalo, pensando en el injusto destino del ego del Licenciado no había podido evitar pensar en el propio y en el de tanta otra gente como él. Egos bastante menos impresionantes, pero más libres, en la medida en que se pueda considerar libertad a la capacidad de ir y venir, hacer, deshacer y rehacer – o, al menos, intentarlo – de quienes nada tienen ni deben. Egos a salvo de las pesadas cadenas que imponen un apellido ilustre y una tradición familiar a mantener y bienes y propiedades que defender en sus terruños natales. Bastardos y miserables Egos libres para andar por el mundo haciendo de las suyas...

—¿Por qué se quedaron, Chalo? —le preguntó para confirmar su hipótesis, mientras miraba por un segundo espejo retrovisor, instalado en el automóvil para que el acompañante, y eventual tirador, pudiese colaborar en la detección de algún seguimiento.

—¿Por qué se quedaron, quiénes?

—Ustedes; vos, el Licenciado... ¿Por qué no se fueron a Miami, como tantos otros?

—¿A Miami? —se horrorizó. —¿Por qué no te vas a la mierda? Miami es para los maricas, para los lame-culos de los gringos, para los que le gusta vivir en la gusanera cubana... ¿Vos crees que nosotros pertenecemos a esa raza?

—Bueno, a cualquier otra parte. A Europa, que se yo...

—Mira, che, si no entendiste la diferencia entre gente como el Lic. y la sarta de hijos de puta que salieron huyendo, quiere decir que en todos estos años no aprendiste nada...

—¿Una cuestión de huevos, no?

—No periodistita. No tiene nada que ver con los huevos. Es una cuestión de cerebro, de ideología, de un compromiso con un proyecto nacional ("nacional-socialista" debería haber dicho). Un compromiso que viene de muy atrás con esta región de mierda. A los que huyeron siempre les importó un carajo. Lo único que les importa es su vida y su dinero. Garantizadas las dos cosas, para ellos Miami es el paraíso. Nosotros nos jodimos aquí y aquí nos vamos a morir porque no echamos verga para dejar que ahora vengan la ONU, los gringos, los culeros que salieron corriendo, a comernos el mandado

Atravesaron el barrio de las putas, el de los cuarteles y el de los almacenes de los contrabandistas, casualmente aledaños. Bordearon el primer cinturón de miseria de los muchos que rodeaban la capital como una espiral contra mosquitos, consumiéndose lentamente desde el campo – ya reducido a cenizas – hacia el centro y concentrando una masa cada vez más compacta de indígenas menesterosos en la reducida porción intacta. E ingresaron en una zona arbolada y fresca de pequeñas quintas que alguna vez sirvieron para el descanso de familias de la pequeña burguesía; ahora parcialmente abandonadas.

Incorregiblemente teatral, eternamente verborrágico, poseedor de un vozarrón de alto impacto, circunstancialmente sobrepasado de peso por el semi-encierro de los últimos meses y sentado debajo de un enorme y costosísimo crucifijo que perteneció al más

100

famoso de los tiranos fundadores de la Patria, el Licenciado los estaba esperando, como siempre, con el *"Concerti Grossi"* de Corelli (¿acaso no tendría otro?) en el equipo de música, una botella de "etiqueta negra" y un balde lleno de hielo sobre una mesita en el centro de la sala.

—Bueno, señores... ¿A qué se debe tan grata visita? —les preguntó después de los abrazos de rigor.

—Nuestro amigo necesita conversar con un pariente tuyo —le informó Chalo.

—Espero que no se trate de quien estoy pensando, aunque mucho me temo que sea él, Creo que es el único de mis parientes al que no puede pedírsele una entrevista directamente, o a través de una secretaria.

—Usted siempre tan intuitivo, mi Lic. —lo aduló Chalo.

—Mirá, che: vos sabés que no te voy a preguntar por qué querés hablar con ese hijo de puta... Yo con mucho gusto puedo intentar que te reciba, pero no te garantizo el resultado... Aunque, a decir verdad, las pocas veces que le pedí un favor se portó bastante bien. Sabe perfectamente lo que pienso de él, pero también sabe que a mí no me puede jugar sucio.

—Una pregunta, Lic: ¿el apellido paterno de Trinidad, podría ser Whayt?

La pregunta tomó por sorpresa a sus interlocutores: Chalo dio un respingo y exclamó: —¡Por algo digo que este navega con bandera de pendejo[4] pero que maneja información confidencial!

El Lic., en cambio, se sirvió una copa de agua mineral -hacía algún tiempo había agotado su propia cuota de alcohol... y la de varios otros tan grandotes como él - y pareció concentrarse en la música para encontrar en ella algún insospechado resquicio hacia la memoria.

—Esperá... hubo un Whayt aquí, en Umbilical, pero murió: lo asesinaron en el cincuenta y cuatro.

—¡El que asesinó Estela Trinidad! —sentenció Chalo terminante.

—No; a ese Whayt lo asesinaron las tropas arbencistas.

—¿Podría haber sido el padre de Álvaro? —arriesgó Guillermo.

—No lo sé ni tengo forma de saberlo. Mi tía política, Doña Carmencita, hermana de Estela Trinidad, nunca supo o nunca quiso decir quien fue el padre de Álvaro – lo que sí es seguro es que fue un gringo – y la pobre vieja murió hace mucho tiempo. —...De todas maneras, si me permitís una opinión, la opinión de alguien que conoce como pocos a Álvaro, corrés el riesgo de perder tu tiempo —agregó.

—Y de meterte en la boca del lobo —intervino Chalo.

—No tengo alternativa. Creo que es el único que puede ayudarme —confesó Guillermo.

—¿Y por qué creés que un tipo como él, que además siempre te ha tenido en la mira por tus posiciones políticas y tu relación con los *guerrinchas*[5] , pueda tener algún interés en ayudarte? —le preguntó Chalo.

En vez de responderle, bebió un trago de whisky y por encima de la copa lo miró con expresión de reproche porque estaba transgrediendo una de las reglas de oro de la insólita relación entre ellos – la estrecha relación de un ex izquierdista con un ex escuadronero – : nunca se intentaba ir más lejos de lo que el otro estaba dispuesto a llegar.

Pero ahí estaba el Licenciado para poner las cosas en su lugar. Probablemente no había nadie en Umbilical que conociera tan bien como él las reglas del juego del poder y la diplomacia, las lealtades, la complicidad, la discreción, y que las respetara... tan escrupulosamente.

—Nunca se sabe —dijo enigmático. —Nunca se sabe.

«¿Acaso el Licenciado formaba parte del grupo - bastante numeroso por cierto - de los que pensaban que él tenía algún vínculo con la CIA y que "Guerrilla Tours" era una buena cobertura para moverse con libertad e impunidad por todas partes, cruzar las líneas que separaban uno y otro bando y obtener abundante información sobre el conflicto y sobre el país? Nunca había tenido ningún motivo para pensar que sí y, en cambio, habían compartido algunas circunstancias e informaciones lo suficientemente comprometedoras como para suponer que gozaba de su plena confianza.»

«¿Qué había querido decir, entonces, con eso de "nunca se sabe"? ¿Porque él, que sobre el siniestro juego del poder en Umbilical lo sabía casi todo, "no sabía" si el viejo Trinidad podía tener algún interés en ayudarlo?»

—Pensándolo bien, tal vez este sea un buen momento para hablar con él —dijo el licenciado.

—¿Por su pérdida de espacio político? —trató de adivinar Guillermo.

—Efectivamente. Está claro que el viejo no encaja en los nuevos planes de Washington para Umbilical. Como todo el mundo ha comenzado a meter las narices en la mierda – el Departamento de Estado, los embajadores, el Congreso, el Departamento de Justicia, la Oficina Federal de Investigaciones – sus antiguos amigos en Washington se han vuelto más cuidadosos, más delicados, comienzan a parecer señoritas a la hora del té. Han desempolvado un Consejo de Supervisión de Inteligencia que ahora trabaja con la cooperación de los Inspectores Generales de las agencias y departamentos. Les preocupa que con los Acuerdos de Paz comiencen a destaparse algunas ilegalidades – para llamarlas de alguna manera –, algunas contravenciones a supuestas ordenes del Ejecutivo que en su momento o no existieron o se las pasaron por el culo. Si ese destape llegara a producirse lo dudo – te imaginas que no defenderían ni a la puta madre que los parió. Probablemente esta perspectiva lo tenga bastante inquieto...

—Más cerrado que nunca —pronosticó Chalo.

—O más interesado en mejorar su imagen, como si eso fuese posible —le retrucó el Lic.

—Bueno, al menos existe una posibilidad —se entusiasmó Guillermo, mientras se preguntaba cómo hacía el Lic. para estar al tanto de lo que pasaba en los entretelones de la comunidad de Inteligencia estadounidense desde esa modesta vivienda en los suburbios de la capital de Umbilical. Por cierto no fanfarroneaba cuando daba a entender, como al pasar, que frecuentemente recibía visitas de alto nivel. Políticos, militares, empresarios, que por misteriosas razones mantenían una tan fluida como reservada comunicación con él, aún a sabiendas de que para el gobierno provisional y su círculo áulico se había convertido en un odiado y temido enemigo. ¿Pero, acaso su compacta agenda incluía a funcionarios de la embajada de Estados Unidos o, directamente, del gobierno de ese país? Probablemente, ni los orejas del Estado Mayor Presidencial que vigilaban su casa día y noche, lo sabrían nunca.

—Si existe esa posibilidad, no vamos a desperdiciarla —declaró el Lic. Y acto seguido tomó el teléfono, marcó un número, esperó unos segundos y, más que sostener una conversación, declamó el siguiente monólogo:

—¿Álvaro? Luis Manuel. ¿Cómo estás? ¡Tanto tiempo! Mirá, aquí está un buen amigo, interesado en hacer alguna buena inversión... Guillermo O'Rourke... Sí, el argentino-irlandés; el propietario de "Guerrilla Tours"... Le gustaría hablar con vos. Me parece que lo mejor sería que lo recibieras el domingo en 'Cerro Dorado' porque seguramente viendo las maravillas que estás haciendo allá arriba se va a entusiasmar... Ok. Un abrazo. Adiós.

Los guardias armados en la entrada del camino arbolado y los que unos tres o cuatro kilómetros más adelante rodeaban el edificio principal – una especie de rancho texano construido a todo vapor – protegiendo su entrada principal, habían sido alertados porque, después de identificarlo, lo dejaron avanzar tranquilamente.

Lo único que desconcertó un tanto al que parecía ser el jefe de seguridad – un joven rubio, de pelo largo, vestido con jeans y camiseta colorida, con un wolkie-talkie negro como único y suficiente símbolo de su fúnebre poder – fue la hora de su llegada, bastante adelantada con relación a la prevista para el arribo del patrón.

Para "no desperdiciar la oportunidad" así lo había planeado el Lic. Él sabía que todos los domingos, a media mañana, Álvaro Trinidad se trasladaba, piloteando su propio helicóptero, desde la capital hasta esa montaña cercana que, en sociedad con algunos amigos, había comprado hacía poco tiempo para convertirla en un gigantesco country club de lujo, previo desalojo de las miserables familias indígenas que carecían de títulos de propiedad sobre sus tierras, pese a vivir en ellas una cuantas centenas de años antes de la llegada de los invasores blancos a la región.

—Supervisa las obras y recibe a potenciales compradores de terrenos, casas, membresías. Así que mientras está allí tiene puesto el disfraz de vendedor y publi-relacionista. Esa es la oportunidad que tenés que aprovechar. Y si llegas antes que él y lo abordas en cuanto aterrice, mucho mejor —le había recomendado.

Una media hora más tarde el característico sonido de un helicóptero que trepaba desde el valle lo puso en alerta.

—Ahí viene —le avisó el rubio imbécil, como si estuviera dirigiéndose a un sordo.

A baja altura un Hughes 500D plateado sobrevoló el rancho, los depósitos de materiales, las cuadras de los caballos, se detuvo sobre el estacionamiento y sacudiendo con fuerza los árboles circundantes se acercó lentamente, casi de costado, hasta una vasta área cubierta de césped, sobre la que hizo un aterrizaje impecable.

El rubio corrió para abrir la puerta y ayudar a descender al piloto: "un viejo grandote, obeso, miope y millonario, probablemente de la misma edad que Neil y con su misma expresión entre torpe y alucinada en el azul claro de sus ojos".

Se había puesto de pie y a través de los ventanales del rancho los vio avanzar hacia él. Con fuertes latidos su corazón hizo acto de presencia cuando, a medida que se acercaban, pudo comprobar que el personaje real se asemejaba bastante al boceto que él había trazado con la ayuda de la respiración de Susanne. Aunque no del todo, porque su piel era más oscura, bastante más oscura y el cabello bastante más abundante y blanco de lo que había imaginado. ¿Y si se hubiese equivocado?

Un viejo mestizo de ojos azules y dos profundas arrugas manteniendo a buen recaudo sus pergaminosos mofletes de una boca grande y sólidamente sedimentada en un poderoso mentón, apareció en la puerta. Lo observó desconfiado y tras intercambiar unas palabras con el rubio, que permaneció afuera, se acercó pesadamente para saludarlo con sequedad e invitarlo a acompañarlo hasta su oficina.

Descendieron tres escalones y caminaron por un ancho pasillo decorado con fotografías aéreas de la montaña y diseños del country-club, hasta un amplio salón totalmente revestido de madera, con algunas pinturas ecuestres, confortables sillones de cuero negro, un escritorio de cedro y enormes ventanales con una magnífica vista de los prados, los primeros chalets en construcción, y en el fondo de una suave e interminable pendiente el valle y el lago, como una pequeña esmeralda engarzada en un extraño metal gris-azulado.

—Tome asiento... ¿Hace mucho que llegó? ¿Le dio tiempo de ver algo de lo que estamos haciendo aquí arriba? —le preguntó, mientras, con cierta dificultad, se desparramaba en un sillón frente a él.

—No, llegué hace algunos minutos.

—Entonces, venga conmigo, le voy a mostrar... —dijo y tomó aire para iniciar el complicado despegue desde el fondo del asiento.

—Necesito hablar con usted —lo atajó Guillermo como para evitarle el esfuerzo.

—Ah, sí, es cierto, el Lic. me dijo que usted quería conversar conmigo... También me dijo que anda pensando en invertir y, permítame que me adelante, pero hoy por hoy, en Umbilical, no hay mejor inversión que esta.

Miró a su alrededor, seguramente en búsqueda de algún folleto publicitario que confirmara lo que acababa de decir. Fueron apenas unos segundos antes de darse cuenta de que no necesitaría ningún folleto.

—Lo que quiero preguntarle no tiene que ver con su negocio ni con el mío.

Fue una desagradable sorpresa por partes. La primera apenas lo descolocó un poco. Ni siquiera lo suficiente para impedirle una reacción a medio camino entre el humor y la agresión.

—Ah, no. Entonces espero que no sea una entrevista periodística. Supongo que ya sabe lo que pienso de ellas...

—No, no se preocupe, es una cuestión mucho más personal.

—¿Personal? —preguntó alarmado como si hubiese escuchado a Satanás que había llegado para recordarle el vencimiento del contrato. Entonces sí, aferrándose a los extremos de los portabrazos y tensando los músculos para llevar su espalda a la vertical, su actitud recelosa pasó a ser claramente defensiva.

Como él, en lugar de recostarse, estaba sentado en el borde de su sillón y tenía el cuerpo ligeramente proyectado hacia adelante, en dirección al viejo, lo vio tan próximo, tan vulnerable, que no dudó en disparar a quemarropa.

—Cuando estuvo en Vietnam conoció a una francesa llamada Anne Laforet.

La afirmación resonó en el enorme salón forrado en madera como un cañonazo en el interior de un frontón. ¿Cerró los ojos? Tal vez, porque una fracción de segundo antes de que la vibración causada por la onda sonora rebotara contra ellos, le pareció que el viejo había dado un pequeño salto. Sin embargo, ahora estaba inmóvil, impertérrito, con una súbita expresión de aburrimiento en sus miopes ojos azules...

—Discúlpeme, pero no sé de qué está hablando...

Series de tres tiros. Los primeros son los que cuentan. Hay que seguir disparando. El momento de comprobar el efecto vendrá después...

—Se lo explico: antes de volver a Umbilical, en 1954, usted estuvo unos meses en Vietnam del Norte y allí tuvo una breve relación íntima con una francesa, asistente social, llamada Anne Laforet...

El aburrimiento le duró poco al viejo

—¡Eh! Pare ahí, que yo tengo mucho que hacer...

Tarde, demasiado tarde para impedir que siguiera gatillando como un demente. —De esa relación nació una hermosa niña que si usted la hubiese reconocido y dado su nombre hoy se llamaría Susanne Laforet Trinidad o Whayt, como usted prefiera. Pero sólo se llama Susane Laforett, tiene 34 años y vino a Umbilical para tratar de encontrarlo. No sé en qué se metió, pero la han secuestrado.

Había agotado el cargador, pero el viejo no había caído. Ni siquiera parecía herido. ¿De qué material estaba hecho el grandísimo hijo de puta que a medida que recibía los impactos – porque estaba absolutamente seguro que había dado en el blanco – los neutralizaba con la misma rapidez? Sólo había dos respuestas posibles: o le importaba un carajo que una hija hubiese sido la consecuencia de una relación ocasional e intrascendente. O ese accidente representaba algo para él, pero mucho más importante era preservar, a cualquier precio, el secreto de su profesión y de su vida. Porque era obvio que en el mismo acto de la admisión de la paternidad de Susanne estaría revelando su verdadera identidad, su pertenencia a la CIA, la muy probable cadena de actos clandestinos, ilegales, criminales, cometidos por órdenes del gobierno de los Estados Unidos, en Corea, en Indochina y en Umbilical. ¿El padre y el espía luchaban en su interior? Seguramente, porque si esa lucha no se estaba librando – el trauma que produce la bala que penetra y los mecanismos que intentan cicatrizar la herida – su colérica reacción no hubiese tenido razón de ser.

—Oiga, yo no tengo por qué seguir escuchando estupideces. Si no vino a hablar de negocios, ya puede largarse —le dijo con un gruñido, mientras con insospechada agilidad se ponía de pie para amedrentarlo con su corpulencia..

—Quiero salvar a su hija... Puede ser que todavía esté viva. Usted es el único que puede salvarla. Anne murió. Usted es el único... —insistió implorante.

—¿Qué hija? ¡Delirante! Usted es un delirante. Yo no tengo ninguna hija.

El espía había liquidado al padre. Un espía bastante sui generis, por cierto. Un espía que rápidamente había perdido el control sobre sí mismo. En todo caso, un espía umbilicalense, es decir un asesino. Pero, pese al peligro que eso representaba, un espía fuera de control no servía para un carajo. Si como padre era una basura, en venganza él estaba dispuesto a destruirlo como espía. Para eso sólo tenía que avanzar...

—Claro que la tiene. Si no lo sabía, se lo estoy informando. Cuando usted desapareció de Vietnam Anne estaba embarazada. Susanne nació unos días antes de la caída de Dien Bien Phu.

—Yo nunca estuve en Vietnam. No se quién es esa Anne de la que me está hablando. Ni esa Susanne, ni un carajo. ¡Lárguese antes de que llame a mis muchachos!

La amenaza logró enardecerlo. Ahora él estaba parado, en guardia y vociferante. —Mire, a mí lo que hizo en Vietnam, antes y después de Vietnam; todo lo que hizo aquí, me importa un carajo. Lo único que me importa es salvar a su hija. ¡Su hija! ¿Entendió, viejo de mierda? ¡Es de su hija de quien le estoy hablando! Ella no tiene nada que ver con todas sus mierdas, con toda esta mierda. Lo único que sé es que la secuestraron hace tres días. Si todavía no la mataron, le estoy pidiendo que haga algo para evitarlo. ¡Es su sangre, carajo!

Efectivamente, del veterano agente de inteligencia ya no quedaban ni rastros. Su lugar había sido ocupado por un bastardo viejo asesino umbilicalense.

—¡A mi ningún extranjero hijoeputa y menos vos, comunista de mierda, me insulta. En mi propia casa. Viniste a insultarme en mi propia casa. Enloqueciste con tanta droga que consumís, me venís a hablar de Vietnam, de lo que hice aquí y de que se yo cuantas mierdas y me insultás. Ya mismo, pero ya mismo, te vas a la mierda!

—¡Rick, Rick! —comenzó a gritar como un energúmeno, pidiendo auxilio al rubio de pelo largo, seguramente.

Como el intento estaba más que agotado y no estaba dispuesto a esperar la llegada de los refuerzos del enemigo, dio media vuelta y se dirigió hacia el pasillo. ¿Estaba el viejo desenfundando una pistola para dispararle por la espalda? Se dio vuelta para mirarlo, lo vio apoyado contra el escritorio, respirando con dificultad, con la piel más obscura que al llegar y los ojos más azules, por contraste, y entonces, nuevamente, lo asaltó la duda: «¿Y si se había equivocado?»

En ese momento llegó corriendo el rubio empuñando una sub-ametralladora Ingram. Al verlo el viejo se agrandó:

—Mira hijoeputa, no te damos agua aquí mismo, porque el Lic. sabe que me viniste a ver. Ese hijoeputa también me las va a pagar... Pero te digo una cosa, escucháme bien, porque es la primera y la última advertencia: tenés 24 horas para irte a la mierda de Umbilical. Irte para no volver nunca más. Si mañana a esta hora seguís jodiendo por aquí, te liquidamos, hijoeputa, te liquidamos. ¿Entendiste? Ahora, sáquenlo de aquí...

«Si, lo sacarían vivo o muerto, pero no se iría con la duda...»

De un salto volvió junto al viejo y antes de que él y su guardaespaldas pudiesen reaccionar, con un formidable tirón le arrancó la camisa de seda... efectivamente tenía un notable lunar exactamente en la unión del arrugado cuello con su hombro derecho.

1.- Tonterías, en el argot porteño. Comportamiento propio de un "boludo").
2.- Mossad Aliyah Beth, Servicio secreto israelí de Inteligencia y Contrainteligencia.
3.- CIA.
4.- Expresión utilizada en Centroamérica para referirse a quien simula o aparenta ignorancia.
5.- Guerrilleros.

Capítulo 9
THOMAS WHAYT

Conociendo apenas la décima parte del historial/prontuario de Trinidad, cualquiera lo hubiese pensado dos veces antes de atreverse a saltarle al cuello.

Como tantos otros buscadores de tesoros, sus parientes más cercanos, Frank y Douglas Whayt, se embarcaron en New Orleans y tras una escala en Cuba desembarcaron en Umbilical a principios del siglo XX atraídos por la fiebre del café. La versión de que eran prófugos de la justicia por haber violado con lujo de fuerza a una hermana pequeña, más o menos retrasada, no carecía de fundamentos, pero sí de pruebas.

La verdad es que las razones personales de su migración no tuvieron ninguna importancia comparadas con lo que su aventura representó en términos históricos. Nacidos en Estados Unidos en la década de los ochenta del siglo XIX, fueron unos cuantos miles de Whayts los que movilizados por una ambición y un audacia sin límites contribuyeron al fin de la supremacía europea en América Latina y a su incontenible e irreversible reemplazo por el poder imperial norteamericano, sobre todo después de la victoria militar contra España, en 1898. Para frenar esa invasión a escala continental de poco sirvieron el coraje de Martí, la sensibilidad de Rodó, el antiimperialismo de Manuel Ugarte, o la poesía de Rubén Darío. Los hermanos Whayt se impusieron con la ayuda de los marines[1] y la inveterada sumisión de las clases dirigentes latinoamericanas. Dos años antes de su llegada a Umbilical la elite cafetalera y el gobierno habían celebrado con júbilo la inauguración del primer ferrocarril interoceánico, vía de acceso para que uno de los más sólidos consorcios de Wall Street terminase apoderándose de los principales recursos económicos de la región – todos los ferrocarriles, puertos y telégrafos; 1.500 caballerías[2] sobre el Caribe y tres cuartas partes de las márgenes de uno de los ríos más importantes; además de extensas plantaciones en las mejores tierras de la costa sur .

Sobre la posición de los astros el día del nacimiento de Frank, el mayor, no existen registros, pero fue en 1888, precisamente el año en que el café de Umbilical resultó premiado en una exposición en Europa porque lo consideraron el mejor del mundo. Obviamente el recién nacido o por nacer no se enteró de esa coincidencia hasta mucho tiempo después pero, ya adulto, de habérselo propuesto, no le hubiera resultado difícil encontrar algún astrólogo que le demostrara que su providencial traslado a Umbilical y su éxito como productor cafetalero se debieron, fundamentalmente, a que el día de su nacimiento un grano de los premiados entró en conjunción con su signo zodiacal o algo así.

En todo caso, los designios cósmicos tardaron bastante en hacer efecto, porque hasta los 22 años, cuando arrastró a su hermano menor hacia los misterios y los peligros del trópico, Frank Whayt no había pasado de ser un matón de gatillo fácil, bueno para encargarse de deudores morosos, a quien por alguna oscura razón de pronto le entraron unas urgentes ganas de emigrar y eligió Umbilical porque se enteró que allí había un dictador caritativo que practicaba la beneficencia con marginales como él para ayudarlos a convertirse en millonarios.

¿Tal vez en la peluquería oyó hablar de Minor Keith, su compatriota fundador del imperio ferroviario-naviero-bananero construido sobre la miseria de la región y se sintió impulsado a seguir sus pasos? Imposible saberlo, pero en ambas biografías había algunas coincidencias: aunque Keith le llevaba unos cuantos años, ambos habían nacido en Brooklyn y, al igual que Minor, Frank siempre había pensado que si gracias al invento de las "Sociedades Anónimas" una gavilla de aventureros se había convertido en la mayor terrateniente de California, un poco más al sur, con la ayuda de un tirano semi analfabeto, las cosas podían resultar aún más fáciles.

Además, así como Keith se unió al marino Lorenzo Baker para alcanzar sus propósitos, Frank recurrió a su hermano Douglas. La gran diferencia fue que, a la postre, Keith terminó deshaciéndose de Baker, mientras que en el caso de Frank...

Aunque ambos se marcharon "con una mancuerna de pistolas"[3] como único equipaje, sólo uno pudo regresar a "reclamar su puesto entre los emperadores de la carne, reyes de los ferrocarriles, reyes del cobre, reyes de la goma de mascar"[4].

Sólo, en su nuevo teatro de operaciones, Frank probablemente hubiese terminado como un esbirro más – eso sí, el único medianamente bilingüe – del dictador de turno. Pero, precisamente para iniciar su carrera de potentado, había llevado a Douglas, de 17 años, interesado desde pequeño en las plantas, la clorofila y los brebajes raros – sobre todo los destilados que tanto le gustaban por razones bastante ajenas a la ciencia –. Que él se encargara de las cuestiones técnico-científicas del negocio y dejara a su cargo la recolección y administración del dinero.

Así, en un par de décadas, los hermanos Whayt se convirtieron en poderosos y temidos señores de la tierra después de haber comprado por un puñado de dólares 100 caballerías de suaves laderas, generosa lluvia y sol filtrado entre las copas de los árboles; condiciones ideales para que las decenas de miles de matas de café regaladas por un vivero estatal crecieran con impresionante vitalidad y se reprodujeran hasta el infinito. Todas las propiedades y bienes de los Whayt siguieron el mismo camino, en parte porque hasta la Gran Depresión a todo el mundo civilizado se le dio por tomar café (hacia 1913 representaba el 63 por ciento de las exportaciones de Umbilical), pero, sobre todo, porque producirlo no les costaba prácticamente nada: los nutrientes naturales, la lluvia, el sol y los árboles de sombra eran un regalo del Señor; las matas y las excepciones impositivas, de un gobierno que financiaba generosamente a los productores -la mayoría extranjeros- mediante la constante y creciente contratación de empréstitos en el exterior. Los únicos que esperaban algo a cambio – los más taimados y egoístas, como siempre – eran los indígenas que únicamente estaban dispuestos a convertirse en colonos y a entregar su trabajo, sus mujeres e hijos y hasta sus vidas con la condición de que les arrendaran un poco de tierra para cultivar sus alimentos: maíz y fríjol.

De todas maneras, aunque contribuyeron un poco, no fueron ni la otrora famosa renta diferencial (¿en qué consistirá actualmente el estudio de las Ciencias Económicas?) ni la super-explotación de la mano de obra violentamente separada de los medios de producción, ni la extraordinaria tasa de ganancia, las que les permitieron a los hermanos Whayt quintuplicar su patrimonio inmobiliario. Sin inescrupulosos como ellos, dictadores cómplices y e indígenas sometidos a punta de bayoneta y catecismo, no hubiese habido ley económica que le diera de comer a tanto teórico y catedrático del siglo XX.

El milagro de los panes y los peces, aplicado a valles y montañas, nacientes, cascadas, ríos y tierras planas de la costa fue, simplemente, obra del pillaje y el asesinato.

Al principio los hermanos Whayt compartieron el botín. Pero en 1932, Douglas, el boticario, envenenó a Frank, el pistolero, y se quedó con todo, incluyendo a su mujer y a un hijo de dos años a quien , después de once de tan frecuentes como violentas discusiones – en las que invariablemente la mestiza Estela Trinidad ponía humillación y cuerpo y el boticario insultos, puños, puntapiés y hasta un látigo – provocadas por el entonces irresoluble asunto de la paternidad, resolvieron donar al ejército: al de Umbilical, primero, y al *Army* poco tiempo después.

Un año antes del asesinato de Frank otro dictador, un poco más letrado pero igualmente general que el que les dio la bienvenida, se había hecho cargo del triste destino de Umbilical. Como todos los de su época se creía Napoleón. Vivía rodeado de bustos y cuadros del Emperador que, según él, tenía su mismo perfil. Aunque pasó a la historia oficial -la escrita por algunos preclaros miembros de las diez o doce familias dueñas de la región - como un inflexible e incorruptible defensor del orden y la justicia (además de delincuentes fusiló dirigentes sindicales, estudiantiles y políticos de oposición) en el caso de Douglas se le fue la mano con eso del vendaje sobre los ojos de la Justicia, ya que además de ciego, se hizo el sordo, el mudo y el demente y después de haber conminado al juez actuante a seguir su ejemplo, aunque solía aclarar que no tenía amigos, "sólo enemigos domesticados", terminó incorporando al ex boticario y flamante envenenador a su corte de incondicionales.

En honor a la verdad, en la decisión de dejar el asesinato impune no hubo nada demasiado personal. Uno de los primeros – y más famosos – decretos del dictador comenzaba diciendo: "Estarán exentos de responsabilidad criminal los propietarios de fincas..." Como el espíritu de la ley presuponía que invariablemente las víctimas serían trabajadores/indígenas, el legislador ni se había tomado la molestia de considerar el caso del homicidio "inter-pares". Y como todo lo que la ley no contempla...

Independientemente de la gratitud, la admiración que Douglas sentía por el Bonaparte tropical también tenía sólidas bases objetivas: no podía adivinar que casi un siglo más tarde el dictador tendría tantos simpatizantes por todo el mundo y, sin embargo, lo consideraba un pionero de las políticas de estabilización monetaria, ya que controlaba magistralmente la inflación, primero rebajando el salario mínimo de un dólar a cincuenta centavos; después todos los salarios, cada vez que se embarcaba en una obra pública de interés militar, como una carretera de emergencia o la base aérea de la capital.

Como la simpatía era mutua, en poco tiempo el homicida pasó a ser un "digno y legítimo representante de las fuerzas motrices del progreso de la Patria" y como tal no dudó un instante en contribuir con su sobrino o hijo al gran proyecto del dictador de convertir todas las escuelas en cuarteles y a todos los alumnos en soldados[5]

A los 13 años, Thomas Whayt, un muchachito alto y de ojos claros por parte de padre (cualquiera haya sido); de tez oscura, huraño y resentido, por parte de madre; propenso a la mentira y la traición, por partes iguales, pasó de las amarguras de su vida civil a los rigores de la carrera castrense. Un cambio poco dramático en términos sentimentales, pero bastante traumático desde un punto de vista ideológico porque desde pequeño, escuchando a Douglas y sus amigos – tan borrachos, violentos y despreciables como él – había aprendido a admirar a Mussolini, Hitler, Franco y Salazar, y ahora ingresaba al Colegio Militar de Umbilical, en plena guerra mundial, a sabiendas de que si al gobierno norteamericano se le antojaba movilizar a sus reservas latinoamericanas – para proteger las costas de la estratégica isla McDonald, por ejemplo – terminaría combatiendo (al menos teóricamente) contra el ejército de alguno de sus ídolos de la pubertad. Pero, por encima o por debajo de esas huecadas[6] al decir de Douglas –, el chico tenía pasta para la obediencia debida, como lo demostraría con el tiempo y podría haber llegado muy lejos en esa institución de reserva de las reservas de Estados Unidos, pero al final de cuentas supuesta reserva moral de la Nación, si no hubiese sido porque al año de su "alta" en el ejército, el pueblo de Umbilical se tomó en serio "la guerra contra el totalitarismo y por la libertad", derribó al tirano y eligió en su lugar a un Doctor en Filosofía y Ciencias de la Educación[7] que pretendía – nada menos – convertir los cuarteles en escuelas y enseñarle a todo el mundo – incluyendo a los militares – a leer, escribir y pensar.

Con la llegada al gobierno de semejante subversivo, Douglas se pasó un año conspirando y dudando entre mantener a Thomas como quinta columna entre los cadetes – era demasiado novato y los mayores todavía lo golpeaban con cualquier pretexto – o sacarlo del liceo antes de que los gérmenes del "socialismo espiritual" que pregonaba el pedagogo hicieran presa de él. Finalmente, el alineamiento de toda América Latina detrás – muy detrás – de las fuerzas aliadas y la victoria de éstas, lo ayudaron a decidirse: en la distribución del botín de guerra, iniciada en Yalta y consumada en Postdam, todo el Continente le había tocado – como era previsible – a los Estados Unidos de Norteamérica.

De ahí en más todos los países de la cuenca del Caribe irían reafirmando su condición de patio trasero del imperio ("jardín delantero" es la expresión que prefieren utilizar sus sirvientes latinoamericanos). Por lo tanto – reflexionaba Douglas –, para defender sus intereses de gran productor agrícola, amenazados por tanto vago y sinvergüenza que pretendía aprovechar la derrota del fascismo para hacer justicia social, Thomas le sería mucho más útil como cabo o sargento del ejército de los Estados Unidos que como general del ejército de Umbilical.

Proféticas o no, las decisiones de Douglas no se discutían. Thomas fue repatriado al país de los Whayt e ingresó al *Army* en 1948, con una alegría y un entusiasmo nunca antes experimentados, pese a que terminada la II Guerra los recursos bélicos, logísticos y presupuestales de las Fuerzas Armadas de los Estados Unidos se encontraban en dramático declive y el Centro de Infantería de *Fort Benning*, en Georgia (el mismo que en 1984 acogería a la mayor y mejor escuela de asesinos latinoamericanos oficialmente llamada "*School of the Americas*)", estaba casi desierto. Por una cuestión de tiempo, no sólo se había salvado de tener que luchar contra los "ismos" en los que tanto creía: "nacionalismo", racismo, militarismo, autoritarismo, sino que ahora, tal como se desarrollaban los acontecimientos mundiales, tendría la posibilidad de reivindicar todos y cada uno de ellos en las guerras contra el odiado comunismo.

Oportunidades no le faltarían. Por entonces, prácticamente sin transición, los Estados Unidos habían pasado de las bombas atómicas sobre Hiroshima y Nagasaki al debate en el Congreso sobre una intervención militar en Grecia y Turquía, amenazadas por la "marea roja" y del Plan Marshall a la derrota de Jiang Jieshi (Chiang Kai-shek) en China y la consolidación del poder de Kim Il Sung en Corea del Norte.

Pero las cosas no podían transcurrir tan bien para los planes del joven Thomas. Para variar Douglas Whayt le creó un nuevo conflicto de conciencia a través de varias cartas que destilaban chorros de veneno contra su Comandante en Jefe y recién reelecto Presidente de los Estados Unidos, Harry S. Truman. Para la avanzada de los radicales republicanos en Umbilical, el líder demócrata, pese a que no había dudado demasiado en enviar a otros 120 mil japoneses al más allá con sólo dos bombazos y a que exigía su derecho de enviar tropas a cualquier parte del mundo sin consultar al Congreso, era "un don nadie", "un cobarde" y "un traidor". ¿Por qué? Por haber permitido el triunfo de Mao en China, pero, sobre todo, por darle continuidad a "esa mierda" del New Deal a través de una legislación de protección de los derechos civiles de los negros y de programas de viviendas, ayuda al sistema educativo, seguro social obligatorio y subvenciones a los campesinos. Además, se había atrevido a vetar una ley del Congreso que pretendía limitar el poder sindical y, "en el colmo de la demagogia electorera" se había declarado "amigo de los trabajadores".

El contenido de las notas perturbó a Thomas durante algún tiempo. Después, decidió utilizarlo en beneficio propio. Aparentemente, reaccionó con la sumisión que siempre había mostrado ante las ideas y los actos de Douglas, y le escribió acordando con todas sus críticas al Presidente y agregando otras de cuño propio. Pero, ignorante como era en materia política (como en tantas otras) quería saber: ¿por qué fracasaron las presiones para que Truman renunciara antes de las elecciones del 48? ¿Acaso los buenos y poderosos estadounidenses residentes en Umbilical pudieron haber hecho más de lo que hicieron para lograr ese propósito? ¿Y después del fracaso, contribuyeron política y materialmente con la campaña de Dewey[8] a la altura de las expectativas generadas por su casi segura victoria?

"Claro que hicimos todo lo que estuvo a nuestro alcance y más aún", le respondió Douglas. Y para que no le quedara dudas, le proporcionó los nombres de todos los "buenos y poderosos estadounidenses residentes en Umbilical" (republicanos y hasta demócratas sureños de derecha, comprometidos directa o indirectamente en la contienda; las cantidades de dinero por ellos aportadas para comprar influencias políticas en Washington; los nombres de los periodistas del respetado "Chicago Tribune" que habían recibido generosos regalos enviados desde Umbilical y hasta citas casi textuales de las declaraciones privadas del jefe de la Agregaduría Militar de la Embajada de Estados Unidos en contra del entonces Presidente en funciones.

Con todos esos elementos Thomas preparó un cuidadoso y bastante bien redactado informe – teniendo en cuenta que el inglés no era su lengua materna – que entregó al oficial de más alto rango al que tenía acceso, no sin antes ocultar su única y familiar fuente de información detrás de varios corresponsales tan confiables como inexistentes.

Menos de una semana después recibió órdenes de presentarse en una oficina de la Inteligencia Militar, donde fue extensa e intensamente interrogado por un par de espías, con suficiente experiencia y olfato como para saber que habían dado con un verdadero diamante en bruto. ¿Por qué se había incorporado al *Army*? ¿Quiénes eran sus padres? ¿A qué se dedicaban? ¿Qué opinaba del maestro que gobernaba su país? ¿Y del "socialismo espiritual" que pregonaba? ¿Tenía él alguna simpatía por el socialismo? ¿Sabía algo de las relaciones del presidente de Umbilical con Juan Domingo Perón, un fascista encubierto que gobernaba la Argentina? ¿Alguna vez había oído hablar sobre la Oficina de Servicios Estratégicos (OSS) del gobierno de los Estados Unidos? ¿Sabía el papel que ésta había desempeñado durante la guerra? ¿La sigla "CIA" le decía algo?

En realidad lo que Thomas sabía sobre el mundo, sobre la guerra, el socialismo, la política y la estrategia apenas alcanzaba para llenar una página de cuaderno escolar con slogans del tipo "los judíos concentran toda la riqueza del mundo y son los culpables de las peores desgracias de la humanidad", aprendido desde la más temprana edad en el ámbito familiar o "los comunistas pretenden apoderarse de toda la riqueza del mundo y son los culpables de las peores desgracias de la humanidad", resumido de sus lecturas del "Readers Digest". Es decir que no sabía nada de nada. Ni siquiera donde quedaba la Argentina y, menos aún que era la CIA, la más justificable de sus ignorancias porque la Agencia Central de Inteligencia había sido creada un año antes para sustituir a la OSS y el "Readers" se había cuidado muy bien de informarlo.

Sin embargo, gracias a su don innato para el engaño y la mentira. logró salir airoso de la prueba. No porque en momento alguno hubiese logrado confundir a los espías, sino precisamente, porque estos, además de quedar fascinados con la ignorancia supina del joven – "hay un espacio totalmente virgen entre sus orejas", comentaría después uno de ellos – comprobaron su extraordinaria capacidad para hablar sin necesidad de saber y pensar, es decir para fabular como una máquina sin conciencia ni culpa. "Se necesita poseer una inteligencia fuera de lo común" sentenció satisfecho uno de los oficiales, un treintón esbelto, de voz elegante y ojos claros que prácticamente se cerraban cuando sonreía, un veterano de la OSS durante la guerra (con sede en Londres) que llegaría a ser uno de los políticos más influyentes en la comunidad de inteligencia estadounidense, después de haberse desempeñado como Director de Operaciones y Director de la CIA: Richard Helms. (En una conversación con su Jefe de Gabinete, a Richard Nixon se le atribuyen las siguientes palabras: "Si hay alguien en este país que sepa más que yo, son Hoover (ex Director del FBI) y Helms. Y no se juega con Richard Helms. Punto.").

Thomas fue reclutado y entrenado como agente del nuevo organismo (paracaidismo, armas de fuego, explosivos, comunicaciones, procedimientos de evasión, tácticas guerrilleras, etc.) pero no solo mantuvo su condición de soldado uniformado - algo bastante común en la época - sino que rápidamente ganó los galones de sargento.

Pocos meses antes de su incorporación al US Army – exactamente el 19 de setiembre de 1947 –, en su sesión inaugural, el Consejo Nacional de Seguridad (NSC, en inglés), por medio de la Resolución NSC 4/ A, había autorizado a la flamante CIA a desarrollar la primera acción encubierta (covert action) de su interminable y sangriento historial: la eliminación física de los comunistas que formaban parte del primer gobierno italiano de la post-guerra.

El 18 de junio del 48, con Thomas en pleno proceso de reconversión en agente secreto, la NSC 4/ A fue reemplazado por la NSC 10/2 ampliando a escala mundial el horizonte de las operaciones criminales por medio de la creación de una fuerza para-militar, eufemísticamente bautizada como "Oficina de Coordinación Política" (OPC, en inglés), bajo el mando de otro ex OSS, Frank Wisner, quien algunos años más tarde decidiría probar los efectos de las covert actions en sí mismo pegándose un tiro (1965).

La OPS, que más tarde pasaría a ser la Sección de Operaciones de la Agencia, parecía haber sido cortada a la medida de Thomas y hacia ella fue encaminado. Por fin se había encontrado con "el" destino, es decir con su tiempo: temporada especial de caza de brujas, traiciones y delaciones al por mayor dirigidas por el sumo sacerdote de Wisconsin, el senador republicano Joseph Mc-Carthy, cuya enloquecida prédica anti-comunista marcaría al joven prospecto de espía (como a tantos otros) para el resto de su vida[9].

Thomas tenía todas las circunstancias y condiciones a su favor: en una época de histeria anti-comunista, él odiaba a los bolcheviques desde pequeño sin necesidad de saber siquiera quienes eran; mientras el temor y la sospecha se instalaban como ingredientes esenciales de la convivencia social, nadie mejor que él para temer y sospechar de sus congéneres; cuando en la nueva estructura del espionaje norteamericano lo que se necesitaba era sangre joven pero mente fiel a los viejos principios con los que se había combatido al Eje (obediencia ciega; inescrupulosidad total), ahí estaba él para vender por diez centavos a su madre – o asesinar a su padre o padrastro – sin el menor remordimiento, si así se lo ordenaban.

Por eso se ganó la simpatía y el apoyo de los oficiales más viejos y de los cuadros de la OSS que sobrevivieron al cambio y pasaron a trabajar en la nueva Agencia. ¡Un apoyo que le resultaría decisivo cuando esos cuadros, tres décadas después, abandonaron sus sarcófagos para hacerse cargo del Alto Mando de la Inteligencia norteamericana durante el gobierno de Ronald Reagan!

De un día para otro (exactamente del 24 al 25 de junio de 1950), gracias a la ofensiva general de Corea del Norte contra Corea del Sur, Thomas tuvo la oportunidad de comenzar a poner en práctica los conocimientos recientemente adquiridos en la principal actividad criminal institucionalizada por los Estados Unidos de Norteamérica (aunque no sólo por ellos).

Corea no estaba incluida en el perímetro internacional de "seguridad" trazado poco antes por el Secretario de Estado, Dean Acherson. Sin embargo, la invasión resultó tan flagrante, masiva y contundente que, además de modificar radicalmente la apreciación estratégica de la península y de impulsar al presidente Truman a ordenar la inmediata intervención militar de los Estados Unidos en el conflicto – al día siguiente y sin esperar la autorización del Congreso ni la decisión del Consejo de Seguridad de las Naciones

Unidas – llevó a los responsables de la CIA (el almirante Roscoe H. Hillenkoetter, en el cargo de Director y Wisner, como Deputy CIA Director y jefe de la OPS) a enviar de inmediato al mayor general Hans V. Tofte a Tokio y proporcionarle todos los elementos de Inteligencia disponibles para el inicio de operaciones a gran escala en el nuevo teatro bélico.

Tofte nació en Dinamarca, pero vivió ocho años en Manchuria y hablaba chino-mandarín fluidamente. Durante la Segunda Guerra emigró a los Estados Unidos donde trabajó para una unidad de la British Intelligence en los alrededores de Nueva York. Convenientemente entrenado, fue enviado a Birmania para organizar a los nativos en el aprovisionamiento de las fuerzas que en el sur de China combatían a los japoneses. Sin embargo, como las actividades logísticas no lo apasionaban, optó por formar su propia guerrilla para luchar contra los invasores en territorio birmano, recurriendo a métodos tan poco ortodoxos para armarla y equiparla como desviar (asaltar) cargamentos oficiales destinados a China. Después regresó a Estados Unidos para regularizar su pertenencia a la OSS. Su nueva misión: abastecer por mar a los guerrilleros de Tito en Yugoslavia. Para eso creó una pequeña flota secreta. Cuando al terminar la guerra la OSS fue desactivada, regresó a Estados Unidos donde se convirtió en un común y corriente gerente de una aerolínea bastante poco común y corriente, porque detrás de su cobertura comercial se dedicaba a transportar documentos secretos. Desde 1947 las responsabilidades al frente de un negocio familiar en Mason City, Iowa, parecieron, por primera y única vez en su vida, un intento serio por alcanzar la normalidad. Duró poco. En 1950 la CIA lo nombró mayor general y lo despachó hacia Tokyo, desde donde reportaba directamente a Wisner.

Rubio, corpulento y frío como un tarro de cerveza recién sacado del refrigerador, en una oficina relativamente aislada de la base aérea estadounidense de Atsugi – en las proximidades de Tokio –, hacia donde la hasta entonces pequeña y maltratada unidad de la CIA acababa de ser trasladada después de haber operado en un hotel de la capital, Tofte ahora estaba frente a Thomas, listo para darle el impulso (la patada) final hacia el frente de guerra.

—No tengo la más fucking idea de para que nos puede servir un sargento tropical.

—Podría trabajar con Nichols —sugirió su segundo, Colwell

Beers (ex veterano del Destacamento 101 de Borneo), sin imaginar que se refería a un hombre que resultaría decisivo para el resto de la vida de Thomas.

—Que Nick lo decida. Si le ve pasta para los aviones a nuestro amigo umbilicalense, por mi no hay problema — resolvió Tofte.

¿Aviones? ¿Y si ni siquiera Tofte hubiese sabido quién era realmente Donald "Nick" Nichols ni que hacía exactamente en Corea? ¿Acaso lo sabía el propio Nichols? Tanto como puede saberlo un alcohólico empedernido. Con cierta seguridad afirmaba haber nacido el 18 de febrero 1923 – por lo tanto tenía siete años más que Thomas – en el seno de una empobrecida familia de inmigrantes holandeses; que su madre lo abandonó y que su padre – para mantener a cuatro niños – trabajaba como cartero y vendedor de zapatos en una tienda de una pequeña localidad de Nueva York. En 1933 se mudaron a Hallandale, Florida, donde vivieron gracias al seguro social y siete años después, para escapar de la miseria, se incorporó al Army Air Corp.

Después, sus recuerdos se fueron haciendo cada vez más confusos; ¿manejó camiones en la base MacGill de Tampa o eso fue en Karachi, India o, al igual que Tofte, en Birmania para aprovisionar las tropas de Chiang Kai Shek? En cualquier caso trabajó duro y en 1945, en algún lugar, lo promovieron a sargento. Pero ¿cómo terminó involucrado con los aviones de observación-reconocimiento en Corea y con el presidente Syngman Rhee – de quien se convirtió en hombre de confianza – para capturar, torturar y asesinar a todos los sospechosos de simpatizar con los comunistas?

De lo que no tenía dudas era que en el 46 se ofreció como voluntario en la OSS y recibió entrenamiento como agente especial de contra-inteligencia en Tokio. Si en la capital japonesa fue uno de los primeros y pocos agentes secretos que lograron mantenerse a salvo del rechazo que sentía por ellos el general de cinco estrellas Douglas MacArthur – el nuevo emperador del extremo Oriente – probablemente se debió a que su trabajo no consistía en espiar, sino en combatir a los espías enemigos.

Precisamente para eso lo trasladaron a la base aérea coreana de Kimpo desde donde desempeñó dos tareas acordes con su especialidad y una tercera absolutamente surrealista: garantizar la seguridad a todas las instalaciones aéreas en Corea del Sur; vigilar e infiltrar a todo el círculo de poder que rodeaba a Syngman Rhee (quién después se convertiría en venerado presidente del Consejo Nacional de Iglesias, de los Estados Unidos) y iproporcionarle la asesoría necesaria para establecer, en octubre de 1949, la *Republic of Korea Air Force*, de la que fue nombrado coronel honorario! Una peculiar Air Force a cargo de un camionero borracho que no terminó la escuela primaria y basada en un pequeño grupo de viejos aviones L-X, y L-5 de observación/reconocimiento, destinados a espiar las actividades de las bases aérea enemigas, como Haeju, Pyongyang y Mirimi-ri. Ese fue el germen del escuadrón 6004 AIRS (*Air Intelligence and Recon Squadron*), instalado cerca de la localidad de Yogndon-po.

Fue allí donde Thomas, gracias a la estrecha relación que estableció con Nichols, se familiarizó con tres aspectos bélicos que serían una constante en su vida: la utilización de aviones para operaciones encubiertas, la posibilidad de aprovechar esas operaciones en beneficio económico propio y el asesinato selectivo o masivo de civiles sospechosos de cooperar o, simplemente simpatizar, con el enemigo... o con la competencia.

En cuanto a éste último aspecto, en la primera semana de julio, Nick dictó una cátedra: en Suwon supervisó la masacre de 1800 prisioneros políticos. Tres días después, siguiendo su ejemplo, en la pequeña aldea de Yangwol, próxima a Taejung, los asesores militares estadounidenses dirigieron (y filmaron) una de las mayores atrocidades registradas durante esa guerra: el asesinato de otros 7 mil civiles – a manos de tropas surcoreanas – sospechosos de apoyar al Ejército Rojo. En 1950 se estima que alrededor de 100 mil civiles fueron asesinados por las fuerzas de seguridad surcoreanas, bajo el mando de los estadounidenses. Muchos de ellos habría muerto por los efectos de un agente biológico denominado "micotoxina t-2".

Con respecto a los dos primeros "diplomados" de Thomas, sería injusto atribuirle a Nichols las enseñanzas. El concepto de una fuerza aérea privada o, en el mejor de los casos, semi-privada, de combate y para la ejecución de operaciones encubiertas fue desarrollado a partir de 1941, en China, por el legendario brigadier general Claire Chennault.

Lo más curioso del rocambolesco historial de Nichols es que las dos medallas con las que el presidente de los Estados Unidos lo distinguió no tuvieron nada que ver con ninguna de sus actividades oficiales o criminales. La Cruz por Servicios Distinguidos la obtuvo por haber incursionado en territorio enemigo para regresar con fotografías y algunas piezas de un helicóptero enemigo derribado; la Estrella de Plata por haber hecho otro tanto con un tanque T-34, aparentemente indestructible, para descubrir en qué consistía su "Talón de Aquiles" (la abertura del ventilador del radiador en la parte posterior).

De todas maneras, terminada la guerra Nichols fue dado de baja por ciertas irregularidades que dieron origen una investigación cuyo contenido nunca fue revelado.

No logró adaptarse a la vida civil. Bebió más que nunca y redobló sus prácticas pedófilas. Aunque se mantuvo en contacto con su único hijo de sangre (de madre coreana) sus dos hijos adoptados y hasta sus perros lo abandonaron.

Entonces atravesó México en dirección a Umbilical para un demasiado postergado ajuste de cuentas con Whayt. Sin embargo, a los pocos kilómetros su brújula y él mismo enloquecieron. La que había sido planificada como una misión justiciera, se transformó en una excursión si retorno al infierno: terminó alcohólico y deschavetado. Murió en la indigencia, en un hospital para veteranos, en 1992.

Algunos años más tarde una fuente secreta, opuesta a la política exterior de los Estados Unidos, en general, y con respecto a Umbilical, en particular, tuvo acceso al "caso D. Nichols" y filtró las verdaderas causas de su baja.

Hacia mediados de octubre de 1950 la principal misión asignada a Nichols fue establecer el ingreso de tropas chinas en Corea del Norte con el propósito de reforzar las fuerzas de Kim Il Sung ante el sorpresivo y arrollador contraataque de MacArthur. A los más altos mandos de Washington los aterrorizaba esa posibilidad porque no querían verse involucrados en una guerra con China mientras inquietantes informes de Inteligencia provenientes del teatro europeo preveían un ataque atómico de la URSS para finales de ese año.

El escuadrón de Donald -entre otras fuentes -, confirmó el motivo del temor, aunque no logró precisar la cantidad y calidad de las tropas que habían cruzado los puentes sobre el Yalu ("el límite entre dos campos"). En todo caso, mucho más numerosas y mejor equipadas y preparadas de lo que MacArthur quería hacer creer a la Junta de Comandantes en Jefe y al propio Truman.

Masiva presencia militar china que se pondría de manifiesto en los violentos choques sostenidos a finales de octubre en el oeste de la península que dejaron fuera de combate al II Cuerpo del Ejército de Rhee y causaron fuertes pérdidas al Primero de Caballería y la Segunda División del ejército estadounidense. Y, casi simultáneamente, masiva evaporación de los chinos en el noreste, hacia donde se movían, precisamente, las unidades base del Décimo Ejército de MacArthur: la Primera División de Marines y la Séptima División de Infantería. ¿Dónde se habían metido los malditos "caga arroz" de Mao?

A Thomas – que para entonces contaba con toda la confianza de Nichols – se le asignó la misión de responder esa pregunta – y todos los medios aéreos y terrestres disponibles para ello –. Una enorme responsabilidad, por cierto, porque a esas alturas MacArthur desplegaba una gigantesca ofensiva con el quimérico objetivo de poner punto final a la guerra antes de la Navidad de ese año.

Pero, en lugar de la valiosísima información que sus superiores esperaban de su trabajo, el único telegrama urgente que el joven transmitió a la estación de Tokio decía: "Favor, comprar en Umbilical el abrigo de lana más autóctono, grueso y grande que encuentren y hacérmelo llegar a la brevedad".

Unas semanas antes había enviado un par de colaboraciones a un periódico de Umbilical ligado al Partido Comunista. Firmando como "Álvaro Trinidad" (total, en Umbilical había más Trinidades que en el Vaticano) narró, sin entrar en innecesarios detalles operativos, las masacres de Suwon y Taejung, se refirió con algunos ejemplos al desprecio que los estadounidenses sentían, indistintamente, por los coreanos del Norte y del Sur y denunció la corrupción del régimen de Rhee y la presencia en él de ex colaboradores de los japoneses. Como era de esperarse, los camaradas directivos del diario reaccionaron eufóricos al enterarse de que en el frente de guerra coreano – nada menos – había un honrado y valiente compatriota deseoso de compartir sus valiosas experiencias con el público umbilicalense, desde una perspectiva crítica de la intervención del imperialismo yankee en esa guerra popular de liberación. Por lo tanto, a vuelta de correo le enviaron una pequeña (ridícula) cantidad de dólares, ejemplares de las ediciones donde sus artículos estaban destacados en la primera plana y una credencial que lo presentaba como "Corresponsal en el Extremo Oriente" de la publicación.

Cuando comprobó que los frutos de la ardua tarea de supervisar hasta el último detalle de las continuas operaciones de reconocimiento aéreo no pasaban de una docena de fotografías borrosas – los chinos se desplazaban en la noche y ocultaban sus posiciones con el humo de gigantescos incendios forestales – de algo que podía, o no, ser un vehículo militar o de un pequeño grupo de famélicos campesinos bebiendo té alrededor de una fogata, concluyó que no le quedaba otra alternativa que echar mano de semejante cobertura.

Así, al volante de un destartalado Ford, embutido en una especie de camisón de lana multicolor y amparado por una credencial de Prensa cuyo contenido nadie entendía, una fría mañana de principios de noviembre, Thomas salió del puerto de Hungnam, en el centro de la costa este de Corea del Norte, recorrió las 8 millas que lo separan de Hamhung, la capital de la provincia de Hamkyong-nam, atravesó la ciudad recientemente ocupada por las tropas estadounidenses, y se internó por la tortuosa carretera del valle de Hamhung en dirección a la represa de Chosin, ubicada entre montañas de mas de 2.500 metros de altura, a unas 60 millas al noroeste del mar.

Vientos helados barrían la altiplanicie haciendo caer la temperatura por debajo de los 35 grados centígrados negativos. Pero, con su Ford al borde del colapso y sus huesos tan rígidos y frágiles como estalactitas, Thomas continuó su camino al oeste de la represa y en un paraje llamado Yudam-ni encontró a las unidades más avanzadas de los Marines: los regimientos 5to. y 6to, convertidos en fantasmagóricas concentraciones de muñecos de nieve. De allí en adelante, descontando los pilotos de los F-51 y F-80 que de tanto en tanto surcaban el cielo en su misma dirección, para cumplir las ordenes de Mac Arthur de arrasar todas las aldeas de la frontera con Manchuria y los puentes sobre el Yalu, se convirtió en el militar estadounidense encubierto más profundamente infiltrado en territorio enemigo.

Sintió que se le congelaban las manos, los pies, la nariz y hasta la orina dentro de la vejiga; contrajo una pulmonía de la que nunca se recuperaría totalmente, pero valió la pena: existen suficientes indicios como para suponer que en un par de días de intensa actividad reporteril no sólo localizó a los chinos, sino que reunió suficiente información para establecer que, ocultos en las montañas y favorecidos por el más crudo invierno registrado en la región en doscientos años, se preparaban para atacar a las tropas de la coalición encabezada por Estados Unidos en sus principales rutas de avance hacia el Norte.

Sin embargo, como esa información nunca llegó al cuartel de comando de MacArthur, la ofensiva aliada siguió su curso...y entre el 26 y el 29 de noviembre de 1950 acabó en la derrota más aplastante y desmoralizadora de toda la guerra, cuando las fuerzas de "Big Mac" cayeron en la gigantesca emboscada.

Más de 150 mil hombres de las Naciones Unidas quedaron fuera de combate. Unidades completas, como la Brigada Turca (5 mil hombres), la Primera División de Marines y la Séptima División de Infantería, resultaron prácticamente aniquiladas, para sorpresa, espanto y furia de los más altos mandos militares y políticos de los Estados Unidos y sus aliados.

Por supuesto, la capacidad de Nichol para manejar el más sofisticado y costoso instrumento de espionaje, detección y alerta temprana quedó en entredicho. La continuidad de su cargo y su carrera, amenazada. En procura de una explicación medianamente convincente, al menos algún tipo de coartada, interrogó una y otra vez a Thomas y hasta llegó a amenazarlo con recurrir a métodos extremos para conocer la verdad. Pero la respuesta fue invariablemente la misma: había hecho todo lo humano y técnicamente posible, pero no había podido detectar a los malditos chinos.

Una explicación privada que siete años más tarde, cuando revisaban su expediente con vistas a un ascenso, Thomas rectificó oficialmente para jurar ante la junta calificadora que, en el más estricto cumplimiento de su deber, él había puesto al tanto a Nichols de la presencia y de los presuntos planes de las tropas chinas, pero que éste, en una actitud por demás irresponsable, había desestimado sus informes.

Como para entonces Thomas era un agente X^{10} Nichols no tuvo la menor posibilidad de lograr un careo con el responsable de la acusación. Una vez dado de baja, si la tuvo de viajar para hacer justicia por su propia cuenta, pero ya sabemos los riesgos que, en general, corren los voluntariosos esfuerzos de un alcohólico y como terminó ese intento, en particular.

¿Qué motivos llevaron a Thomas a ocultar la información que podría haber evitado la matanza de las tropas aliadas? La hipótesis más plausible es que para entonces había entrado en contacto con influyentes personajes del entorno de MacArthur, como un general que decía llamarse Willaughy y que comandaba la Inteligencia Militar. O con "asesores" secretos de Syngman Rhee como Harold Noble, un ex misionero reciclado en oficial de Inteligencia, y M. Preston Goodfellow, ex sub-director de la OSS y uno de los artífices del triunfal retorno de Rhee a Corea del Sur en octubre de 1945, quienes podrían haberlo convencido de la necesidad de una contundente derrota propia para terminar de una vez por todas con las resistencias de Washington a abrazar la estrategia de la "guerra total" y emplear bombas atómicas contra China. ¿Porque no en Corea, si en Pearl Harbour el gobierno estadounidense, pese a tener suficientes datos sobre el inminente ataque aéreo que prácticamente acabó con su flota del Pacífico, decidió no obstaculizar los planes japoneses con tal de tener un buen argumento para entrar oficialmente en la II Guerra?[10] Una hipótesis por demás razonable porque a los pocos días de la derrota y la retirada, MacAthur solicitó oficialmente el empleo de ¡26 bombas atómicas sobre territorio chino! como preámbulo de una invasión y, con certeza, de una Tercera Guerra Mundial.

Delirios al margen, en diciembre de 1950, en vez de festejar el prometido regreso de los "muchachos" a casa, el secretario de Defensa y los miembros de la Junta de Comandantes llegaron a la conclusión de que Estados Unidos no podía ganar esa maldita guerra y el 11 de abril del 51 Truman pudo, finalmente, deshacerse de Mac Arthur.

Algunos meses después, aprovechando el estancamiento de las acciones bélicas, Tofte convocó a Thomas para una reunión en Tokio.

—Está de paso por aquí un tipo muy importante que me gustaría presentarte —le anticipó enigmático.

El tipo – a quien, contra su habitual estilo, Tofte trataba con todo respeto y deferencia – resultó ser Thomas G. Corcoran, un simpático e influyente abogado de Washington, que había sido asesor legal de la "Civil Air Transport" (CAT), una iniciativa de la CIA con la que Claire Lee Chennault logró superar, en parte, su profunda nostalgia por los desaparecidos Flying Tigers (FT).

—¿Chennault? —se impresionó Thomas. —¿Usted trabajó con Chennault?

—Claro que trabajé con él. De hecho aun conservamos ciertas relaciones profesionales, por así decirlo —le contestó abiertamente el visitante.

En realidad, todos los agentes de la Inteligencia de Estados Unidos que por entonces trabajaban en el Sudeste asiático sabían que desde Formosa, donde se había establecido definitivamente, el famoso creador de la Fuerza Aérea de Chiang Kai-Shek se había convertido en una pieza clave de la CIA en la región, como contratista privado de miles de misiones aéreas de transporte a Corea e Indochina, demasiado sensibles o comprometedoras como para involucrar en ellas a la US Air Force.

Pero el relato que Corcoran hizo a Thomas de la trayectoria de Chennault y de la banda de mercenarios que primero integró los FT, a renglón seguido la "China Air Task Force" (CATF) y, finalmente, la CAT, duró casi tanto como la borrachera que se agarraron en un muy oriental prostíbulo de la americanizada ciudad.

Aunque aparentaba diez años más debido a los estragos causados en su rostro por tantas horas de vuelo en cabinas abiertas y en los bronquios y pulmones por su compulsiva afición a los cigarrillos "Camel", en realidad Claire Chennault, oriundo de Waterproof, Lousiana, sólo tenía 44 años cuando los japoneses desembarcaron en Shangai en septiembre de 1937. Sin embargo, ya había sido relegado a la reserva de la Fuerza Aérea de los Estados Unidos, según algunos debido a su precaria salud; otros - sus admiradores - a los constantes conflictos que causaba su entonces revolucionaria tesis de interceptar y destruir bombarderos enemigos antes de que alcanzaran su objetivo. En todo caso, estando de alta no había pasado de mayor y en la reserva apenas era un capitán. El grado de coronel lo obtendría algunos años después de esa invasión, de manos del gobierno de Chiang Kai-Shek, en reconocimiento a los servicios prestados a la defensa de China mediante una pequeña fuerza aérea tan mercenaria como exitosa: el Grupo de Voluntarios Americanos (GVA), que pasarían a la historia como Tigres Voladores.

Después que una primera generación de aviones de combate – biplanos de fabricación estadounidense – y de pilotos chinos resultó aniquilada por los más veloces y ágiles monoplanos japoneses Mitsubishi A5M, el gobierno de Chiang realizó tres movimientos estratégicos: trasladó su sede unas 2 mil millas tierra adentro, contrató a Chennault para organizar una nueva fuerza aérea y despachó a T.V. Soong, hermano de la "Primerísima" Dama, Madame Soong Mei-ling, a Washington en procura de aeronaves más modernas.

Chennault formó parte de la comitiva que regresó con una donación de un centenar de Curtiss P-40 "Tomahawk ". En cuanto a los pilotos, el "coronel" reclutó a cuanto aventurero estadounidense con algunas nociones de vuelo estuviera interesado en embolsarse 600 dólares mensuales y una extra de 500 dólares por cada avión japonés derribado.

En seis meses de combates la fuerza irregular de Chennault acabó con 296 aviones japoneses comprobados (más 153 probables), a un costo de apenas 12 "Tomahawks" abatidos.

La breve pero brillante campaña del GVA concluyó en julio de 1942 cuando el Departamento de Guerra de los Estados Unidos decidió integrar la unidad mercenaria a la estructura oficial de la Fuerza Aérea. Por supuesto que Chennault defendió con uñas y dientes su lucrativo negocio, pero perdió la batalla. A cambio, obtuvo su reincorporación al servicio activo con el grado de brigadier general y el comando de la China Air Task Force: medio centenar de cazas y bombarderos (apenas 29 operables) que combatieron intensamente hasta mediados de marzo del 43, con un saldo de 149 aeronaves japonesas derribadas (mas 85 probables) y 65 misiones de bombardeo cumplidas en China, Birmania e Indochina. Las pérdidas propias: solo dieciséis P-40. Y una baja postrera: el pase a retiro definitivo de Chennault, quien tuvo que resignarse con pasear su fama por su país natal.

El 1 de agosto de 1945 volvió a China donde fue recibido como un héroe. Dos semanas después, destruido por las bombas convencionales y las atómicas, Japón se rindió. La II Guerra había terminado y el guerrero regresó a casa. No por mucho tiempo, porque el gobierno de los Estados Unidos se involucró en el apoyo clandestino de Chiang Kai-Shek contra Mao y la CIA vio en el veterano mercenario retirado el hombre ideal para dirigir, junto con un colega suyo llamado Whiting Willauer, una empresa aérea privada encargada de transportar y abastecer las tropas del jaqueado dictador y, finalmente, de participar en su evacuación a Formosa: la *Civil*

Air Transport (CAT), rebautizada años más tarde como *Air America*.

Cuando, por fin, le tocó el turno al umbilicalense de hablar de sus (exageradas) hazañas en el 6004 AIRS, la emoción de su nuevo amigo fue tal que perdió de vista a las japonesitas desnudas que los rodeaban, para aproximarse físicamente al joven bastante más allá de lo que la condición de macho umbilicalense de éste le permitía.

—¡Fantástico, absolutamente fantástico! —gritó Corcoran mientras lo abrazaba con desmesurada efusividad —¡Donald (Nichols) y tu merecen ser los legítimos herederos de la tradición de los Flaying Tigers !

La verdad es que Thomas nunca lo había pensado así, en parte por no conocer las andanzas de Chennault, en parte por carecer de disposición para reflexionar sobre las posibles relaciones entre fenómenos bastante distantes en el tiempo y el espacio. Pero esa misma noche se apasionó con la idea de ser una especie de nieto de Chennault – Donald era algo así como un hijo – y, sobre todo, con esa actividad en la que se había metido, más por curiosidad que por otra cosa, que le proporcionaba la posibilidad de darle continuidad a semejante epopeya.

Corcoran y Thomas volvieron a encontrarse antes de que el nuevo devoto de Chennault regresase a su trabajo en Corea. Al aspecto más sucio del trabajo, porque las operaciones CIA en la península habían quedado al mando del coronel Albert Haney – un esbelto y rudo ejemplar que 14 años antes había dejado el mundo de los negocios para incorporarse a la contrainteligencia militar y que al terminar la II Guerra ingresó a la CIA, contra la opinión de su esposa, una rica heredera que terminó abandonándolo cuando, tras haber espiado en Ecuador y Chile, lo enviaron a Corea del Sur –, obsesionado por la formación de guerrillas para desestabilizar la retaguardia del enemigo. Junto a "Rip" Robertson, un fornido entrenador para-militar de la CIA (ex estrella del futbol americano) y brazo derecho de Haney, a Thomas le esperaba una larga y difícil temporada de reclutamiento, organización e infiltración en Corea del Norte, Manchuria y Siberia de pequeñas unidades de asesinos y terroristas.

Pero ese infierno aun tardaría algunas semanas en llegar. Mientras tanto Corcoran y Thomas decidieron disfrutar de las delicias de la comida oriental en el centro de Tokio, en las cercanías del

Palacio Imperial. Como el umbilicalense llegó bastante adelantado a la cita aprovechó para dar un vistazo al Palacio desde el puente Niju-bashi y después cruzó la actual Tokyo Expressway para dirigirse al parque Shinjuku-Gyoen donde los árboles y jardines apenas ocultaban los terrenos baldíos y las innumerables obras de reconstrucción circundantes. Los Estados Unidos invertían y trabajaban a todo vapor para convertir a Japón en la base industrial de la guerra de Corea...

Exactamente 6 años y tres meses antes – la noche del 23 de mayo de 1945 – los barrios ubicados unas pocas cuadras al sur-oeste de donde se encontraba habían sufrido el peor ataque aéreo registrado durante toda la II Guerra: en poco más de dos horas cerca de 520 bombarderos vomitaron casi 4 mil toneladas de bombas incendiarias sobre un área de unos 18 kilómetros cuadrados. Eso provocó el fenómeno conocido como "tormenta de fuego" (observado antes en Dresde y mas tarde en Hiroshima), consistente en fuertes vientos provocados por las llamas que, a su vez, las realimentan. Esa noche murieron entre 80 mil y 100 mil japoneses, muchos de ellos asfixiados en los alrededores del santuario Miji Jingu, hacia donde se dirigió Thomas porque, precisamente, era el lugar acordado con Corcoran para el encuentro.

¿Ante semejante destrucción y matanza, habían sido necesarias las dos bombas atómicas sobre Hiroshima y Nagasaki? ¿Con su flota de guerra y su fuerza aérea prácticamente destruidas, sus ejércitos diezmados, casi todas sus ciudades en escombros, no estaba Japón, por entonces, al borde de la rendición?

—No, no lo estaba —le aseguró Corcoran una vez instalados en un antiguo restaurante especializado en sukiyaki.

—El emperador y algunos de los miembros de su gabinete, tal vez estuvieran listos para eso. Según los rusos, dos veces el gobierno japonés recurrió a ellos en busca de una mediación de paz. Pero, los comandantes militares y los políticos más duros querían continuar resistiendo. Bah, de todas maneras, sin las bombas atómicas, sobre sus ciudades – especialmente Hiroshima y Nagasaki, las menos bombardeadas hasta entonces – hubiesen seguido cayendo toneladas de mierda convencional, hasta sepultarlas —opinó el abogado.

Duda resuelta y paz en las conciencias. Condiciones suficientes para cambiar de tema y conversar sobre Umbilical.

—Seguramente oíste hablar de Zemurray —apostó Corcoran.

Y no ganó ni perdió porque, efectivamente, Thomas había oído a Douglas hablar con admiración de Samuel "Sam" Zemurray, pero no recordaba muy bien porqué.

Corcoran se esmeró para refrescarle la memoria:

—Sus padres, unos campesinos muertos de hambre originarios de alguna parte entre el Dniester y el Prud, llegaron a Estados Unidos en 1892 —le contó. —Siendo muchacho, en el puerto de Mobile, Alabama, se hizo famoso como "el hombre de las bananas" porque obtenía las más maduras, de desecho, a precio de liquidación y a una velocidad alucinante – antes de que se pudrieran – las distribuía a domicilio en un pueblo cercano, obteniendo una buena utilidad. Después viajó a algún lugar del Caribe, donde esperaba encontrar todo tipo de facilidades para ampliar su negocio («exactamente como los Whayt» pensó Thomas). Pero allí se encontró con un gran obstáculo: a cambio de un préstamo, el presidente de esa república le había entregado a un banco de Nueva York el control de las finanzas nacionales. Por supuesto, para Sam no fue lo mismo negociar con los banqueros neoyorquinos que con un lugareño, por más Presidente que éste fuera. Es decir que no obtuvo las facilidades que esperaba. Irritado regresó a Estados Unidos, conoció a un exiliado, opositor al Presidente. Le regaló un navío excedente de la marina – el "Hornet" –, una caja de rifles, una ametralladora y una buena cantidad de municiones. En 1911, burlando las lanchas de la Guardia Costera lo guio a través de la bahía de Nueva Orleans y en un par de semanas dieron un golpe de estado que llevó al exiliado a la Presidencia y a Sam al podio de los terratenientes y productores de bananas de la región, con su Cuyamel Fruit Company.

El joven espía escuchaba fascinado. En lugar de algo parecido a la vergüenza, una pizca de ella al menos, porque al final de cuentas se trataba de una muestra más de las lacras de su región natal, ahora compartía plenamente la admiración de Douglas por el personaje. Pero, ¿por qué Corcoran lo estaba poniendo al tanto de la biografía de Zemurray?

—Actualmente trabajo para Sam —le explicó el abogado.

—¿En la Compañía Cuyamel? —preguntó Thomas.

—No. Zemurray se convirtió en feroz competidor de la United Fruit Company (UFCO), la bananera dueña de la costa atlántica de Umbilical. Y en su principal amenaza porque en 1915 comenzó a extender sus dominios hacia las plantaciones de la UFCO. Entonces, en 1930 ésta le compró todas sus propiedades por 31.5 millones de dólares, a cambio de que abandonara el negocio. Pero los muy imbéciles le pagaron con acciones, 300 mil acciones que lo transformaron en el principal accionista de la UFCO. Sam había regresado a Nueva Orleans muy rico, pensando en retirarse, pero poco tiempo después lo nombraron director-administrador. Las acciones de UFCO se dispararon y en 1936 la compañía dio un nuevo salto obteniendo la concesión por 99 años de las mejores tierras en la costa del Pacífico. Unos diez años después comenzaron los problemas con el anterior gobierno de Umbilical... Entonces Sam me citó en las oficinas del muelle 3 de Nueva York, un destartalado depósito sobre el río Hudson, y me ofreció un irrecusable contrato...

En realidad, Corcoran era una de las últimas adquisiciones de Zemurray con el mismo propósito: fortalecer el lobby de la UFCO ante el gobierno y el Congreso de los Estados Unidos y la gran prensa de su país: New York Times, Herald Tribune, Christian Scince Monitor, San Francisco Chronicle, entre otros.

En 1940 había recurrido a Edward Berways, un brillante relacionista público sobrino de Sigmund Freud, quien, en 1917, con apenas 25 años, se había hecho cargo de una gira de Enrico Caruso, al año siguiente asesoró a la delegación estadounidense en la conferencia de paz de París y después incorporó a su cuenta a empresas de la magnitud de Procter and Gamble, Crisco y la recientemente creada CBS. Pero la máxima hazaña de Berways, como integrante del Comité de Información Publica presidido por el periodista George Creel (la "Comisión Creel"), fue lograr en tan solo seis meses que la opinión pública estadounidense, contraria a una intervención de su país en la I Guerra Mundial, se convirtiera en belicista y deseosa de despedazar a todos los alemanes.

Si Thomas tenía una vaga (y distorsionada) idea de lo que estaba ocurriendo en Umbilical se debía, precisamente, al trabajo realizado por Berways en esos medios de prensa, especialmente en el New York Times, cuyo editor, A. H. Sulzberger, no solo compraba toda la "carne podrida" que la UFCO le hacía llegar, sino que, insaciable, fue a recogerla "in situ" durante un tour periodístico pagado por la bananera. Además, en febrero del 50 Thomas había leído una serie de artículos publicados en el *Herald Tribune* bajo el título genérico de *"Communism in the Caribbean"* y, de tanto en tanto, llegaba a sus manos un pasquín llamado *Latin America Report*, escrito por William Gaudet, un contacto de la CIA manipulado por el pariente de Freud.

¡Algunos de los más grandes diarios estadounidenses, paradigmas de la objetividad informativa y la independencia editorial; modelos ejemplares para todo el "malinchismo"27 periodístico latinoamericano, hacían toda clase de piruetas, como los monos, a cambio de bananas!

Según esos simiescos análisis, el maestro Presidente de Umbilical había resultado bastante más socialista de lo esperado: en 1947 sancionó un Código de Trabajo, al año siguiente estableció el Seguro Social y en el 49 la emprendió contra la propiedad privada, haciendo obligatorio el arrendamiento de tierras y disponiendo que la renta no podía ser superior al 10 por ciento de la producción obtenida, cuando la práctica normal hasta entonces era que los campesinos entregaran hasta un 60 por ciento de sus cosechas. Pero, lo más grave fue su tolerancia ante el desarrollo de las organizaciones comunistas en Umbilical y la nefasta influencia de éstas sobre los sindicatos que, en el caso de la UFCO llegaron al extremo de lanzarse a una huelga en demanda de un aumento salarial de ¡1,50 dólares diarios!

El malestar provocado por semejantes atropellos a la propiedad privada y la libertad se manifestó el 5 de noviembre de 1950 cuando unos 70 hombres - entre soldados y civiles - trataron de apoderarse de la base aérea de la capital. El balance: 16 muertos y 10 heridos, entre ellos el jefe del la intentona golpista, un coronel que logró huir de la prisión y exiliarse con la ayuda de la UFCO.

Para colmo, el maestro acababa de ser sustituido – en elecciones inobjetables, era cierto – por su ministro de Guerra, un coronel de tendencia nacionalista con una serie de inquietantes proyectos, como la construcción de una carretera hacia el Caribe que podía terminar con el control de la UFCO – a través de su filial ferroviaria – del comercio exterior de Umbilical, y de una central eléctrica para acabar con el monopolio estadounidense en la generación y distribución de electricidad. Además, pretendía – nada menos – que exigirle a la bananera el respeto de la Constitución y las leyes de Umbilical y designar al gobierno como único árbitro entre la UFCO y los trabajadores

Se trataba de un joven, culto y apuesto oficial, bueno para el boxeo y los caballos, que había sido profesor de historia en la Academia Militar. Aunque los primeros informes no lograban encasillarlo ideológicamente, advertían sobre la nefasta influencia que sobre él ejercía su esposa, perteneciente a una rica familia de terratenientes pero aficionada a la literatura marxista y cercana a ciertos personajes y entidades desafectos a los Estados Unidos y su política para la región.

La UFCO no solo veía con preocupación el desarrollo político de Umbilical sino que, también, se preparaba para tiempos difíciles. La contratación de Corcoran correspondía a esos preparativos. Pero, ¿por qué?

—¿Y qué espera ese Zemurray de ti, exactamente? —le preguntó Thomas, sin rodeos.

—Bueno, supongo que sus expectativas tienen que ver con mis amigos y contactos en Washington: "Beetl" (el nuevo director de la CIA, Walter Bedell Smith) y Hadden (Stewart Hadden, inspector general de la Agencia), entre otros.

Después de esa explicación Thomas permaneció un largo rato en silencio. Ahora entendía la deferencia con que Tofte trataba a su compañero de mesa.

—Nada menos —murmuró después.

—Nada menos —confirmó risueño Corcoran. Y agregó en voz baja: —ellos están preparando algo para impedir que Umbilical caiga en manos de los comunistas.

Lo que no dijo fue que en ese momento trabajaba como enlace secreto entre la UFCO y la CIA para desestabilizar al nuevo gobierno de Umbilical. Y que había viajado al Extremo Oriente para conocer personalmente a Thomas y sondear con sus superiores las posibilidades de incorporarlo a la operación.

Antes de despedirse, mientras terminaban la botella de sake, sobre un pedazo de papel el estadounidense dibujó dos de las insignias de los Flaying Tigers: un tigre alado y furioso saltando entre dos rayos convergentes y el perfil de una mujer sentada, desnuda, alada y con un halo sobre su cabeza.

—Un candidato a proyectar las hazañas de Chennault en otro continente debe conocerlas —le dijo.

Thomas no entendió muy bien a que se refería, pero le gustaron tanto que se las guardó en un bolsillo y en el corazón. Permanecerían allí por algún tiempo, listas para resurgir y reproducirse a la primera oportunidad, cuando las circunstancias fuesen propicias...

1.- Intervenciones militares de Estados Unidos en América Latina: 1898-1902 Intervención militar USA en Cuba. 1901-1903 Intervención militar USA en Panamá y anexión de la Zona del Canal. 1903 Desembarco de marines en Honduras. 1903-1904 Intervención militar USA en República Dominicana. 1906-1909 Segunda intervención militar USA en Cuba. 1907 Tropas USA en Nicaragua. 1907 Marines desembarcan en Honduras durante guerra con Nicaragua. 1908 Marines intervienen en elecciones en Panamá. 1910 Marines desembarcan en Bluefields y Corinto, Nicaragua. 1912 Tropas UA intervienen en conflicto interno en Honduras. 1912 Tercera intervención militar USA en Cuba. 1912 Marines intervienen en elecciones en Panamá. 1912-1933 Ocupación militar USA de Nicaragua. 1913 Fuerzas navales USA intervienen en México. 1914 Segunda intervención militar USA en República Dominicana. 1914-1918 Segunda intervención militar USA en México. 1914-1934 Invasión militar USA a Haití. 1916-1924 Marines ocupan Republica Dominicana. 1917-1933 Ocupación militar USA de Cuba. 1918-1920 Nueva intervención marines en elecciones en Panamá. 1919 Intervención de marines en elecciones en Honduras. 1920 Intervención militar en Guatemala. 1924-1925 Nueva intervención militar USA en elecciones en Honduras. 1925 Intervención militar USA en huelga general en Panamá. 1932 Presencia naval USA en El Salvador. 1954 Derrocamiento CIA del presidente constitucional de Guatemala. 1958 Participación tropas USA en violentos incidentes en Panamá. 1961 Frustrado intento USA de invasión a Cuba. 1964 Nueva participación de tropas USA en violentos incidentes en Panamá. 1965-1966 Desembarco militar USA en República Dominicana. 1966-1967 Participación tropas especiales USA en contrainsurgencia en Guatemala. 1973 Derrocamiento CIA del presidente constitucional en Chile. 1981 Apoyo logístico y asesores militares USA en contrainsurgencia en El Salvador. 1981-1990 Guerra encubierta USA contra el gobierno de Nicaragua. 1982 Tropas USA en Honduras. 1983-1984 Invasión militar USA a Grenada. 1987 Participación tropas USA en lucha contra narcotráfico en Bolivia. 1989 Invasión militar USA a Panamá. Desde principios del siglo XXI intervención militar de Estados Unidos en Colombia (con el

consentimiento de éste país) para combatir la insurgencia con el pretexto del narco-tráfico. Contratación de mercenarios extranjeros. Instalación de siete bases militares y aéreas en Colombia para el control de toda América del Sur. Participación en el golpe de Estado en Honduras en el 2009 desde la base militar USA de Palmerola. Desde la suscripción del Plan Mérida (2008) entre Estados Unidos, México y Centroamérica, todas las agencias de Inteligencia, Seguridad y Defensa de EEUU operan oficial o clandestinamente en la región, especialmente en México.
2.- Caballeria:13.4 hectáreas o 33 acres.
3.- Miguel Angel Asturias; "El Papa verde"
4.- Ibid
5.- Jorge Ubico Castañeda. Además de los niños de las escuelas, militarizó a los empleados del correo y a los integrantes de la orquesta sinfónica nacional. Los músicos debían tocar uniformados - a cambio de 9 dólares mensuales - las piezas que el dictador elegía y con la técnica y los instrumentos por él dispuestos
6.- Con un criterio machista y discriminatorio, pensamiento o actitud propia de un homosexual
7.- Juan José Arevalo.
8.- Dewey, Thomas E. Líder republicano; gobernador de N. York durante tres mandatos consecutivos entre 1943 y 1948. Candidato presidencial en 1944 y 1948. En este año perdió contra Truman, entonces presidente en funciones.
9.- "El razonamiento crítico fue desplazado por un patriotismo emocional., una evaluación de problemas se convirtió en algo secundario en la prevención anticomunista., los desacuerdos y las críticas en contra del gobierno fueron desacreditados. La atmósfera de los debates políticos norteamericanos fue significativamente alterada" (Theoharis, "The Loyalty Program", en Huthmacher, The Truman Years, p. 73.
10.- Agente de la CIA oficialmente dado por muerto para permitir su cambio completo de identidad.

Capítulo 10
UN AGENTE X

Cuando Frank Massi, el veterano gerente financiero de la corporación periodística "Hearst" ("la madre del amarillismo") asumió la Presidencia de la empresa, en 1973, llegó a su nuevo e imponente despacho en el emblemático edificio del 300 West 57th Street y la 8th Avenue, cerca de Columbus Circle, de N. York, con un maletín en una mano y con Arthur Devine, su hombre de confianza, en la otra.

Por eso, cuando dos años después Massi se retiró tras haber sentado las bases para la formidable expansión que la empresa experimentó a finales de esa década, Arthur, el único marido de Anne Laforett entre tantos amantes, aunque mantuvo su empleo, sintió que la incondicionalidad había llegado a su fin y que, por primera vez, podía ser él mismo y tomar algunas decisiones por su cuenta y riesgo.

Por ejemplo, echarle un vistazo a los archivos de John Clements antes de cumplir la orden de quemarlos, emanada del más alto nivel de la corporación.

Clements, un fornido ex marine que había cabalgado junto a McCarthy en la feroz cruzada anticomunista, era uno de los vicepresidentes de Hearst cuando murió, en 1975.

En realidad había sido mucho más que eso, como lo descubrió un cada vez más azorado Arthur a lo largo de una noche de desvelo, sepultado entre toneladas de papeles, en el silencio de su estudio, con un gato siamés cosquilleándole las piernas y la presencia de Anne pugnando por hacerse notoria en el recinto decorado con sus óleos, aunque la autora – la culpable, para todos menos Arthur – durmiese plácidamente en el otro extremo del lujoso departamento de la 5ta. avenida, casi esquina con la 86 St., frente al Central Park.

Varias carpetas contenían papeles de John Clements Associates, una empresa de relaciones públicas que el militante ultra-conservador había manejado entre finales de los 40's y principios de los 50's. <Nada merecedor de la hoguera> concluyó

Arthur después de revisarlos.

Otras guardaban los que, seguramente, habían sido los principales productos de esa empresa: los originales de documentos de carácter político (*Report on Guatemala 1952 y Report on Umbilical 1954*), informes repletos de denuncias y advertencias sobre la intrusión soviética en esa región, sazonados con grotescas teorías según las cuales la amenaza se extendía hasta el Canal de Panamá.

Al terminar la lectura de los panfletos Arthur comprobó que el ritmo de su corazón se había acelerado ¡Y no era para menos! En las circunstancias y en el lugar menos esperado, la insignificante región natal de ese *son of a beach* que había embarazado y abandonado a Anne en Vietnam – tan insignificante que él siempre la había confundido con la cadena de islotes bananeros al sudeste de Cuba – ocupaba un lugar preponderante. A principios de los 50's no figuraba en ningún itinerario turístico internacional medianamente decente y, sin embargo, había logrado insertarse en el complejo mapa de la Guerra Fría como presunto territorio de maniobras del principal enemigo de los Estados Unidos.

En realidad, por sí solos ambos documentos no eran más que un burdo ejercicio de propaganda anti-soviética, pero en un sobre aparte estaban los elementos que les conferían su verdadero valor. Un memorándum firmado por el propio Clements informaba que la UFCO había pagado 35 mil dólares por la difusión del primero, en junio de 1952. Difusión que había incluido el Congreso y a 800 tomadores de decisiones. Y en otras dos carpetas, rotuladas States Department y CIA, respectivamente, estaban las pruebas de la verdadera finalidad de los trabajos: un documento del Departamento de Estado, publicado en 1954 – *Intervention of International Comunism in Guatemala* – que incluía párrafos textuales del Report on Guatemala 1952 y un informe de distribución restringida de la CIA que no incluía nada, sino que era ni más ni menos que la edición oficial de *Report on Umbilical 1954*. "En este segundo caso sí que el éxito fue total", pensó Arthur, mientras, entusiasmado con los primeros resultados de su curiosidad, caminaba hacia la cocina para preparar café en densidad y cantidad suficiente como para pasar toda la noche en vela.

Pero lo más interesante vendría después, dentro de varias cajas de cartón que el improvisado brazo ejecutor de la Hearst había transportado desde la oficina del difunto Clements a su departamento. Eran de diferente tamaño y color. Algunas estaban rotuladas, otras no. La mayoría de ellas tenían escrito en la tapa: PROJECT PBSUCCESS – 1953/54. En una sola podía leerse: PROJECT FORTUNE – 1952.

Como Arthur era un tipo metódico, optó por la cronología. En el interior de la caja solitaria, prolijamente documentados, estaban los detalles del primer intento frustrado de los Estados Unidos y la UFCO para derrocar al gobierno constitucional de Umbilical...

¡Un proyecto ideado y promovido no por el gobierno de su país, ni siquiera por la poderosa compañía, sino por el siniestro dictador de otra república bananera: Anastasio "Tacho" Somoza García; el fundador de una dinastía sangrienta, quien – en gran medida gracias a la intermediación de Clements y de Thomas Corcoran – obtuvo el apoyo del gobierno de los Estados Unidos!

Ahora le tocaba el turno a las cajas de PBSUCCESS. Por suerte el invierno estaba a las puertas y la agitación diurna tardaría unas cuantas horas en llegar...

Según uno de los materiales (*"American Company"*), todo iba de maravillas para la UFCO hasta que un joven coronel nacionalista1 asumió la presidencia de Umbilical .

El primer encontronazo entre la compañía y el pequeño Estado que, por primera vez en la historia de la región, el atrevido mandatario pretendía elevar a la condición de soberano, se produjo cuando la empresa despidió a 4 mil trabajadores y el gobierno le confiscó una propiedad de 10 mil hectáreas como garantía del pago de los salarios atrasados demandados por los despedidos.

Después, en 1953, el gobierno pateó el tablero del orden establecido con una Reforma Agraria que, en una primera fase, expropió 85 mil hectáreas de tierras improductivas en la costa sur, ofreciendo por ellas bonos del Estado por poco más de medio millón de dólares, suma calculada según el valor declarado por la UFCO para el pago del impuesto a la propiedad inmobiliaria rural.

La reacción de la compañía y del Departamento de Estado no se hizo esperar: el 20 de abril de ese año exigieron el pago de 15.8 millones de dólares, a razón de 30 dólares la hectárea (cuando la UFCO había comprado esas mismas tierras a 0,20 dólares por unidad).

Semejante abismo entre ambas posturas no permitía imaginar un acuerdo ni fácil ni rápido. Menos aun cuando en octubre del 53 y febrero del 54 el gobierno lanzó dos nuevas ofensivas contra los hasta entonces sacrosantos intereses de la UFCO, expropiándole otras tierras en la costa Atlántica.

¿Sabía el audaz gobernante de la insignificante Umbilical con quién se estaba enfrentando?

Como Arthur no tenía la menor idea al respecto – su especialidad eran las finanzas "puras", razón más que suficiente para entender porque no había alcanzado un puesto directivo en la corporación Hearst –, devoró decenas de documentos a toda velocidad, uno tras otro, sin descanso, mientras, frenético, subrayaba con un marcador azul, los párrafos más reveladores de los vínculos entre el poder económico y el poder político/militar de esos años. Una época que recordaba con nostalgia, precisamente por haberla vivido de espaldas a la política. Su idea – la de tantos estadounidenses – de que en cualquier circunstancia histórica se puede ser medianamente feliz siempre y cuando la responsabilidad de lidiar con la historia se deje en manos de profesionales convenientemente seleccionados – entre bastidores – y convalidados por el voto de una pequeña parte de la ciudadanía, se consolidó en esos años. Que ellos se encargaran de confrontar al comunismo, dentro y fuera del país, de la amenaza nuclear y de recoger y administrar los dividendos de la pasada guerra. Para algo los contribuyentes les pagaban tan buenos salarios. Mientras tanto, los jóvenes como él se dedicarían – como de hecho se dedicaron – a disfrutar de las buenas cosas de la vida: el rock and roll, el turismo en playas soleadas, los primeros bikinis, los primeros restaurantes de comida basura, y toda la parafernalia de productos de la revolución tecnológica de entonces: materiales "plásticos", discos de vinilo (los LP's aparecieron en 1948), televisores, heladeras, lavadoras, teléfonos y... ¡tostadoras! – que, por primera vez en la historia de la humanidad, les hicieron creer a los pobres que, al final de cuentas, no costaba tanto vivir como los ricos.

Tal vez por eso a nadie le importó un pepino cuando, a comienzos de 1953, el general retirado Dwigth Eisenhower llegó al gobierno acompañado por algunos de los principales accionistas de la UFCO:

—John Foster Dulles, como Secretario de Estado;

—Allan Dulles, hermano del anterior, como Director de la

142

CIA;

— Walter Bedell Smith, ex director de la CIA, como Subsecretario de Estado;

—John Moors Cabot, como Secretario de Estado Adjunto para Asuntos Interamericanos (su hermano Thomas Moors Cabot, había sido presidente de la UFCO en 1948);

—Henry Cabot Lodge, como embajador ante la ONU;

—Anne Whitman (esposa de Edmund Whitman, director de Relaciones Públicas de la UFCO), como secretaria personal de Eisenhower;

—Robert Hill, embajador en México, Costa Rica y El Salvador (en 1960 fue designado director de la UFCO);

—Robert La Follette, senador por Wisconsin;

—Alexander Willey, otro republicano de Wisconsin que fue miembro del Comité de Relaciones Exteriores del Senado durante la intervención en Umbilical;

—Christian Herter, ex gobernador y futuro secretario de Estado;

—Robert Cutler, un general que encabezó el Consejo Nacional de Seguridad durante un tiempo.

—Charles Meyer, quien durante el gobierno de Nixon sería nombrado subsecretario de Estado para Asuntos Latinoamericanos.

—¡Un gobierno de la UFCO! —exclamó Arthur, sumamente impresionado, cuando creyó haber terminado la lista.

El gato lo miró inquisitivo... ¿De qué se asombraba? ¿Acaso no había leído que la relación personal de Nixon con Donald Kendall, el presidente de la Pepsi Cola se remontaba a la época en que el magnate le dio al presidente su primera oportunidad de trabajo cuando éste comenzaba a ejercer su carrera de leyes en Nueva York? ¿Y acaso no había escuchado – aunque se resistiera a ello – que el reciente golpe de Estado contra el presidente constitucional de Chile, Salvador Allende, había sido, esencialmente, una cuestión de negocios, porque la Pepsi y otras compañías estadounidenses como la ITT (International Telephone and Telegraph Company) no admitían un socialista dirigiendo ese país donde tenían algunas inversiones?

En realidad, Arthur apenas había comenzado la lista porque, como lo demostraban decenas de otros documentos, la complejidad del entramado excedía por mucho las relaciones UFCO-gobierno para ser un apretado y mal oliente tejido de asociaciones, negocios y complicidades entre las más grandes firmas y corporaciones estadounidenses, algunos de los más influyentes medios de comunicación y el poder político de su país.

Como prueba del avance de las gestiones de la bananera en un terreno tan apto allí estaban los recortes del New York Times, Newsweek, U.S. News and Word Report, Vision, Herald, Sripps Howard News Service; el Report on Umbilical -1954, de la CIA; un boletín "confidencial" que la UFCO comenzó a hacer llegar a 250 periodistas estadounidenses y algunos documentos de centros de opinión como el *Council on Foreing Relation* y la *National Planning Asociation*, todos ellos destinados a preparar las condiciones "subjetivas" (guerra psicológica) para el desarrollo de las operaciones de desestabilización. También había recortes de prensa y algunos informes confidenciales sobre el éxito obtenido por la CIA en Irán en el derrocamiento de Mohammed Mossadgh (su delito: nacionalizar las compañías petroleras británicas) y la reinstalación del Sha en el poder. Por lo tanto, era previsible que aprovechando el retorno de Kermit Roosvelt – el jefe de la operación iraní ("Operación Ajax") – a Estados Unidos, los hermanos Dulles le ofrecieran hacerse cargo de una operación similar en Umbilical. Al final de cuentas, la principal diferencia consistía en bananas en lugar de petróleo...

Lo que a Arthur – quien a lo largo de su carrera profesional jamás se había negado a cumplir una orden – le pareció insólito fue que Roosvelt no aceptara tal distinción.

"El imbécil de K.R. declinó argumentando que para que un golpe de Estado resulte exitoso, el pueblo y el ejército del país en cuestión deben estar de acuerdo con él, algo que no cree que ocurra en U...", le decía Corcoran a Clements en un mensaje.

Entonces, los hermanos Dulles recurrieron nuevamente al coronel Joseph Caldwell King (conocido como Oliver G. Galbond en el código secreto de la CIA), Jefe de la División del Hemisferio Occidental de la Agencia, y éste, a su vez, a su inveterada preferencia por las operaciones encubiertas a cargo de nativos, con el propósito de mantener lo más a salvo posible la relación entre el terrorismo y el Estado responsable de impulsarlo.Así, King entró en contacto con la crema y nata del anticomunismo umbilicalense y a regañadientes terminó aceptando a un viejo y poderoso cafetalero de origen estadounidense – de apellido Whayt – como jefe de una banda de 200 mercenarios que el 29 de marzo de 1953, después de haber recibido armas y 64 mil dólares de parte de la UFCO, ocupó militarmente una pequeña ciudad del interior de Umbilical y la mantuvo en su poder durante 17 horas, antes de ser aplastada por las fuerzas gubernamentales. Unos cuantos golpistas, como Juan Córdoba Cerna, empleado de la UFCO y líder del Comité Cívico Nacional, la principal organización anti-comunista de la época, fueron capturados, pero cuatro de ellos terminaron acribillados durante un intento de fuga. Entre ellos el cafetalero Whayt.

A esas alturas Arthur estaba absolutamente cansado y harto de toda esa basura: de la lectura de tantos nombres y datos en esa interminable sucesión de conspiraciones, excesiva para un buen hombre de buena fe, amistoso y leal, discretamente alcohólico, marido cariñoso, ahorrativo y pulcro, formado en la lógica aritmética, a lo sumo matemática; de las planillas contables, las gráficas, los cuadros estadísticos y los informes financieros. Lo único que quería era pasar por el baño antes de acurrucarse junto al tibio cuerpo de Anne, tal vez acariciarla un poco hasta que su propio cuerpo sintonizara en temperatura con el de ella, dejando que el sueño se deslizara lentamente entre las sábanas perfumadas con su aroma...

«¿Pero, no se apellidaba Whayt el padre de Susanne? No, no podía ser el mismo, porque este Whayt murió en el 53 y el otro Whayt, ese que decía llamarse Thomas, estaba en Vietnam ese mismo año... bien vivo y caliente, acostado con su Anne. ¿Acaso el muerto era un pariente suyo? ¿Cuantos años tenía al morir? Tal vez las respuestas estuviesen en el *fucking* archivo... No tenía más remedio que seguir hurgando en esos malditos papeles...»

Al cabo de otras dos horas de lectura, Arthur dio un salto y derramó el residuo de café que quedaba en la taza cuando vio el nombre de Thomas Whayt, mencionado en la copia de un acta de una comisión del más alto nivel a la que el Concejo Nacional de Seguridad había encargado la supervisión de las operaciones secretas. Esa comisión estaba integrada, nada menos que por Allen Dulles; Bedell Smith; el asesor en guerra psicológica, C.D. Jackson; el asesor del Secretario de Defensa, Charles Wilson y el asistente especial del Presidente para Asuntos de Seguridad Nacional, Robert Cutler, ausente ese día de comienzos de agosto del 53. Los altos funcionarios habían evaluado las probabilidades de éxito de una operación a gran escala – no otra pantomima como la fracasada ocupación de ese poblado del interior – y habían llegado a la conclusión de que eran mayores del 40 por ciento... aunque menores del 50.

Ante semejante perspectiva coincidieron en que había llegado el momento de prescindir de las brillantes iniciativas de King y poner al frente de la tarea a Frank Wisner, asesorado por Tofte , como jefe de operaciones políticas y psicológicas. Y como segundo de abordo a Tracy Barnes, un genuino representante de Yale y de la facultad de Derecho de Harvard en el corazón de la CIA.

Después, se dedicaron a barajar nombres para las áreas más sensibles del proyecto y así surgió el de Haney, como comandante de campo y el de sus hombres de más confianza en Corea: "Rip" Robertson y... Thomas Whayt.

«A la CIA se la podía acusar de todo o, casi todo, menos de holgazanear: apenas habían transcurrido tres meses desde la firma del armisticio en Corea, cuando prácticamente todo el team que participó en esa guerra fue convocado para intervenir en Umbilical», se impresionó Arthur.

—No conozco personalmente a Whayt pero, además de haber nacido en Umbilical y de que el español es su idioma natal, ha venido haciendo un magnífico trabajo en Corea —habría dicho Smith. —Corcoran estuvo con él hace algún tiempo y lo recomienda plenamente.

—Entiendo que ese Whayt ya no está en Corea —habría comentado Wilson.

—Que lo localicen donde sea —concluyó Dulles.

—¡En Vietnam, hijos de puta! ¡Deberían haberlo buscado en la cama de Anne, en Vietnam! —gritó Arthur y, al mismo tiempo que el gato, pero en direcciones opuestas, salió corriendo hacia la suite matrimonial con ese acta y un montón de papeles bajo el brazo.

Si el estupor de Anne no fue mayor – después de tantos años el recuerdo de Thomas se había desdibujado a tal punto que terminó por considerarse a sí misma, en el Vietnam del 54, como una especie de Virgen María – se debió al efecto amortiguador de la somnolencia y a la confusa explicación de Arthur. Una vez disipada la primera y retocada la segunda, el matrimonio se trasladó al estudio dispuesto a llegar hasta el final. Sin embargo, no pudieron saber nada más sobre Thomas Whayt.

Aunque dedicaron el resto de la mañana – antes de que Arthur saliese con el impresionante cargamento de sobres y cajas rumbo a un improvisado crematorio del otro lado del Hudson – a revisar hasta el último de los papeles y, gracias a ellos, se enteraron, entre muchas otras cosas, de los detalles del bombardeo a algunas ciudades de Umbilical, el ingreso de un ridículo ejército invasor, la traición de los jefes militares que debían enfrentarlo y la nominación de Clements como responsable de Relaciones Publicas del títere uniformado (un coronel bigotudo²) que el binomio UFCO/CIA colocó en lugar del presidente constitucional derrocado y enviado al exilio, no lograron darle continuidad al insólito reencuentro. Si Thomas se incorporó al PROJECT PBSUCCESS, ¿por qué, además de esa mención en el acta de la comisión, su nombre no aparecía en ningún otro documento del archivo de Clements, ni antes, ni durante, ni después del golpe de Estado?

—¡No puede ser! ¡Tiene que estar! ¡Tiene que estar! —murmuraba Anne ante la poco estimulante mirada de su marido. Y revolvía en el interior de las cajas, leía y releía los documentos, mientras Arthur, a regañadientes, organizaba y supervisaba la búsqueda.

«¿Qué pretendían, en realidad?» comenzó éste a preguntarse al cabo de otra hora de infructuosa investigación. «El – lo tenía claro – terminar de enlodar, de destruir la imagen de Thomas, apoyándose en contundentes pruebas para demostrarle a Anne que su amante ocasional no había tenido ningún empacho en ser parte de toda esa infamia en contra de una pequeña e indefensa nación... ¡su nación! ¿Pero, y ella? ¿Acaso con su obstinada búsqueda lo estaba convocando?»

Cuando Arthur regresó al departamento después de haber interpretado el papel de "Guy Montag"³ (en la vida real, no en el cine), se lavó las manos y se cambió de camisa, advirtió en el rostro de su esposa una expresión de serena emoción. Durante su ausencia, observando el gato que, a su vez, desde el quicio de una ventana observaba taciturno el resplandor de la tarde, la romántica Anne decidió que lo ocurrido esa noche no había sido otra cosa que la breve e inquietante visita de un fantasma.

El fantasma de un agente estadounidense muerto en Vietnam que había decidido volver por unos instantes del más allá para hacerle saber, mientras dormía, que nunca quiso abandonarla, que algo terrible le impidió cumplir su promesa... ¡Que descansara en paz!

Entonces discutieron si debían poner a Susanne al tanto de las novedades de esa noche... y decidieron que mejor no. La joven, aparentemente, había cerrado el capítulo de su padre, el más amargo de su vida. ¿Y qué derecho tenían para reabrirlo si, pese a la metafísica convicción de Anne, el descubrimiento de Arthur sólo servía para confirmar lo que siempre sospecharon – que Thomas era un agente secreto – y para realimentar la incertidumbre respecto de su destino final? Arthur propuso un secreto eterno. Anne, en cambio – artista al final de cuentas – optó por una grandilocuente metáfora pictórica que esa misma tarde comenzó a pergeñar.

En esos momentos el fantasma de Anne, efectivamente, descansaba en paz... en una hamaca colgada en la galería de la mansión de una de las varias fincas cafetaleras que poseía en Umbilical.

Había sido rebautizado – sin velas ni agua bendita y con un par de agentes secretos como padrinos – como Álvaro Trinidad y desde hacía unos veinte años era un agente X, es decir secreto hasta para todo el mundo, excepto el Director y el Director de Operaciones de la Agencia Central de Inteligencia del gobierno de los Estados Unidos de Norteamérica.

Descansaba y comparaba su éxito personal – sus negocios, su fortuna, su prestigio, su matrimonio con una dama de la alta sociedad umbilicalense – con el deterioro general que experimentaba en esos años la Inteligencia estadounidense.

Con William E. Colby como Director, los últimos años de la CIA habían sido, probablemente, los más desastrosos de su historia. De las secuelas de la guerra de Vietnam al escándalo Watergate. De principal recolectora de información secreta para la toma de decisiones del Presidente a principal fuente de información del Congreso en contra del Presidente y en contra de sí misma, en muchos casos. Las operaciones encubiertas – después de que salieran a relucir complots para asesinar dirigentes extranjeros, experimentos con drogas alucinógenas, violación de la correspondencia de ciudadanos estadounidenses y almacenamiento de venenos y sustancias tóxicas, entre otros delitos – habían sido reducidas al mínimo y las comisiones legislativas metían sus narices en todos lados. Además, el acceso a los secretos de Moscú había quedado cerrado con siete candados y nadie parecía en condiciones de violarlos. Mientras tanto, el terrorismo causaba estragos en el extremo sur del continente, en el Oriente Medio y ¡hasta en Europa! y la situación general en Umbilical se caracterizaba por la inestabilidad provocada por varias organizaciones comunistas que aquí y allá confrontaban al *stablishment* con las armas y con la movilización de campesinos, obreros y estudiantes, sin que los gobiernos se decidieran a actuar con toda la decisión y firmeza necesarias. Si no se acababa de una vez por todas con esos focos, al precio que fuera, años muy difíciles sobrevendrían en toda la región. Pero esa tibieza para reaccionar como correspondía, no era otra cosa que un reflejo de lo que estaba ocurriendo a escala mundial. La Organización de Países Exportadores de Petróleo (OPEP) tenía a Occidente agarrado del pescuezo. Los comunistas de los huevos. En el sudeste asiático, acababan de ocupar Saigón y en África se apoderaban tranquilamente de Angola y Mozambique. En Irán – según informes clasificados a los que había tenido acceso – el orden establecido por la CIA en 1953 podía irse a la mierda en cualquier momento. Todo ello por culpa de los podridos demócratas que habían apaleado a Nixon por el caso Watergate, obligándolo a renunciar, generando así un vacío de poder, una pérdida de confianza en las instituciones dependientes del Ejecutivo, como las Fuerzas Armadas y la comunidad de Inteligencia, que únicamente beneficiaba a los enemigos del mundo libre. ¡Lo único que faltaba era que una administración demócrata, en nombre de los Derechos Humanos, terminara por destruir las pocas defensas que quedaban!

El bochornoso presente y el futuro incierto, contrastaban dramáticamente con un brillante pasado pletórico de iniciativas, acciones, contundentes respuestas a la amenaza comunista, al menos en lo que a esa región se refería. Era cierto que no todas ellas habían dado los resultados esperados, como el intento de invasión a Cuba, en abril de 1961 preparado en la finca "Helvetia" de su amigo y compañero de trabajo en la CIA, Roberto Alejos. Operación en la que él trabajó ardua, e inútilmente, junto con un hermano de Roberto, entonces embajador de Umbilical en Washington. ¡Los preparativos de una *covert action* que los propios cubanos anticomunistas se encargaron de difundir, a los gritos, en todos los bares y restaurantes de Umbilical, concurridos, obviamente, por agentes de Castro! ¿O tenía algún asidero esa versión que escuchó en Washington después de la muerte de Marilyn Monroe, en 1962, según la cual había sido ella – enterada en las camas de los hermanos Kennedy de todos los secretos de Estado, porque la consideraban poco menos que una estúpida – la que se había encargado de alertar a Fidel?

Pero, en compensación, en 1963, con la ayuda de 60 cubanos que fueron entrenados para esa invasión – y que sobrevivieron al desastre –, más algunos otros mercenarios, contribuyó decisivamente al derrocamiento del presidente de turno de Umbilical[3], propuesto por el entonces director de la CIA, Richard Helms, al presidente John F. Kennedy. Y al aniquilamiento de la dirección del Partido Comunista, el 6 de marzo de 1966, después de haber capturado – en un solo golpe de mano – a 28 de sus más prominentes miembros y de haber arrojado sus cuerpos al Pacífico desde una altura de 20 mil pies.

¿Fueron los precursores de ese método que unos años después se aplicaría con tanto éxito en Sudamérica? No lo sabía ni le importaba. Tampoco lo habían condecorado por otras iniciativas igualmente útiles durante la Guerra Fría... En esa época, junto con su más confiable (e implacable) colaborador local, Mario Sandoval Alarcón[4] , tuvieron un papel protagónico en la creación de los Escuadrones de la Muerte, como el "Movimiento Anticomunista Nacional Organizado (MANO)", la "Nueva Organización Anticomunista (NAO)" y "Ojo por Ojo" que entre octubre de 1966 y marzo de 1968 liquidaron unos 5 mil comunistas o simpatizantes en el oriente de Umbilical. Claro que esto no hubiese sido posible sin la valiosa contribución de unos mil Green Berets[5] – la mayoría puertorriqueños y cubanos fogueados en Vietnam – que llegaron entre julio y octubre del 66 para entrenar a su gente y para dirigir los bombardeos con napalm y los secuestros, torturas y ejecuciones de los capturados, en no pocas ocasiones. Y sin la supervisión de no menos de 25 expertos en contrainsurgencia que trabajaron en la embajada de Estados Unidos en Umbilical entre 1964 y 1974. Pero, sobre todo, los planes para la eliminación física de la mayor cantidad posible de dirigentes, militantes y simpatizantes izquierdistas no hubiese podido llevarse a la práctica con tanta eficacia si no hubiese sido por la entusiasta aprobación de Richard Helms, quien dirigió la CIA entre 1966 y 1973.

Después, en sintonía con el deterioro general de la Agencia – al fracaso en Cuba se sumó el frustrado intento de derrocar a Sukarno en Indonesia – , comenzó la desbandada: John Doherty, ex jefe de la estación CIA en Umbilical se retiró para dedicarse al negocio del cemento. Otro agente de campo, Enno Hobbin, regresó a Nueva York para trabajar en la revista Life. Jerry Fred De-Larm, el ex piloto naval estadounidense, dueño de una distribuidora de automóviles en Umbilical, que participó en las operaciones aéreas del 54, permaneció en la región pero para dedicarse al negocio de la aviación civil. Únicamente el pobre Carlos Cheeseman, un umbilicalense que fue piloto naval de los Estados Unidos durante la II Guerra y que en el golpe del 54, desde una avioneta Cessna, dejó caer una granada de mano y un cartucho de dinamita sobre unos tanques de combustible en el puerto del Atlántico (sin causar mayores daños), murió en su ley en los 60's, acribillado por un comando guerrillero.

Por lo visto, en Umbilical él era el único sobreviviente de los buenos tiempos que continuaba plenamente activo, combinando el cuidado de sus negocios personales con la regular comunicación con Langley[6] y con el permanente estado de alerta ante una guerrilla que, pese a todos los golpes recibidos, continuaba activa y amenazante.

En este sentido su modelo era el viejo Helms, el treintón apuesto y de modales elegantes que lo reclutó en el 48. Si pese a amasar una gran fortuna continuaba siendo el principal azote del comunismo, allí donde este se manifestase, y si pese a haber sido uno de los principales responsables ideológicos de los Escuadrones de la Muerte en Umbilical y artífice del terrorismo de Estado en Chile y otros países, era considerado como un respetable estadista por los principales círculos de poder de Estados Unidos, ¿por qué él no iba a merecer una calidad de vida al mismo nivel y un tratamiento similar, cuando, además del cerebro – como tantos políticos, periodistas, empresarios, banqueros, académicos y burócratas de Washington – , tenía las manos, los brazos, el cuerpo todo, teñidos con la sangre de los enemigos de la democracia y la libertad?

—Ese son of a bich de Thomas Whayt murió en un fuego cruzado entre el Minh y los franceses — recuerda que, sonriente, le informó "Rip", quien a principios de agosto de 1953 había llegado a Hanoi en su búsqueda. —Parece que los camaradas de cierto pasquín comunista de Umbilical extrañan a su corresponsal en el

Lejano Oriente, un tal Álvaro Trinidad, y "Al" (Albert Haney) piensa que ha llegado el momento de que regrese —añadió dando por sobreentendida la relación entre una cosa y otra.

—¿Para qué? —se le ocurrió preguntar, pero inmediatamente después recordó la conversación sostenida con Corcoran durante aquel almuerzo en Tokio y no le importó que "Rip" contestara enigmático: —Ya lo sabrás.

Así, como si se tratase de un juego, el fantasma de Anne se convirtió en un agente X, es decir en una especie de zombi, un muerto (con certificado, sepultura y todas esas cosas) que regresa al mundo de los vivos para continuar atormentándolos, sólo que con otra identidad, con otro nombre, con otra vida, porque no conserva nada de la anterior, incluyendo parientes, esposa o amante e hijos… Salvo, la memoria...

En abril del 53 la tardía noticia de la muerte del maldito Douglas – probablemente su padre – lo había colmado de alegría y alentó su deseo de regresar a Umbilical para compartir toda la herencia con su madre. Pero en mayo, cuando el confuso y para siempre inestable desenlace de la guerra de Corea resultaba más que previsible, le ordenaron trasladarse a Vietnam para monitorear las operaciones al mando del nuevo comandante francés, Henry Navarre. Es cierto que podría haberlos mandado a la mierda – solicitando la baja –, para volver a Umbilical para reclamar lo que por sangre le correspondía. Sin embargo, en esas circunstancias comprendió más claramente que nunca que había vendido su alma al Diablo, que su vida y su destino estaban atados para siempre a toda esa podredumbre dentro de la que se sentía como una "Taeina Sanguinata" en un intestino infectado. Entendió perfectamente a todos los reenganchados en la guerra, a todos los espías recurrentes como Tofte y como Haney, sobre todo a este último quien había despreciado una vida cómoda junto a su mujer millonaria a cambio de seguir haciendo lo que le gustaba, lo único que le daba sentido a su vida.

Así que unos días después estaba instalado en Hanoi dispuesto a sustentar, con informaciones de campo, la resistencia de Eisenhower a involucrar directamente a los Estados Unidos - como París venia intentándolo desde 1950 - en una guerra que los franceses parecían tener irremediablemente perdida. Una conclusión un tanto apresurada pero que no había necesidad de buscar demasiado para darse de narices con sus fundamentos. Después del fracaso de la *Lorraine Operation*, la mayor ofensiva francesa fuera del delta del río Rojo, el Minh había pasado a la contra-ofensiva obligando a los galos a replegarse a las antiguas posiciones defensivas (la línea Lattre) en torno a Hanoi y el puerto de Haipong, donde a su llegada se amontonaban las principales unidades de Navarre y el grueso de la población civil pro-colonial.

Además, el Viet Minh había extendido sus operaciones a Laos y Cambodia con la cooperación del *Laotian Pathet Lao* y el *Cambodian Khmer Issarak* y Navarre advertía que sin un sustancial refuerzo de sus tropas la victoria se tornaba cada vez más incierta.

Aprovechando que el comandante francés pensaba romper el cerco de la capital y el puerto y cortar las líneas de abastecimiento y comunicación entre el Minh y el Pathet Lao realizando una absurda concentración de fuerzas en Dien Bien Phu, en el sudoeste del país, en plena rotaguardia enemiga, decidió inspeccionar el territorio controlado por el Minh en el norte. Para ello buscó recomendaciones y contactos entre algunos veteranos de la OSS que durante la II Guerra trabajaron junto a las fuerzas de Ho Chi Minh contra los japoneses. Los guerrilleros habían proporcionado valiosa información sobre los movimientos del enemigo común y en más de una oportunidad ayudaron a evacuar a China a algún piloto estadounidense derribado. A cambio, recibieron abastecimiento aéreo de armas, municiones y provisiones.

"Contactar directamente al Minh en las actuales circunstancias puede resultar bastante difícil. Procure conversar con gente del pueblo Tho (aliado de Giap desde 1944), explíqueles su propósito y pídales una reunión con su jefe, Chu-Van Tan, si es que aún vive", fue la orden que recibió y que siguió al pie de la letra.

Así, en un acto de evidente deslealtad hacia los aliados franceses – aunque no habían logrado el apoyo oficial de los Estados Unidos, clandestinamente recibían abundante abastecimiento transportado por la línea aérea de la CIA administrada por Chennault –, en compañía de un par de lugartenientes de Chu-Van Tan, viajó por la antigua ruta colonial RC4 hacia Cao Bang, sorprendido con las muestras de organización militar, social y económica que encontró durante el trayecto. Pero, si su intención era establecer algún tipo de contacto con el cuartel general del Minh o, inclusive, con el propio Ho Chi Minh, tardó unos cuantos días en darse cuenta de que había tomado el rumbo equivocado.Mientras él los buscaba por el norte, el Tío Ho y su Estado Mayor estaban en el sur-oeste, rumbo a Dien Bien Puh, más precisamente en Moung Phan, donde cuentan que el legendario líder comunista se sacó su sombrero colonial (salacot), lo dio vuelta y señalando su interior dijo: "Los franceses están acá". Y, pasando su dedo por los bordes del casco, dijo satisfecho: "Y nosotros estamos aquí..."

De todas maneras en ese viaje conoció a Anne y si ni siquiera se inmutó porque los Tho lo habían engañado miserablemente fue porque la atracción mutua y la desenfrenada intimidad con la hermosa y aristocrática dama francesa lo dejaron tan perturbado que por unos días perdió de vista la guerra, su trabajo y hasta su naturaleza incompatible con la entrega, la confianza, el amor.

Le prometió volver. Y, tal vez, pensaba hacerlo, aunque la honestidad y el candor de esa mujer provocasen en él el mismo efecto que se le atribuye a un crucifijo sobre un vampiro. Pero a su regreso a Hanoi se encontró con "Rip" y con la noticia de su propia muerte.

Al día siguiente, con documentación falsa a nombre de Álvaro Trinidad, y en compañía del ex jugador de fútbol americano partió hacia Manila en un avión fletado por Chennault. Y desde allí siguieron viaje hacia la península de La Florida, con escalas en Hawai, San Francisco y Dallas.

Recordar los preparativos, el desarrollo y, sobre todo, el desenlace del PROJECT PBSUCCESS no le causaba demasiado placer. No porque con el golpe hubiesen acabado con un gobierno elegido y querido por el pueblo – «esa horda de indios y mestizos muertos de hambre y analfabetos, presa fácil de la demagogia populista y carne de cañón del comunismo internacional» – sino porque no fue otra cosa que la corrupción de ambos lados, el insaciable apetito de dinero, cargos y prebendas entre los militares de uno y otro bando – comenzando por el payaso que ellos mismos pusieron al frente del ejército Libertador – el que decidió una batalla de pacotilla que para el gobierno de Eisenhower, para la CIA/UFCO y hasta para las Fuerzas Armadas de los Estados Unidos había sido planificada como una verdadera operación de guerra contra un enemigo formidable.

Hacia finales del 53 el organigrama estaba casi completo, pero tantos caciques sin indios no servían para nada. Por lo tanto, había que formar un ejército invasor, proporcionar los hombres adecuados para las tareas de sabotaje y demolición que se esperaban de "Rip" y conseguir los aviones y pilotos necesarios.

Fue entonces cuando Trinidad recordó nítidamente la historia de Chennault y tras un viaje clandestino le pidió – le exigió, casi – a Haney que dejara en sus manos esa última misión.

Y una vez que la Fuerza Aérea de la Liberación quedó conformada con algunos C-47, P-47 y P-51 realizó una segunda gira secreta para darle, personalmente, el toque de gracia, la bendición que conduciría máquinas y tripulantes a una segura victoria: la pintura, en la nariz de cada una de las aeronaves, de los emblemas del tigre y la mujer alados, que un día, en Tokio, guardó en uno de sus bolsillos. Emblemas que, aunque muchos pilotos jóvenes ignoraran su origen y significado, se mantendrían para siempre, con "orgullo y patriotismo", en la Fuerza Aérea de Umbilical (FAU).

Pese a todo el despliegue propagandístico, de Inteligencia, logístico y bélico, la batalla se definió en la retaguardia gubernamental donde los sobornos a los jefes gubernamentales causaron muchas más bajas y lograron resultados mucho más efectivos que todas las bombas y toda la metralla utilizada en el frente. Abandonado por sus oficiales, el presidente optó por dimitir en lugar de organizar la resistencia de todo el pueblo, abriendo con ello un fatídico camino (para él y sus seguidores) que al año siguiente seguiría el presidente de Argentina, Juan Domingo Perón.

Ambos – y en eso tenía que darle la razón a tanto intelectual "izquierdista de mierda" – de comunistas no tenían nada (no pasaban de ser militares nacionalistas) y sabían que si armaban al pueblo hubiesen podido acabar fácilmente con los golpistas, pero, a continuación, ese mismo pueblo los hubiese desalojado del Poder para dar paso a una verdadera revolución.

Las ridículas fuerzas de la Liberación ingresaron triunfantes en la capital encabezadas por la imagen de su Comandante General Honorario: el Cristo Negro de Esquipulas. Trinidad presenció el desfile desde un discreto balcón, sin preocuparse por disimular una irónica sonrisa, mientras casi todos sus colegas se preparaban para un largo viaje hacia lo más austral del continente, donde debían apoyar otro golpe de Estado.

Después vendrían los duros años de la limpieza, el necesario e implacable ajuste de cuentas con todos aquellos comunistas hijos de puta que, de haber podido, hubiesen terminado expropiando todas las tierras de la UFCO para seguir, después, con las tierras de grandes cafetaleros como los Trinidad, mejor dicho los Whayt.

1.- Jacobo Arbenz Guzman
2.- Coronel Carlos Castillo Armas. Murió asesinado por uno de sus escoltas.
3.- El personaje principal de la novela de Ray Bradbury "Fahrenheit 451",
4.- Mentor del militar y político salvadoreño de ultra-derecha Roberto d'Aubuisson; organizador de los Escuadrones de la Muerte en ese país y autor intelectual del asesinato de monseñor Oscar Romero.
5.- "Boinas verdes". Fuerzas Especiales del Ejército de los Estados Unidos.
6.- Cuartel Central de la CIA, en el estado de Virgina.

Capítulo 11
SI VIS PACEM PARA BELLUM

En esa época del año, cuando una mancha con forma de camello se encendía en la pared, aunque no la vieran ni supieran de su existencia, Mario abría el almacén y "Luisito", el quiosquero, comenzaba a ordenar las revistas en los estantes y los diarios sobre una larga banca. Nunca había logrado descubrir el misterio de ese reflejo condicionado por telepatía y tampoco se había preocupado demasiado en develarlo ya que el efecto que producía el camello iluminado sobre él era mucho más directo y obvio: apenas lo veía se vestía con lo que tuviera a mano y salía a la calle.

Esa mañana, al regresar, el portero le entregó un sobre blanco, tamaño oficio, sin membrete ni remitente y con su nombre escrito a mano, con la caligrafía de un escolar. Adentro, en una hoja tamaño carta con tres dobleces y texto en cursiva de "Times New Roman" de un procesador de palabras, se leía:

Sr. Guillermo O'Rourke

De mi mayor consideración:
El motivo de la presente es manifestarle mi urgente necesidad de conversar con usted personal y reservadamente sobre un asunto de interés mutuo.
Por lo tanto, me gustaría que pidiéramos encontrarnos hoy mismo, miércoles 5, a las 16 hs. en el café próximo a nuestra sede diplomática (sobre la misma acera) exactamente en la esquina opuesta a la plaza.

Atentamente
Coronel de Infantería (DEM) Eugenio López Chavarría

República de Umbilical

—Cinco o diez minutos después que saliste, lo dejó un tipo de bigotes, mal encarado, que andaba en un auto negro. Le dije que te esperara, que no tardabas, pero me contestó que estaba apurado.

—No se le vaya a olvidar, me dijo en un tono medio raro —le informó el gallego[1].

Sin dejar de mirar la nota entró en el ascensor, acertó en el botón correcto, puteó por la exasperante lentitud del catafalco, corrió las telarañas metálicas, dio los tres pasos que lo separaban de la entrada de su departamento, empujó la puerta que había dejado entreabierta, la cerró con llave y pasador a sus espaldas y se quedó parado en el pequeño pasillo sintiendo que los latidos del corazón le martillaban la nunca.

«¿Cómo habían descubierto su escondite? Obviamente la coordinación entre los servicios de Inteligencia de los dos países continuaba funcionando».

"Coronel de Infantería (DEM) Eugenio López Chavarría": línea masacre[2] de la Dos[3], uno de los organizadores y jefes de los Escuadrones de la Muerte; lo suficientemente conocido y quemado como para enviarlo lo más lejos posible, precisamente a su segundo hogar. Siendo capitán, en varios cursos de contrainsurgencia en la Escuela Superior de Guerra del Ejército Argentino había pulido sus innatas condiciones para los trabajos de Inteligencia, es decir los secuestros, las torturas y los asesinatos, en la acepción más usual entre los agentes militares y para-militares latinoamericanos y sus mentores estadounidenses.

¡Y ahora necesitaba verlo con urgencia, para conversar "personal y reservadamente" sobre un asunto de "interés mutuo"!

El hijo de puta no podía haber elegido peor día para proponerle semejantes intimidades. Precisamente el día de su condena a muerte, porque aunque en el momento de la desaparición de Susanne hubiese estado a miles de kilómetros de distancia, por sus antecedentes, por su actividad, por sus ideas o por la falta de ellas, porque usaba bigotes y hacía sonar sus tacos cuando caminaba; simplemente porque se le antojaba, acababa de declararlo culpable, co-autor. Y de pronunciar la pena correspondiente, inapelable: *ajusticiamiento*.

En realidad, como no tenía ni la desesperación ni los huevos suficientes como para pegarse un tiro en la soledad de ese departamento y chau, llevaba muchos meses a la espera de una oportunidad o una buena idea que no sólo le diera algún sentido a su muerte sino que dejara esa tarea de tan mal gusto – no estaba ni viejo ni enfermo y aún conservaba algo de su pinta[4] de otros tiempos – a un tercero. Viajar a Chile, ajusticiar al monstruo de Pinochet y morir baleado por sus guardaespaldas, por ejemplo. Una de sus tantas fantasías que sabía perfectamente que nunca llegaría a concretar entre otras cosas, porque para un operativo de semejante envergadura se necesitaba toda una organización de la que él carecía. ¿O acaso aún hay imbéciles que creen que Lee Harvey Oswald, el asesino de Kennedy, actuó sólo?. Pero ahora, precisamente después de una noche como la que acababa de pasar, el destino iba a ponerlo cara a cara, en pocas horas, con otro genocida, mucho menos famoso por cierto, pero igualmente culpable e impune y, sobre todo, mucho más vinculado a su propia historia y al desastre en el que había terminado. Además, para la cita el muy boludo había elegido una zona llena de edificios públicos y empresas importantes y, por lo tanto, plagada de policías uniformados y agentes privados de seguridad que seguramente lo harían papilla unos minutos después que él lo liquidara. Sobre todo porque no tenía ninguna intención de escapar pero si de resistir a balazos cualquier intento de capturarlo vivo.

Releyó la nota y echó de menos su Browning, la más adecuada para la ocasión. Pero, desde sus épocas de militancia conservaba una vieja Luger P 08 "Parabellum" (*si vis pacem para bellum*[5]) y el tiempo suficiente para ponerla en aceptables condiciones operativas. Una memorable tarde les esperaba a los clientes de la elegante "Cervecería, Confitería y Salón de Té", sobre todo a uno de ellos.

Si se quiere intimidar, primero, y ajusticiar después a un verdadero profesional de la muerte el primer detalle a tener en cuenta es la vestimenta que se usara para la ocasión. Nada de jeans y campera deportiva. Mucho menos anteojos oscuros y gorra de beisbolista. Esos atuendos son los favoritos de los militares o para-militares en operaciones encubiertas y, por lo tanto, cualquier otro vestido de la misma manera los pone en estado de alerta inmediatamente. Por el contrario hay que ponerse el mejor traje – el más caro y elegante (de ser posible más caro que el mejor que la víctima se haya podido comprar alguna vez con su sueldo de mierda); una impecable camisa blanca y una corbata de seda. Que sea de auténtica seda y de confección italiana o francesa es fundamental porque junto con el reloj – de preferencia "Rolex" y si es de oro mucho mejor ejercen una fascinación tal sobre el objetivo que debilita considerablemente su permanente actitud defensiva.

Pero, sobre un militar de Umbilical esos objetos producen un efecto mucho más importante aún que una desmesurada atracción. Actúan como verdaderos símbolos de poder. Ante el poder ejercido con ostentación – por más civil que se sea – la reacción natural del uniformado es de inferioridad, subordinación y sometimiento. Y si la muerte del uniformado es el propósito fundamental, el sometimiento previo es un requisito, sino indispensable, de gran utilidad. Esta teoría podía incluso ser convincente. Pero llevarla a la práctica exigía, entre otras cosas, tener un buen traje, una corbata de seda y un "Rolex" de oro o, en su defecto, el dinero para comprarlos. Su único traje llevaba años dentro de una maleta; de las corbatas ya no recordaba ni cómo hacerles el nudo y el mejor ejemplar de su colección de tres relojes era uno de plástico negro, imitación de los usados por los soldados norteamericanos en Vietnam. En cuanto al dinero, el obtenido con la difícil venta a control remoto de sus acciones en "Guerrilla Tours", su casa de playa, el velero y la moto, apenas le había alcanzado para reunirse con un montón de cajas con libros, papeles, y recuerdos; comprar ese pinche departamento y lo mínimo indispensable para sobrevivir en él; y mantener una ridícula cantidad de dólares en una cuenta bancaria de Miami, de la cual todos los meses retiraba pequeñas cantidades para poder comer, ir al cine de vez en cuando, comprar cigarrillos, algún libro y sentarse a leer en un café.

Así que después de afeitarse cuidadosamente, por enésima vez eligió su pantalón beige, una camisa celeste con botones en las puntas del cuello, el blazer azul, calcetines castaños y el cinturón y los mocasines cafés. Acomodó prolijamente las ropas sobre una silla y en calzoncillos, sentado frente a la mesa de la sala-comedor-bar-estudio-taller se dedicó a poner en condiciones operativas la *Luger* con todo el respeto que se le debe a un veterano de verdad.

Cuando terminó de limpiar y armar la pistola, baquetear6 el cañón de seis estrías con giro a la derecha hasta dejarlo reluciente y alimentar el cargador eran las 2 y media de la tarde. Tomó una ducha, se cepilló los dientes y se vistió. Aún tuvo tiempo de manipular el arma, montándola y desmontándola; metiendo y sacando el cargador; apuntando hacia los pocos objetos que lo rodeaban y simulando los disparos; colocándosela entre el cinturón y la camisa, a la altura del riñón derecho, y extrayéndola lo más rápido posible, con un enérgico movimiento del hombro del mismo lado para obligar al bolsillo del blazer, cruzado pero desabotonado, a retroceder con un giro y dejar la culata al descubierto.

A las 15 y 15 puso una bala extra en la recámara, colocó el seguro y se acomodó la *Parabellum* en la cintura. Repartió otras diez balas entre los bolsillos del saco; se guardó la billetera, el paquete de cigarrillos y el encendedor; tomó el viejo abrigo militar y salió. Al cerrarse la puerta el picaporte quedaba puesto e inhabilitado desde afuera. Había dejado el llavero adentro, sobre la mesita de luz, y no se trató de ningún descuido.

Empujó una de las dos puertas de madera y vidrio del café, en la ochava frente al parque, y como el recinto no era muy grande ni tenía demasiada concurrencia, no tardó en ubicarlo. Estaba sentado en el fondo, de espaldas a la pared – como corresponde a cualquiera del oficio –, frente a la última mesa de una hilera que se recostaba sobre tres enormes ventanales con vista al parque, una famosa estatua ecuestre, los árboles y detrás, recortada sobre un cielo desteñido, la torre que Layo[7], el famoso rey de Tebas, le regaló a su díscolo hijo mucho antes de que éste intentara, torpe e infructuosamente, liquidarlo para recuperar unos islotes de mierda, pero con un sentido simbólico-patrio descomunal.

Al llegar hasta la mesa donde el coronel López Chavarría lo esperaba con forzada sonrisa y la diestra extendida comprobó que, pese a su larga experiencia, el militar había cometido, por lo menos, dos graves errores tácticos: al dejarse llevar por la inveterada – y saludable – costumbre de sentarse de espaldas a la pared no había tenido en cuenta que esta vez, aunque el sol estaba ausente, casi toda la luz que entraba por el ventanal le llegaba en un ángulo de entre 165 y 170 grados, es decir que lo iluminaba generosamente, mientras a él lo dejaba sino en penumbras, con su rostro y la parte frontal de su cuerpo bastante más disimulados. Además, al quedar de frente al salón, el coronel tenía ante sí innumerables posibilidades de distracción: las otras quince o veinte personas que en ese momento estaban en el café, aunque distribuidas en mesas bastante apartadas; los clientes que llegaban y los que, una vez debatidos – y resueltos – los grandes problemas de la humanidad o las boludeces domésticas, se iban; los mozos entrando y saliendo constantemente por una puerta doble que daba a la cocina; los dos tipos en mangas de camisa detrás del mostrador, frente a una pantalla de ordenador, una impresora y un teléfono que no paraba de sonar; los transeúntes, sobre todo las atractivas mujeres pese a los poco sexis abrigos otoñales; los vehículos en incesante procesión o deteniéndose ante una barrera y una garita de un estacionamiento privado – a pocos metros del ventanal – para cumplir con el trámite de la identificación; el parque; la torre de Layo a lo lejos.

Él, en cambio, únicamente tenía ante sí la máscara arquetípica de cualquier milico de Umbilical o de cualquier milico latinoamericano – ni demasiado desagradable ni demasiado atractivo, pulcro y sin arrugas, con los infaltables bigotes perfectamente recortados, los dientes parejos, sanos y blancos, y los ojos de hielo opaco, pero sospechosamente irritados –, sobre un fondo un poco obscuro para su gusto. En lugar de esa madera oscura hubiese preferido el mismo empapelado discretamente dorado con reflejos entre grisáceos y verdosos que decoraba otros sectores. La cabeza de su futura víctima habría contrastado mucho más… y verdosos, que decoraba otros sectores: la cabeza de su futura víctima contrastaría mucho más..

De todas maneras, con sólo evitar mirar hacia su derecha – donde en la entrada del pasillo que comunicaba el salón con los baños dos meseros daban cuenta de un almuerzo tardío o una cena anticipada – él no tenía mayores posibilidades de distracción, porque del otro lado, a través del ventanal, si no giraba demasiado la cabeza, solo podía ver una fila de autos estacionados y la imponente entrada a uno de los más famosos, tradicionales y majestuosos palacetes de la ciudad, construidos a principios del siglo.

Pero, ¿qué era eso frente al portal?

Uno de los primeros cañones construidos en Buenos Aires, en 1814, integrante del primer lote producido en una fábrica de un barrio del sur. Un hermoso y bien cuidado cañón de avancarga, fundido en bronce, con un calibre para proyectiles de 8 libras y ánima lisa. Un cañón de la ilusoria Independencia que ahora parecía apuntar directamente hacia él. Definitivamente, no era un buen augurio.

—¿Cómo ha estado? —le preguntó el coronel sin el menor interés.

—Bien, gracias. ¿Y las cosas en Umbilical cómo andan?

—Por allá todo peor, como siempre.

—Pero, la desmovilización de la guerrilla está próxima y parece que van a tener unas elecciones relativamente libres y democráticas...

—Toda una farsa. Con la rendición los subversivos van a obtener más que si hubieran ganado. Además, todo está arreglado para que las elecciones las gane el candidato de los Estados Unidos.

—¿A quién se refiere?

—A Armando Arrau, el empresario. ¿Lo conoce?

—Lo vi una sola vez en mi vida. Dicen que se ha vuelto un demócrata...

—Demócratas mis huevos.

—¿Sigue siendo un allegado al ejército?

—Nunca lo fue.

—Pero trabajó para la Bestia...

—Ese hijo de puta únicamente trabajó y trabaja para él.

«Efectivamente las cosas no andaban nada bien en Umbilical» pensó. «Algo muy grave estaba ocurriendo para que un oficial del ejército, con unos cuantos años de carrera y un par de ascensos por delante, se refiriera en esos términos a quien, según él mismo, sería el próximo presidente de la República».

—Por lo visto, el ejército no lo apoya.

—El ejército no existe. A usted se lo puedo decir porque conoce bastante bien la situación en nuestro país. No existe orientación ni liderazgo. Los verdaderos profesionales estamos siendo desplazados. El Alto Mando se ha sometido totalmente a la voluntad de un grupo de los empresarios, los más fuertes, y a las decisiones del exterior. De la embajada norteamericana y de las Naciones Unidas.

«La verdad es que le importaba un carajo. Siempre había pensado que la política en Umbilical – como en tantas otras partes – era básicamente una guerra entre mafias por el reparto del botín. ¿Quién fue el que dijo "son todos bandidos; sólo que unos son más que otros?" Si ahora le tocaba perder al ejército – algo insólito en toda América Latina – que se jodieran; ellos – los militares – eran los principales responsables de su propia destrucción. Además, que las decisiones estratégicas las impusiera la embajada gringa no tenía absolutamente nada de nuevo en la historia de Umbilical, salvo en el período 1944-1954».

Pidieron café y mientras lo esperaban evaluó las posibilidades de respuesta de fuego del coronel. Eran mínimas. En primer lugar, porque él tenía a su favor el factor sorpresa. Y segundo porque su interlocutor había quedado prácticamente prensado entre la mesa, la pared y el ventanal. Seguramente estaba armado, pero como evidentemente era diestro – a juzgar por la forma en que había manejado el cigarrillo y el encendedor – , sentado o parado le costaría bastante trabajo desenfundar desde la espalda, salvo que tuviera la pistola en una sobaquera, debajo de su axila izquierda, y que desenfundara cruzado, algo muy improbable en un veterano gatillero de Umbilical.

El pesado silencio que se hizo entre ellos le permitió oír unos gruñidos mezclados con música y un energúmeno cantando desde una pequeña bocina colgada sobre el ventanal y la voz apagada de uno de los tipos que tenían más cerca hablando de caballos o algo así. En cambio, los múltiples y estridentes sonidos de la calle eran casi imperceptibles.

Fue el coronel quien, por propia voluntad, abrió la partida, una vez que el mesero dejó sobre la mesa los dos cafés expresos, dos vasos con agua y dos platitos con sobres de azúcar común y dietética y un par de chocolates, en cada uno de ellos.

—¿De su amiga nunca se supo nada?

En vez de responderle – ¿qué iba a responderle? – lo miró fijamente y durante unos segundos con la mirada cargada con todo el odio que era capaz de sentir – muy por encima del nivel considerado normal y tolerable – le dijo todo lo que pensaba de él, de sus camaradas de armas y de todos los esbirros hijos de un vagón de yeguas putas.

—¿Usted siempre pensó que nosotros la matamos, no es cierto?

—¡Claro que sí, hijo de puta! —le gritó y sintió que su mano derecha, abierta y tranquila junto al pocillo de café, con la misma urgencia con que siglos atrás, en otra vida, se sacudía en el aire para llamar la atención de la maestra sobre la necesidad de su portador de ir al baño, ahora le pedía autorización para salir disparada hacia el cinturón y regresar empuñando la pesada *Parabellum* para meterle el caño en la boca abierta del coronel y transformarle en un santiamén esa expresión de estupor con que lo miraba en la mueca de espanto de un rostro sin cabeza.

Pero, ya se había jodido, porque esas cosas se hacen sin pedir autorización. Por lo visto, los años también habían hechos estragos en su mano derecha, convertida en una vieja titubeante, pusilánime. Y fue esa terrible constatación y ninguna otra cosa la que le humedeció los ojos y lo dejó petrificado en la silla, mirando como se le escapaba la muerte, igual que como se le había escapado la vida, dos años atrás, cuando también petrificado en una silla de un café observó la partida de Susanne entre lustrabotas y pordioseros.

¿Qué es peor? ¿Perder la mejor opción de vida o una gran oportunidad, tal vez la única, de ir al encuentro con la muerte? ¿Qué posibilidades tenía de encontrar otra Susanne? ¿Cuántas más de ejercer poder sobre la muerte, decidiendo a su antojo el lugar, el momento, el objeto, de su acción?

—Cálmese. Usted está muy alterado. Déjeme explicarle —le dijo el coronel, sin la más remota idea de que gracias a una vieja mano de mierda, temerosa, aún tenía la nuca en su lugar y no estampada contra la madera oscura que recubría una parte de la pared de la elegante "Cervecería, Confitería y Salón de Té".

—Sí, estoy muy alterado. ¿Y sabe por qué? Porque no logro decidirme entre reventarle la cabeza de un tiro aquí mismo o esta noche, cuando regrese a su casa —mintió.

—Usted está loco. Yo lo cité para decirle quien mató a la gringa…

«¡Bendita mano sabia como únicamente los viejos pueden serlo!»

—¿Quién fue?

—Si le interesa oír lo que tengo que decirle, cálmese y no vuelva a insultarme ni amenazarme. A mi usted y su gringa me importan un carajo. Para mi usted no es nadie, no existe. Si estoy aquí, soportando sus patanerías es por órdenes superiores. Y tengo que cumplirlas. Después podemos arreglar nuestros asuntos personales.

Ahora el hijo de puta había pasado al contraataque, porque sabía que lo tenía en su poder. Si había alguien que lo pudiera conducir hasta el asesino de Susanne, él sería su más incondicional aliado.

—…—

—Ustedes, los periodistas, son todos unos imbéciles. Se las

165

dan de izquierdistas, de progresistas, de antimperialistas, y no han hecho otra cosa que hacerle el juego al imperialismo. Comenzando por usted.

—¿Me va a decir quien asesinó a Susanne?

—¡Déjeme hablar!

—...—

—Durante la guerra usted se dedicó a volarnos verga8 Para usted y todos los de su calaña, nosotros fuimos los asesinos, los torturadores, los genocidas. Pero, nunca se les pasó por la cabeza investigar, escribir, sobre los verdaderos responsables de todo lo que pasó, sobre los autores intelectuales. ¿Y quiere que le diga por qué? Porque ustedes nunca tuvieron los huevos de enfrentarse a los norteamericanos, a sus patrones, los dueños de los grandes medios de comunicación. Y a los socios de los norteamericanos en Umbilical, los grandes empresarios, la iniciativa privada. ¡Ellos fueron los que dirigieron la guerra, los que ordenaron todos los asesinatos; los que todas las noches hacían las listas de los que había que secuestrar al día siguiente! Como aquí, como en Chile. ¡Muéstreme un artículo donde usted haya denunciado eso!.

—¿Y ustedes? Cómo se atreve a acusarnos a nosotros, los periodistas, de complicidad con toda esa mierda, cuando ustedes...

—Nosotros no hicimos otra cosa que cumplir con nuestra misión de defender la Patria, la Soberanía, la Integridad Territorial. Simplemente cumplimos con nuestra misión constitucional.

—Mire, coronel. Yo hace mucho tiempo renuncié a discutir estas cuestiones con ustedes. Además, no se a dónde quiere llegar. Todavía hoy, después de admitir que los autores intelectuales de las masacres fueron los empresarios, las justifica en nombre de la Patria y la Constitución. La única Constitución que ustedes conocen es la que les prohíbe pensar. ¿Por qué no hablamos del asunto que me interesa?

—No todos fuimos pro-norteamericanos ni "sirvientes" de la iniciativa privada, como usted dice.

— ¿Ustedes? Cada vez que tuvieron la oportunidad de ponerse del lado del pueblo, optaron por los norteamericanos, por los empresarios, para cagar al pueblo ¡No me joda!

—En el 54 el ejército estuvo del lado del pueblo en contra de los norteamericanos — se atrevió a decir el coronel.

— ¿De qué me está hablando? ¿Usted? Un discípulo destacado de los oficiales que traicionaron la Revolución y que entregaron el país a los gringos. ¡Por favor! Me niego a seguir con esta discusión infame y le pido que vayamos al motivo de la cita.

En lugar de acceder a su petición, el coronel reaccionó indignado.

—Usted está agotando mi paciencia. ¡Usted es un sinvergüenza! ¿Qué autoridad tiene para juzgarme y juzgar al ejército? cuando usted y sus socios, otros ex periodistas como usted, terminaron negociando con la institución y beneficiándose con nuestro poder para hacer dinero con esa mierda llamada "Guerrilla Tours". En todo caso usted es tan corrupto y tan cómplice de toda la situación como los oficiales a los que ataca.

—Yo nunca asesiné a nadie. Por otra parte lo único que hice fue aprovechar el nivel de descomposición y corrupción del ejército. Por si no lo sabe, fueron algunos de sus superiores los que me propusieron facilitarme permisos, accesos y otras cosas a cambio de que contrabandear algunas mierdas para ellos. No fui yo quien se los pidió. Si no me cree, pregúntele al general... (se arrepintió a tiempo).

—Pero usted aceptó el negocio; se benefició con ese arreglo y ahora viene con aires de blanca paloma a hablar mierdas en mi contra y en contra de la institución. ¡No le permito que me siga insultando! ¡Ahora soy yo el que no quiere continuar esta conversación!

En otras circunstancias – y, sobre todo, en otro lugar – la discusión hubiera seguido subiendo de tono hasta que alguno de los dos perdiera de vista el propósito principal y disparara primero. Pero el coronel dejó de vociferar cuando se dio cuenta que en local se había hecho un silencio expectante y que todas las miradas de los clientes y los meseros – incluyendo a los dos tipos detrás del mostrador – estaban dirigidas hacia ellos.

Entonces recuperó la compostura; respiró profundo y habló en voz mucho más baja.

—Lo que tengo que decirle es estrictamente confidencial: mi general Torres quiere verlo. Le pide que viaje a Umbilical.

—El general Torres se retiró o lo retiraron hace rato.

—Pero está más activo que nunca, aunque usted no lo sepa y no lo entienda porque lleva mucho tiempo fuera de Umbilical.

—Usted me prometió el nombre del asesino de Susanne.

—Mi general no sólo le dará el nombre, sino también las pruebas. Yo no sé por qué confía en usted. Si por mí fuera... Pero él quiere entregarle personalmente un documento muy importante para nosotros... y para usted.

«¿Nosotros? ¿Quiénes eran? ¿Torres; el asesino que tenía enfrente y cuántos más? ¿Qué pretendían? No le importaba en absoluto. Si de verdad le iban a dar pruebas sobre el asesinato de Susanne y lo iban a ayudar a localizar sus restos y a los culpables, estaba dispuesto a seguirlos hasta el final».

—Dígale al general que estoy listo para viajar.

—Muy bien. Yo le haré llegar el pasaje y algún dinero para los gastos. Por el alojamiento no se preocupe; lo arreglamos allá, cuando usted llegue.

—Hay un pequeño problema.

—¿Cuál?

—Yo me fui de Umbilical amenazado por sus amigos de la CIA.

—Que se vayan a la mierda. Mientras esté allá le garantizo su seguridad... Es paradójico...; en otras circunstancias...

—Mire como tiemblo. Usted está acostumbrado a meterle miedo a los desarmados, a los indefensos.

Se levantó, recogió el abrigo y salió tratando de caminar erguido y con paso firme. En realidad le temblaban las piernas, estaba mareado y con nauseas; tenía una urgente necesidad de ir al baño y unas imperiosas ganas de emborracharse y coger con la primera prostituta que encontrará en el camino.

1.- Gallego: En Argentina, vulgarismo empleado para referirse a todos los españoles, independientemente de la región que procedan.

2.- Agentes de la inteligencia militar dedicados a las actividades más abominables.

3.- Sección Segunda del Estado Mayor de un Ejército; Inteligencia.

4.- Buen aspecto físico.

5.- "Si quieres la paz prepárate para la guerra"

6.- Limpiar el caño o cañón de un arma.

7.- Metáfora para referirse a la construcción conocida como "La torre de los Ingleses", una réplica del Big Ben donada por los residentes británicos en 1910, al cumplirse el primer centenario de la Independencia argentina. Si España es considerada como "La madre patria", Gran Bretaña podría ser algo así como el padre. Un padre (Layo) al que el hijo (Edipo) asesina (en este caso intenta asesinar) durante la Guerra de las Malvinas.

8.- Atacar

Capítulo 12
UN PRODUCTO DE LA GUERRA SUCIA

El Boeing 767 baja un ala y el amplio círculo que describe alrededor del aeropuerto le permite ver la multitud que al borde del delirio aguarda su llegada, la llegada de un engendro de Ayatolha O´Rurke y Guillermo Jim Jones, que después de dos años en el exilio, regresa para salvar a la amada región.

¿A la región? ¡Al mundo! por que, por algo en ese preciso momento el tránsito se ha paralizado en Tokio y Nueva York; los místicos de Alto Paraíso, en Brasil, corren tomados de la mano alrededor de las hogueras; las musulmanas se lanzan a las calles de Bagdad y Damasco en minifaldas; los judíos derrumban el Muro de los Lamentos; el Papa admite su homosexualidad; los latinos saquean Wall Street; los negros se visten con la ropa del Ku Klux Klan; los blancos, rubios y occidentales permanecen petrificados frente a los televisores sin saber que hacer; el último rinoceronte desfallece y en los Andes patagónicos un anciano indígena sonríe enigmático mientras se hunde en la nieve.

Pocos minutos después, desciende por la escalerilla en medio de una impresionante ovación y pronuncia su histórico discurso:

"Pordioseros de Umbilical:

Sin ustedes esta región no sería la mierda que es ni yo estaría aquí para hundirme en ella. Por eso, ustedes y yo tenemos que desaparecer para siempre y cuanto antes.

Ustedes, todos ustedes – campesinos color de barro, obreros del alambre oxidado, empleados del podrido sándwich de fríjol en el cajón del escritorio, empresarios de la droga y la rapiña, millonarios de los pollos empanizados y la carne asada, políticos de caricatura, sangrientos militares de opereta, intelectuales del Readers Digest, beatas chupa cirios y chupa pingas – porque no pueden dejar de engrandar más barro, más óxido, más especuladores de centavos, más charlatanes y demagogos, más escribas semi-analfabetos y más sinvergüenzas chupa-sangre.

Yo, porque no existo, no soy nada ni nadie y, sin embargo, aquí me tienen, el más mediocre, infeliz y pelotudo de los mortales, recibido como si fuese el Mesías, la salvación que llega del cielo para liberarlos de sus desgracias y de sus pecados...

O como si fuese el nuevo Director Técnico de la selección nacional de fútbol que trae en sus maletas la fórmula mágica para sacarlos de su eterna condición de perdedores.

¡Vamos a terminar con los Profetas y con los Directores Técnicos, con las dictaduras y la democracia, con los golpes de Estado y las insurrecciones populares, con la revolución y la contra-revolución, con la paz y con la guerra, con la represión y los derechos humanos, con las altas y bajas del precio del café, con el autoritarismo y el Estado de Derecho, con la impunidad y con la Justicia!

¡¡Y con los sándwiches!!, grita alguien desde la terraza.

Sí, porque yo les pregunto: ¿para qué carajo les ha servido todo esto?

¡¡Para nada!!, contesta la multitud. ¡¡Empanadas!! repiten los niños de las escuelas.

Por eso, para terminar con todas nuestras desgracias, con todos nuestros pecados, tenemos que terminar con nosotros mismos.

¡¡Si!!, exclama la multitud.

Vamos a inmolarnos todos en la pira más grande que jamás haya visto la humanidad. Un pira tan gigantesca que arderá hasta avanzado el próximo siglo, consumiéndolo todo, acabando con toda la floresta, secando los ríos, contagiando los volcanes, quemando a cuanto ser viviente repta en estas tierras y extendiéndose, incontrolable e incontenible, entre los dos océanos, por toda América Latina, de punta a punta, porque, al final de cuentas, todo nuestro continente no es menos basural que este hediondo y remoto purgatorio.

Sólo la nada puede acabar con la nada. Por eso, vamos a quemarnos todos los que no somos ni tenemos nada, para que Umbilical dentro de mil años comience a ser algo...

¿Ustedes quieren que Umbilical alguna vez sea algo?

¡¡Si!!, responde la multitud.

¿Pero, no saben qué hacer?

¡¡No!!, responde la multitud.

Yo tampoco. No tengo soluciones, ni propuestas, ni promesas, ni esperanzas, ni sueños, ni nada. Por eso, he sido elegido para ayudarlos a construir la pira, a encenderla y a encabezar la marcha hacia ella.

¡¡Si!!, concuerda la multitud.

Vamos a dejar a los hijos sin padres, para que no puedan seguir sus infames ejemplos; vamos a dejar a los padres sin hijos para que no puedan escudarse en ellos. Vamos a dejar a los maridos sin mujeres para que no tengan a quien esclavizar y maltratar. Y a las mujeres sin esposos para que no tengan a quien aborrecer y engañar. A los hermanos sin hermanos para que no los puedan olvidar. A los patrones sin trabajadores para explotar. Y a los trabajadores sin empresas que los puedan emplear. A los ejércitos sin soldados. Y a los soldados sin la excusa de la obediencia debida para asesinar. A los profesores e intelectuales sin alumnos y seguidores para embrutecer. Y a los alumnos, lectores y estudiosos, sin farsantes para plagiar o citar. Al gobierno sin un pueblo para engañar y al pueblo sin un gobierno para responsabilizarlo de todos sus males.

Primero vamos a dejar el escenario sin actores y después acabaremos con el escenario y con el público ¡Con todo el teatro!

A la hinchada la dejaremos sin tribunas, a las ideas sin mente, a las sensaciones sin sentidos, a las emociones sin emocionados.

Vamos a acabar con todos y con todo, comenzando por nosotros mismos. Aquí no se salva nada ni nadie...

¡¡Si!!, concuerda la multitud.

Vamos a acabar con los préstamos, las donaciones y las limosnas del exterior, porque todos esos malditos parásitos caritativos ya no tendrán a quien prestarle.

Y con buena parte de la desvergonzada burocracia internacional porque aquí no quedara ni un solo "beneficiario" de los programas de asistencia y cooperación que la justifican y alimentan.

¡¡Si!!, concuerda la multitud.

Finalmente, vamos a dejar un inmenso hoyo negro, repleto de millones y millones de huesos calcinados; las selvas convertidas en cenizas, los cafetales en páramos, las plantaciones de azúcar, tabaco, bananas, en desiertos. Y sobre todo eso, antes de arrojarse a la pira, el último de los umbilicalenses, en la cima de la montaña más alta colocará este cartel para advertirles a los futuros conquistadores del próximo siglo o del otro: "La historia no se repite".

¡¡Si!!, concuerda la multitud.

Menesterosos de Umbilical:

Yo, el indeseable, el elegido porque no había otro, la lluvia del fin de semana, la cagada de paloma en el traje dominguero, el nudo de la corbata que no se desata, el *café hervido y el pan tostado quemado, os digo: Este es mi único programa y mi último deseo. ¡Hágase mi voluntad!*

Y por las lágrimas de cocodrilo del resto de la humanidad, no se preocupen. En unos pocos días el mundo se habrá olvidado que alguna vez existió una región llamada Umbilical".

¡¡Viva!! ¡¡Muera!!, vocifera la multitud, con esa ambivalencia tan propia de las multitudes.

¡¡A la pira!! ¡¡A la pira!! gritan (sin saber que quiere decir), mientras saltan desde las terrazas, rompen los cordones de seguridad, atropellan a la despavorida "free lance" de la CNN y se abalanzan sobre él dispuestos a hacerlo papilla...

La linda mulatita brasileña lo despierta de un codazo porque, por lo visto, trataba de ocultarse detrás de ella en su desesperado intento por escapar de sus excesivamente literales seguidores. —Perdón, creo que me dormí —le explica avergonzado, mientras se acomoda en su asiento y estira la cabeza para mirar por la ventanilla y comprobar que aun es de noche y que, por lo tanto, falta bastante para aterrizar.

—¿Usted vive en Brasil?

—No, no. En Umbilical —miente.

—¿Umbilical?

—Si, donde vamos a aterrizar dentro de poco.

—Entonces no va a Europa.

—No, me quedo aquí.

—Ah. ¿Aquí vive su familia?

—No. Vivo solo.

—¿Y conoce Brasil?

—Un poco. Es como si la pesadilla lo hubiese dejado sin palabras.

—¿Conoce a la *loira del Tchan*?

—¿A quién?

—A Carla Pérez, la *loira del Tchan*.

—Ah, sí, esa de la danza del bum-bum.

—¡Sí! ¿Le gusta?

—Y sí, mueve muy bien el bum-bum.

—Yo me dedico a bailar la danza del bum-bum en Amsterdam. No tan bien como ella, pero...

«Trata de recordar una parte del discurso de la pesadilla. Tiene la impresión de que en él había alguna referencia a América Latina, pero no lo logra...»

Y entonces se encienden las luces de la cabina y comienzan los preparativos para el desayuno. Un desayuno que apenas prueba, pero que reemplaza por tres tazas de café antes de que las turbinas comiencen a perder potencia y se inicie la maniobra de aproximación hacia, por fin, el destino.

Como no había multitudes ni nadie esperándolo al pie de la escalerilla del avión, salvo la primera tormenta de la temporada, no tuvo que improvisar ningún discurso, ni siquiera corresponder a algún saludo, actividades que lo hubiesen demorado, innecesariamente, bajo la categórica lluvia.

Allí estaba caminando con su vieja bolsa de viaje colgada del hombro, como si en esos años no hubiese hecho otra cosa, pero en sentido contrario al movimiento de una cinta transportadora y dando pasos con la longitud y el ritmo necesarios para permanecer exactamente en el mismo lugar. Así, clavado en ese sitio, pero sin dejar de mover las piernas durante horas, días, años. Había sido una verdadera tortura, ¡pero ahora estaba avanzando!

Si a lo largo del corredor que conduce a los mostradores de Migración hubiesen instalado una cinta transportadora de verdad, o sustituido los espejos falsos detrás de los cuales los orejas de turno de la "Dos" continuaban espiando a los recién llegados, o si el turbio aspecto de los agentes migratorios y sus hipócritas sonrisas hubiese cambiado un ápice, no se hubiese sentido tan rejuvenecido, tan cómodo, tan en casa.

En el modesto decorado, en la actitud de los empleados públicos – por más agentes que fuesen –, en los carteles de bienvenida, permanecía inmutable el mismo genuino esfuerzo por ofrecer una cara lo más hospitalaria y amable posible para compensar, por anticipado, el horror que anidaba más adentro. Un horror que – bien lo sabía – con poco tiempo, pero sobre todo con mucha ingenuidad e ignorancia, hasta lograba pasar desapercibido para los turistas que llegaban con cierta aprensión, pero regresaban con los ojos llenos de colores y paisajes gracias a los atuendos y la artesanía indígena, los lagos y las montañas, la imponencia de las ruinas coloniales y la extraordinaria riqueza de la arqueología maya.

Y en el ambiente – un ambiente que la mayoría de los turistas no percibía porque hay que estar bastante enfermo para salir de vacaciones con un detector de mierda a cuestas, la misma y entrañable sensación de trampa, de sordidez apenas disimulada, recelo, desconfianza.

Emociones de golpe recuperadas y aglutinadas en su garganta... y en sus huevos cuando, después de haber leído la pequeña hoja con sus datos y de haber cotejado éstos con los de su pasaporte, el agente migratorio lo selló pero, en vez de entregárselo, le pidió amablemente: —¿puede acompañarme? —. ¿Para cuántos esa pregunta había sido lo último que escucharon en el mundo de los colores, de los pequeños placeres y las grandes desventuras cotidianas, antes de entrar para siempre en el hoyo negro de la "Dos"?

Más que temor, lo que sintió fue una profunda indignación por lo prematuro de la invitación. «¡No era justo; acababa de llegar!» Pero como no se iba a poner a gritar —¡Me llamo Guillermo O'Rourke y me están secuestrando a destiempo! —siguió al mestizo entacuchado[1], en silenciosa ebullición. «Jamás lo agarrarían como un corderito» se había prometido asimismo desde sus épocas de militante.

Pasaron frente a los mostradores y doblaron por un pasillo un poco más pequeño que el que había seguido desde la pista cuando, súbitamente, sin pensarlo, pasó la correa de su bolsa de viaje alrededor del cuello de su guía y tiró de ella violentamente, con la intención de estrangularlo (algunos médicos aseguran que la muerte por ahorcamiento es en realidad placentera, pues la presión de la soga sobre los nervios y arterias del cuello actúa como anestésico).

— ¿Adónde querés llevarme, hijo de puta? —le preguntó. —¡Dame ese pasaporte! —. Pero como el empleado necesitaba de sus dos manos para impedir que la correa se le incrustara debajo de la nuez, no podía obedecer la orden porque había dejado caer el documento. Como él no podía recogerlo y ahorcar al empleado al mismo tiempo, optó por terminar la segunda tarea cuando oyó que lo llamaban. Era el coronel López Chavarría que, pistola en mano, corría hacia ellos.

—¡Rourke!, ¡Rourke! ¡¡Se ha vuelto loco!! Suéltelo, que lo está matando!

175

Aflojó la presión. El empleado permaneció en cuclillas, con los ojos en blanco. En realidad no los necesitaba de su color natural para tragar un poco de aire y volver a la vida, esfuerzo en el que estaba poniendo todas sus menguadas energías mientras el coronel le explicaba: —Le pedí a este infeliz que lo guiara hasta donde yo lo estaba esperando.

Podría argumentarse que si no hubiese sido por la intervención del coronel la terrible confusión hubiese terminado en un desastre. Pero también era cierto que sin su protocolar instrucción al agente migratorio no se hubiese producido ninguna confusión. Por lo tanto, de común acuerdo decidieron responsabilizar al pobre empleado porque hay ciertos lugares – Umbilical especialmente – donde a nadie con dos dedos de frente se le ocurre decirle a otro "acompáñeme" sin explicarle previamente el propósito de la invitación, salvo que tenga una 357 Magnum en la mano.

Sin esperar a que la barrera del principal acceso al dudoso y brumoso barrio militar terminara de levantarse, dos siniestros vehículos – una camioneta blindada con el conductor, un guardaespaldas con una metralleta Uzi sobre sus rodillas, el coronel y Guillermo a bordo, y un automóvil negro con cuatro gorilas de escolta –, pasaron por debajo de ella a toda velocidad, casi rozándola, y siguieron con el mismo ímpetu a lo largo de diez o doce cuadras, desplegando a ambos lados sendas cortinas de agua sucia y barullenta, a través de las cuales apenas podían verse modestas viviendas de ladrillo con pequeños jardines enlodados, propiedad de oficiales subalternos; algunas construcciones de sólido concreto y pésimo gusto, seguramente pertenecientes a oficiales superiores, y un par de tiendas de abarrotes, un salón de "belleza" y una cancha de tenis encharcada. Un barrio como cualquier otro, bajo un diluvio como cualquier otro, a no ser porque todos los vehículos estacionados tenían los vidrios polarizados y porque, excluyendo los feroces "rottweilers" y los "dobermans" que, estoicos, montaban guardia tras las cercas, resultaba imposible distinguir, no digamos en las calles, sino en el interior de las viviendas, cualquier señal de vida inteligente.

Inclusive, pudo haber sido un sistema electrónico accionado desde la camioneta el que abrió el portón del garaje al que ingresaron sin reducir la marcha, primera comprobación de la veracidad de la antigua leyenda según la cual el caserón del general era una auténtica fortaleza a la que sólo se podía acceder con la debida autorización y de la que – sin ella – sólo era posible salir en posición horizontal y con los pies por delante.

La sensación fue la de haber sido devorados, en un santiamén, por una ballena que, oronda, transitaba por ese inesperado mar de agua dulce, porque cuando la camioneta terminó de deslizarse por una extensa y empinada rampa para girar y frenar bruscamente a cinco centímetros de una pared lisa como una lápida y el conductor – que en ese último tramo, como si tratase de ver menos aún, sólo había encendido las luces interiores – apagó el motor, la oscuridad y el silencio se apoderaron de la escena.

—Medidas de seguridad —le explicó el coronel para tranquilizarlo.

—Ahorita nos abren. La bolsa la podés dejar aquí. Pasarás la noche en otro lado —le informó, ¡tuteándolo! y como si se estuviese dirigiendo a uno de sus soldados, mientras, a tientas, descendían del vehículo. Y, efectivamente, en un par de minutos – el tiempo necesario para que los hombres de la escolta llegaran al piso superior por algún oculto y directo pasadizo – un reflector los encandiló desde lo alto de una escalera de cemento.

—Por aquí —dijo López Chavarría, encabezando la marcha en dirección a la escalera, sorteando otros automóviles estacionados en el sótano. Después, la ascensión; el recorrido a lo largo de un pasillo sin ventanas que, más bien, parecía un túnel excavado en plena roca: otra escalera; un cuarto vacío y húmedo donde dos melancólicos indios armados con fusiles M-16 contemplaban la lluvia a través de pequeñas aberturas en la pared; una puerta de metal que el coronel empujó después de escuchar el inconfundible sonido de una cerradura eléctrica; un recodo; otro pasillo un poco más humano gracias a los ventanales que daban hacia un jardín interior y, por fin, cuando semejante obertura hacía suponer que desembocarían en algo así como un salón de armas, un puesto de mando, un severo despacho, un claustro con algo de misterio..., la más obvia de las salas, con olor a naftalina y detergente, con los mismos sillones tiesos y brillantes, los mismos adornos de loza taiwanesa, los mismos querubines y crucifijos dorados, los mismos retratos familiares, las mismas reproducciones en las paredes, y las mismas flores artificiales de todas las salas de todas las casas de todos los oficiales no solamente de Umbilical.

Abatido, Guillermo no esperó que el coronel lo invitara a sentarse mientras aguardaban la llegada del general (quien en ese momento estaba instalado frente a la mesa de la cocina, ocupado en limpiar con un pedazo de pan los restos de fríjol volteado que habían quedado en su plato).

«¿Qué revelación trascendente podía producirse en semejante ambiente? ¿Y si ese hijo de puta que, nervioso, caminaba a su alrededor, lo hubiese engañado y, en realidad, la tan ansiada y decisiva entrevista con Torres resultaba sustituida a último momento, con cualquier pretexto, por una charla (mucho más acorde con la escenografía) con la esposa del general – una gorda con el cabello tan tieso como sus sillones, vestida con una bata color lila y calzada con pantuflas de fieltro – sobre el clima, la primera y última presentación de Julio Iglesias en el Teatro Nacional y los desmanes de la delincuencia común debido a la cual, —créamelo, don Guillermo, ya no se puede salir a la calle—?.»

<Lo mataría, juraba que lo mataría, aunque no tuviese consigo ni su "Browning" ni su "Luger". Le haría tragar todos esos angelitos de yeso; le metería los crucifijos dorados por el culo y le reventaría la cabeza con los jarrones taiwaneses. Después cubriría su sepultura con las podridas flores artificiales>

No tuvo necesidad porque a los diez minutos Torres apareció en la sala para darle un abrazo de oso – o de "toro"; tal su apodo – y salvar así a su lugarteniente de una muerte sino espantosa, sumamente vulgar.

—Mirá vos, se ve que tus paisanas no te dan tregua. Estas más flaco y ojeroso —fue el primer comentario de su anfitrión, al tiempo que lo apartaba con sus brutales manos y sus poderosos brazos para observarlo mejor.

—Por lo visto, lo que a mí me regalan, a usted se lo regatean, mi general —le respondió sonriendo y mirando descaradamente hacia el más prominente que nunca abdomen del militar.

—No jodás, vos. El retiro es una mierda. ¡Pero, qué gusto me da volver a verte! ¿Cómo has estado?

—Bien general, ¿o quiere que le cuente?

—Contáme, contáme. Vení, sentémonos...

—La verdad es que siento que nunca me fui. Estoy más viejo, pero es como si el tiempo no hubiese pasado para mí. Sigo aquí, en Umbilical.

—Puchica, vos. Con todas las mujeres lindas que hay por allá... ¿No te casaste?

—No.

—¿Y volviste al periodismo?

—Tampoco.

—¿Y a que te has dedicado durante todo este tiempo?

—A pensar en Umbilical.

—Eso si que esta bueno – lanzó una carcajada – Por lo menos alguien que piensa en nuestro paisucho.

—¿Y esa actividad da dinero? —preguntó el coronel para no sentirse totalmente desplazado.

—No, sólo produce dolor —le contestó Guillermo innecesariamente, porque de haber pensado antes de responder se hubiese abstenido de exponer cualquier sentimiento ante semejante bestia.

A Torres, en cambio, la que le resultó innecesaria – y agresiva – fue la intervención del coronel.

—López, vos sabés lo mucho que necesito conversar con el amigo. Por eso quiero pedirte un favor: que te encargues de la reunión con la gente del "licenciado". Decíles que me disculpen pero que hoy voy a estar muy ocupado. Explicáles que yo te comisioné para tratar el asunto con ellos. Ya sabés como está la cosa... Ok? Ah... y mirá que esté todo arreglado para la salida de Guillermo mañana, a primera hora. ¿Para esta noche tenés todo listo?

—Sí, mi general.

—Entonces nos comunicamos por radio más tarde...

—Sí, mi general. Con permiso —se despidió secamente y caminó hacia el pasillo por el que habían llegado.

—Por supuesto conoce varios aspectos de lo que quiero contarte. Fragmentos, digamos, pero la película completa prefiero que quede entre nosotros... por ahora —dijo el general una vez que dejaron de oírse los pasos marciales del coronel.

—Perdón, general, ¿pero ese "licenciado" al que usted se refirió es el mismo licenciado en el que estoy pensando?

—Licenciados es lo que sobra en Umbilical – se rió – pero sí, es el mismo que vos conocés. Un gran tipo, un viejo amigo y un compañero de causa.

—¿Le puedo preguntar de qué causa?

—Te estás poniendo viejo, Guillermo O'Rourke. Antes no pedías permiso para preguntar... ¿De qué causa? Podríamos decir que la de la Dignidad Nacional. Para hablarte sobre ella es que te pedí que vinieras...

—¿Qué tiene que ver con la muerte de Susanne?

El general lo miró a los ojos. Con esa mirada helada que, seguramente, tanto espanto había provocado en tanta gente, pero que, acompañada por un casi imperceptible rictus de reproche, en esa ocasión por alguna razón excepcional, había conformado, no digamos una expresión de ternura – de la cual era incapaz – pero sí algo parecido a la compasión o la tristeza.

—Seguís pensando en ella —aseguró.

—Sí.

—¿Por qué no me avisaste inmediatamente?

—Porque no tuve tiempo... Me enteré tarde y no me dio tiempo. Hice lo único que me pareció que podía salvarla. Fracasé y tuve que irme al día siguiente...

—Ya lo sé. De todas maneras, aunque me hubieses avisado, no creo que hubiese podido hacer gran cosa...

—¿Por qué? Después de dos años me lo sigo preguntando todos los días, ¿por qué?

—Disculpáme, pero solita se metió en la boca del lobo. Estos gringos o son muy ingenuos o se creen todopoderosos, inmortales. Jamás entendieron ni entenderán cómo funcionan las cosas por aquí. Yo no sé si en su país se sienten amparados por la justicia para meterse a investigar cosas que no les corresponden. Pero aquí no los ampara ni Cristo – sobre todo si caminan en sentido contrario al de su gobierno – y, sin embargo, vienen, preguntan, pretenden meterse en todos lados – ¿será que en su país los dejan meterse en todos lados? –, creen que nosotros, pinches umbilicalenses, tenemos la obligación de contestarles, de dejarlos entrar, de mostrarles todo, de darles toda la información, y encima, por ser gringos, creen que están exentos de cualquier riesgo. Ser umbilicalense es saber que todo tiene un precio... y tratar de conseguir un descuento. Ellos no. ¡Se creen a prueba de balas! Y aquí, vos lo sabés muy bien, hay muchos que si alguien se les mete en el camino, les importa un carajo que sea gringo o tailandés, le pasan por encima.

—¿Se metió en el camino de quién?

—Esperá, no te apresures. Vamos por partes, de lo contrario no vas a entender nada. Comprendo que, para vos – también para nosotros – lo más importante es quien la mató. Ya lo vas a saber, pero como corresponde, con método... ¿De que serviría que yo te dijera la mato fulano o mengano? Si yo te dijera: la mandó a matar el Papa, ¿me creerías? Claro que no. Entonces lo importante no es lo que yo te diga, sino lo que se desprende de todo un proceso, de toda una investigación perfectamente documentada. No, no es que quiera hacerme el misterioso. Lo que pasa es que se trata de un asunto complejo, turbio, muy delicado....La mató una conspiración, un proyecto económico y político... Si no sonara tan rimbombante e inconducente hasta podría decirse que la mató la historia...

—Disculpe, general, pero se imaginará que a estas alturas el proyecto político y la historia me importan muy poco. Lo que quiero saber no es qué, sino quién la mató.

—Sí, ahora es fundamental que lo sepas y que en el exterior también se sepa quién la mato.

Cuando se conocieron Torres representaba su papel de "toro" mejor que nunca al mando de un "BIRI" (Batallón de Infantería de Reacción Inmediata) que, tras dos días de intensos combates, acababa de ocupar un campamento rebelde en la cumbre de una montaña y Guillermo era uno de los integrantes de una pequeña patrulla periodística en temeraria persecución de soldados y guerrilleros.

El encuentro no pudo ser más caluroso, sobre todo porque se estaban derritiendo como consecuencia del implacable sol y la agotadora ascensión cuando hicieron un alto para discutir si continuaban o no con la absurda búsqueda... y comenzaron los disparos... Tres, cuatro, cinco, media docena de balas rebotando contra la ladera, apenas unos centímetros por encima de sus cabezas, seguidas por las respectivas detonaciones, amplificadas y multiplicadas por los vericuetos de la montaña.

Disparos provenientes del más allá, porque desde la precaria protección que, sin hacerse rogar, les brindó la bendita tierra –... y las piedras, las hierbas y los mil y un insectos alojados en ellas – era imposible distinguir a los tiradores que, a juzgar, por los nuevos disparos estaban haciendo notables progresos en la corrección de la puntería.

"¡Prensa!" "¡Prensa!" "¡Prensa!" era el habitual y desesperado grito de guerra en tales casos, aunque siempre quedaba la duda si tendría el anhelado efecto disuasivo o si, por el contrario, resultaría un estímulo suplementario para los tiradores.

Y en tratar de comprobar el resultado de la angustiosa gritería estaban cuando un nuevo sonido, con reminiscencias humanas, se sumó al coro de los impactos, las detonaciones y los aullidos.

Algo parecido a —¡Ríndanse! —llegó desde el más allá.

—¡Si, nos rendimos! —respondió sin pensarlo dos veces la valerosa patrulla.

—¡Párense, con las manos arriba —ordenó la montaña, para dar lugar a una escena del teatro del absurdo: cuatro periodistas – tres extranjeros y un umbilicalense – parados, con las manos en alto y temblando de miedo, frente a un pelotón de fusilamiento inexistente. Frente a ellos, cerros, matorrales, algunos árboles y... nada más. Duró el tiempo suficiente para que la también inexistente platea se riera un poco con la ridícula situación, pero al cabo de un par de interminables minutos algunos matorrales de un cerro situado exactamente enfrente florecieron como por milagro. Un diabólico milagro porque las oscuras flores, casi negras, resultaron ser soldados apuntándolos.

Así, sudorosos y embarrados, prisioneros, temerosos y humillados, los periodistas fueron llevados hasta el campamento guerrillero que acababa de caer en manos de Torres.

"El toro" escenificó una rabieta por la sorpresiva y nunca grata presencia de la Prensa – especialmente indeseable cuando de torturar o matar prisioneros se trataba – pero, finalmente, los dejó fotografiar y filmar el campamento y hasta ordenó a sus hombres que posaran ante las cámaras con algunos de los trofeos que acababan de conquistar.

Felices de estar vivos – como el BIRI de Torres fue el primero en ser equipado por Estados Unidos con fusiles M-16 felizmente sus hombres aún no habían tenido tiempo de familiarizarse con su uso y optimizar la puntería – y contentos con la primicia obtenida, los corresponsales se despidieron y se dirigieron a un camino cercano al campamento que, con toda seguridad, les facilitaría el regreso.

—¿A dónde van? —les preguntó Torres.

—Al valle, donde dejamos los automóviles —respondieron.

—Se vuelven por donde vinieron —decidió el coronel y no hubo protesta o súplica que lo hiciera cambiar de idea. Además, a modo de despedida, el muy hijo de puta ordenó o permitió que uno de sus soldados les disparase una ráfaga sobre sus cabezas para facilitarles el descenso.

De todas maneras, se ganaron su respeto. Desde entonces, se refirió a ellos como "los locos de la montaña", distinguiéndolos entre la competencia y otorgándoles facilidades para su trabajo dentro de las instalaciones militares y las zonas geográficas bajo su jurisdicción.

No pasó mucho tiempo antes de que la patrulla periodística se disolviera. Comenzaron a ser más los corresponsales extranjeros que partían que los que llegaban a Umbilical. Pero él se quedó. Tenía otros planes y ellos incluían a Torres. Se necesitaban mutuamente. El necesitaba montar "el circo" – como había dicho Sussane – de "Guerrilla Tours" y para eso la ayuda de un alto oficial con grandes posibilidades de llegar a la cúpula castrense era imprescindible. En cuanto al general, se encontraba en la transición de la práctica a la teoría. Y estaba tan ávido de insumos intelectuales – casi inexistentes en el arsenal de las Fuerzas Armadas umbilicalenses – como imposibilitado de obtenerlos en los círculos académicos de la región, donde era considerado un genocida de marca mayor.

En realidad, fuera del ejército nadie se había tomado el trabajo de estudiar seriamente su historial. Y aunque alguien lo hubiese intentado difícilmente hubiese podido superar la formidable barrera existente entre civiles y militares. Una barrera construida con toda clase de ignorancias y prejuicios mutuos pero, sobre todo, con escalas de valores y categorías analíticas diferentes, sino opuestas. La paz, por ejemplo, a la que – por oposición a los horrores de la guerra – los intelectuales insistían en asignar un valor supremo y universal, era para los militares apenas un excepcional estado transitorio entre un conflicto y otro. ¡Y en este sentido los segundos tenían una apreciación de la realidad mucho más sintonizada con las contradicciones de todo tipo que desgarraban el tejido social de Umbilical! Pero para juzgar y condenar al general, a la izquierda y los sectores progresistas, en general, les bastaba con la propaganda y las denuncias de la guerrilla para quien, sin duda, Torres representaba uno de sus enemigos más letales.

Tal vez porque no era un intelectual, aunque de la teoría de la guerra supiese bastante; porque había abandonado la costumbre de juzgar – la relación con algunos dirigentes y cuadros guerrilleros lo dejaron sin plataforma y sin voluntad para ello – y porque no pretendía atravesar ninguna barrera, sino hacer funcionar su nueva empresa lo mejor posible, logró que Torres le otorgara la dudosa distinción de interlocutor sino favorito (ese honor lo reservaba para las mujeres), al menos privilegiado. Mejor dicho, oyente privilegiado... y paciente, porque a cambio de concertar las cláusulas del contrato nunca escrito entre el Estado Mayor y "Guerrilla Tours" tuvo que soportar despierto y atento interminables sesiones dedicadas a las enredadas reflexiones geopolíticas del general.

Ahora se veía venir otra perorata pero tenía más motivos que nunca para soportarla con estoicismo....

—¿Les has dado seguimiento a los acontecimientos en Umbilical en estos años? —le preguntó Torres.

—Únicamente a través de la prensa de mi país que no publica prácticamente nada de lo que ocurre aquí.

—En realidad no tiene mayor importancia porque no ocurrió nada demasiado diferente a lo que viste en tu país, en toda Sudamérica, en todo el mundo: la remoción de todos los obstáculos – grandes como la Unión Soviética o pequeños como las burocracias sindicales, políticas y militares latinoamericanas – para imponer a escala planetaria el modelo norteamericano: democracia liberal y economía de mercado. Las particularidades nacionales de ese proceso global son más bien anecdóticas. Por eso la prensa de tu país no se ocupa de Umbilical. Como se dio ese proceso en Umbilical sólo nos interesa a algunos umbilicalenses...

Se quedó en silencio mientras lo miraba fijamente, como si esa reflexión mereciese alguna reacción especial de su parte... «No, que lo disculpara, pero no le merecía ningún comentario».

—¿Vos te estás preguntando que tiene que ver la globalización con nuestra reunión, no?

—No, pero si usted quiere vamos directamente a las "particularidades nacionales" que son, obviamente, las que tienen que ver con su invitación.

¡Mariana! —llamó el general. —Vamos a tomar un cafecito —le explicó.

—¡Mariana!

—¿Vos conociste a mi hija, la más pequeña? —le preguntó pocos segundos antes de que entrara en la sala la más linda y sensual umbilicalense que había visto en su vida. Casi adolescente, alta, más alta que él; delgada, infinitamente más delgada que su padre; cabello negro, lacio y brillante; piel ligeramente morena, enormes ojos negros y sonrisa blanca y pícara.

—No, no —tartamudeó a destiempo, estrechando una mano firme, suave, sorprendentemente cálida y amistosa.

—El "loco de la montaña". Papá me ha hablado mucho de usted —le dijo mirándolo directamente a los ojos, con una frescura y un desparpajo absolutamente inusuales en una jovencita de buena familia de Umbilical.

Guillermo se quedó sin habla pero con una expresión tan boba que equivalía a mil palabras. Por unos instantes perdió de vista el motivo de su viaje, su angustia sistémica, la pesada y solemne responsabilidad que – intuía – estaba a punto de asumir. Por unos instantes se sintió libre del tiempo, de sus fantasmas y de si mismo. No podía creerlo ¡aún era capaz de sentirse así!

—Mariana es la única persona en éste y en el otro mundo en quien confío plenamente —le aseguró el general mientras abrazaba orgulloso a la hermosa muchacha.

—No le crea —dijo ella risueña. —También confía en el coronel López Chavarría y en varios otros camaradas de armas – todos casados, por supuesto – que, si no fuera por el respeto y el temor que le tienen a este generalote ya me hubiesen invitado a salir, a sus espaldas —reveló con pueril sinceridad.

—¡Mariana! —se enojó el general. ¿Qué va a pensar Guillermo? Se buena. Creo que vamos a necesitar toda una jarra de café. Podrías pedirle a Estela que la prepare y vos la traés? —le pidió con cierta urgencia y evidente nerviosismo ante el rumbo que había tomado la conversación y el inquietante intercambio de miradas y sonrisas entre el invitado y su hija.

«¿Qué iba a pensar? Qué él no era casado y que en otras circunstancias la hubiese invitado a salir, delante del general y con su bastante probable consentimiento...»

Tal vez, pero en esas circunstancias Torres no tenía ninguna intención de alentar sus fantasías, así que en cuanto se quedaron solos retomó su discurso, no sin antes autorizarlo a fumar. —El cáncer es tuyo —se limitó a decir amablemente.

—Como vos sabés los "genios" del Departamento de Estado necesitaron casi cuatro décadas de conflicto armado en esta parte del mundo para "descubrir" que aquí – y no en Moscú o en La Habana – estaban las causas primeras de la inestabilidad regional, el origen de los movimientos guerrilleros y de los escuadrones de la muerte; de la violencia de uno y otro signo desde el sur de México hasta, por lo menos, el Canal de Panamá. Por eso, al aproximarse el fin de la Guerra Fría entraron en pánico con la posibilidad de que la falsedad de las tesis que defendimos a sangre y fuego durante todos estos años quedara al descubierto. Es decir con la posibilidad de que Umbilical continuara en llamas aunque los vientos de la Guerra Fría se hubiesen terminado.

—Como lo ocurrido en el sudeste mexicano —acotó Guillermo.

—Más o menos, porque aquí estamos hablando de muchos años de guerra, de cientos de miles de muertos, y no de las payasadas de un sub-comandante de opereta. Bueno, de ahí que a los gringos les urgiera terminar con esta guerra; con lo que quedaba de ella porque después de la verguedada[2] que le metimos a la subversión a principios de los ochentas apenas quedaron focos de resistencia o persistencia guerrillera. ¿Estamos de acuerdo?

Aunque le disgustase la idea, Guillermo no tuvo más remedio que asentir.

—Entonces hicieron dos cosas: por un lado le exigieron a la Unión Soviética que dejara de apoyar a la guerrilla y, por el otro, iniciaron un diálogo con la comandancia guerrillera; diálogo que confirmó algo que me dijiste hace mucho tiempo y que me quedó muy grabado: que esa "derrota estratégica" - creo que así la llamaste - y los cambios en el contexto internacional, le obligaron a la guerrilla a renunciar a su objetivo de toma del poder y transición al socialismo, para adoptar un proyecto político-económico cada vez más reformista, más liberal. Proyecto que terminó siendo prácticamente el mismo que el de Washington para toda la región: respeto de los derechos humanos, elecciones más o menos libres y limpias, Estado de Derecho y economía de mercado. La única diferencia: que tan "social" debe ser esta última. ¿Así fue la cosa, no es cierto?"

—Más o menos así, mientras que ustedes...

—¿Nosotros qué?

—Se quedaron en la prehistoria, pegados a la doctrina de la Seguridad Nacional; sin un proyecto político propio.

—¡No jodás, vos! ¡Nosotros no podíamos aspirar a tener un proyecto político propio! ¿Y sabés por qué? Creo que alguna vez te lo expliqué, pero seguramente ya te olvidaste. Vamos a analizar

186

la institución, su dinámica interna, de abajo hacia arriba: dentro del ejército, de cualquier ejército tercermundista como el nuestro, la tropa, la masa indígena, simplemente es carne de cañón y, por lo tanto, no cuenta. Los suboficiales – los "Rambos del subdesarrollo", como yo los llamo –, salían impetuosos a luchar por ideales, entelequias que nos metieron y les metimos en la cabeza: soberanía, libertad, democracia, todas esas mierdas. Pero a medida que ganaban experiencia en el terreno, en el combate, en el contacto con la gente, con la realidad del interior del país, iban descubriendo que el enemigo tenía razón en muchas cosas y que, por lo tanto, sus posibilidades de victoria eran mayores porque le bastaba con entrar en contacto con el pueblo para insurreccionarlo. Tus famosas "condiciones objetivas" estaban dadas. Las "subjetivas" – la guerrilla en acción – en considerable desarrollo. Esa constatación, en vez de generar dudas o simpatías hacia la subversión – salvo contadísimas excepciones, algunas de las cuales aprovechamos para infiltrar a la guerrilla – hizo a nuestros suboficiales más aguerridos, más astutos... ¡está bien!... más sanguinarios, porque si nosotros estábamos en inferioridad político-estratégica y el enemigo, además de armas, tenía la razón, para evitar que triunfara había que impedir que esa razón llegara al pueblo. Es decir que ante la imposibilidad material de aniquilar a la guerrilla, había que exterminar primero a los dirigentes y cuadros que pudieran servir de nexo entre unos y otros y después, si eso no era suficiente, había que acabar con la "masa". Te estoy hablando de la doctrina... En la práctica te consta que siempre preferí verguearme de frente con la guerrilla que matar civiles desarmados... El problema era que, simultáneamente, algunos oficiales jóvenes, un poco más pensantes, comenzaban a mirar con cierto rencor a los jefes que, desde la asepsia y los privilegios de las comandancias, alentaban las masacres, y a los empresarios que, en última instancia, eran sus principales beneficiarios, sin arriesgar ni un milímetro de pellejo. Ese era el momento que requería del ejército alerta máxima, máxima disciplina y máximo rigor. Ahí teníamos que ponernos las pilas[3] y cortar por lo sano. El que no se alineaba se iba a la mierda; el que se alineaba, ascendía y solito se derechizaba, porque con los ascensos llegaban el casamiento, la familia, el automóvil y la casa propia, las deudas, los compromisos crediticios, la constante y creciente necesidad de dinero. Y para hacerle frente a todo eso - con sueldos de mierda - siempre ha sido mejor estar del lado de los comandantes, del Alto Mando, de los empresarios, de los banqueros. El resultado de todo este proceso: un ejército formalmente del Estado, ¡que en la práctica fue un ejército privado de los poderosos en contra del pueblo! ¿Qué proyecto político diferenciado podíamos pretender?"

—Está hablando como si Estados Unidos no hubiese tenido nada que ver con todo eso...

—¡Carajo! ¡Por supuesto que los malditos gringos tuvieron que ver! ¡Fueron y siguen siendo los directores de esta orquesta infernal! Ellos siempre necesitaron un ejército de ultraderecha, un ejército sanguinario, un ejército de ocupación. ¿Dónde se formaron todos nuestros oficiales de Estado Mayor? En la Escuela de las Américas. En ella aprendieron las técnicas de secuestro, tortura, desaparecimiento; los métodos de la "guerra sucia" y la "tierra arrasada". Después, el hijo de puta de Carter comenzó a castigarnos porque, gracias a nuestra sangre indígena, resultamos alumnos sobresalientes, porque aplicamos con esmero todo lo que ellos nos enseñaron. Nos castigó cortándonos la ayuda militar. A esas alturas ya no la necesitábamos. Ya teníamos nuestra propia dinámica y, además, mejores aliados y asesores en materia de terror... los israelitas. Y al final..., ¿querés que te revele algo que muy pocos saben? Después que el gobierno de Reagan nos impartió la asignatura pendiente: el uso del narcotráfico ¡hacia los Estados Unidos! para financiar la lucha contra la subversión, vinieron unos mierdas del Departamento de Estado de Bush para hacer un "mea culpa": "Algún día deberemos reconocer públicamente que nosotros (Estados Unidos) somos los principales culpables de todo este desastre por haber dado el golpe de Estado del 54, que desencadenó la confrontación insurgencia-contrainsurgencia y convirtió a Umbilical en emblema del genocidio y el atraso y epicentro de la inestabilidad de toda el área". ¡Eso nos dijeron los muy cínicos hijos de puta!"

En medio de su furiosa arenga el general pareció no haberse percatado ni del tan esperado (por Guillermo) regreso de Mariana ni de los elegantes y silenciosos movimientos con los que retiró los adornos que había sobre una pequeña mesa, entre los dos sillones, para depositar sobre ella una bandeja con el servicio de un aromático café que, lamentablemente, amenazaba con enfriarse.

Cuando terminó la tarea, el general mencionaba a los israelitas y conociéndolo como lo conocía seguramente temió que su perorata desembocara en la historia del pueblo hebreo, porque parada a la izquierda y detrás del sillón del general comenzó a divertirse con la escena: Torres que no paraba de hablar ni para respirar; Guillermo que hacía un enorme esfuerzo por seguir el hilo del discurso mientras la miraba a ella y a la cafetera con la misma, inconfundible, expresión de deseo; y ella que reprimía sus ganas de preguntarle si también era casado para no interrumpir, con semejante frivolidad, la pesada y dramática exposición de su padre.

—¡Traición! ¡Lo que hicieron con nosotros se llama Traición! Nos empujaron al genocidio, después descubrieron que entre ellos y la guerrilla no había ninguna diferencia de fondo y entonces decidieron que, para firmar la paz en Umbilical bastaba con propiciar un acuerdo entre los guerrilleros y los empresarios. ¡Sin nosotros! Porque, con una guerra resuelta a su favor, ¿para qué mierda querían un ejército sin un proyecto político propio y sin una misión alternativa? Un ejército descompuesto y desprestigiado ante el mundo, un ejército de marioneta de los empresarios. ¡Para nada! Por eso resolvieron ignorarnos, primero y sacrificarnos, después.

Era evidente que no podía seguir gritando. Estaba rojo de ira y su abdomen parecía a punto de explotar. Además, como eran gritos cada vez más graves, más roncos, la perspectiva era una afonía sin remedio. Por eso decidió hacer una pausa. Y en vez de pararse, podría decirse que trepó con dificultad por una invisible cuerda para comprobar si la atmósfera, un metro y algunos centímetros más arriba, estaba menos enrarecida, menos contaminada por las descargas eléctricas de su enorme cuerpo y el humo de los cigarrillos de Guillermo. Fue entonces cuando descubrió a su hija.

—Papá..., el café —le dijo Mariana con una voz que sonó a reconfortante caricia.

—Ah, si, gracias m'hijita.

—¿Les sirvo o querés que los deje solos?

—Gracias hija, nosotros nos servimos. ¿Podés preparar el equipo?

—Mirá O'Rourke... (cuando utilizaba su apellido era señal de que la mano venía pesada). Te voy a mostrar y después te voy a entregar un microfilm para que difundas su contenido por todo el mundo. En él está documentado el secuestro y asesinato de tu gringa. Es un producto de "la guerra sucia". No de la "guerra sucia" en la que estas pensando sino de la "guerra sucia" que nosotros – yo y otros oficiales y civiles que comparten mi pensamiento – le declaramos a todo estos hijos de puta traidores: los grandes empresarios de Umbilical y el gobierno de los Estados Unidos de Norteamérica. Vos siempre pensaste que nos estaban usando. Recuerdo que una vez hasta tuviste el atrevimiento de decírmelo ¡Y tenías razón! Nos usaron. Después, por iniciativa de los Estados Unidos, guerrilleros y empresarios – "los enemigos de clase históricos" – se pusieron de acuerdo. ¡Y como alguien tenía que pagar los platos rotos, las tres partes coincidieron en que el chivo expiatorio tenía que ser el ejército! Primero la emprendieron contra los oficiales más quemados, más comprometidos con la represión. Que conste que no los defiendo. A vos no tengo que contarte la clase de energúmenos que todo este conflicto generó en nuestras filas. Verdaderos psicópatas, cegados por el alcohol, la droga y la codicia. Cuando yo llegué al Estado Mayor me sentí con derecho a redistribuir un poco de los bienes de los ricos, a quienes al final de cuentas estábamos protegiendo con nuestras vidas, en beneficio de nuestra siempre carente institución y... en el mío propio. ¿Para que voy a negártelo? Pero nunca llegué al colmo de algunos que hicieron de esa "redistribución" la misión fundamental de sus vidas, confundiendo la guerra con la delincuencia, el ejército con una banda de asaltantes y asesinos. Si acabaron desenmascarados, acusados públicamente, ¡que se jodan! ¡se lo ganaron a pulso! Pero, la famosa "depuración" no acabó allí. Siguió con los que, internamente, advertimos sobre la maniobra que estaba en curso. Por eso me pasaron a retiro. Finalmente, se dirigió, indiscriminadamente, contra toda la institución, tal como yo lo había previsto. ¿Qué podíamos hacer? ¿Quedarnos de brazos cruzados? ¿Responder con periodicazos[4]? Optamos por otra "guerra sucia". Somos especialistas. Bueno..., tuvimos buenos maestros. Te decía que el microfilm es un producto de esta guerra. De una nueva guerra actualmente en curso. Pero no es un producto cualquiera. Es el resultado más difícil, costoso e importante; es nuestra principal arma estratégica...

El general salió por una de las tantas puertas de la sala, dejando a Guillermo a solas con la jarra de café y un torrente de ideas tan profuso como la lluvia que caía sobre la ciudad. Le molestaba no encontrar ninguna para destruir las tesis de Torres. En cambio, tenía algunas para corregirlas y hasta para perfeccionarlas...

1.- Vestido con traje.
2.- "Vergueada": paliza, derrota.
3.- "Ponerse las pilas": aguzar los sentidos; optimizar la inteligencia.
4.- Material periodístico.

Capítulo 13
LA LÍNEA DE DESTRUCCIÓN

Si la sala no pasaba de un atentado contra el buen gusto, la habitación a la que el general lo condujo resultó ser una amenaza contra la seguridad del Estado. En varias vitrinas se alineaban todo tipo armas de fuego en cantidad suficiente como para armar un batallón; en los estantes decenas de cajas con municiones junto a manuales de terrorismo - desde los clásicos anarquistas hasta un instructivo "...de campaña para cuadros del FDN"[1], los contrarrevolucionarios nicaragüenses dirigidos por la CIA, y en un par de funestos muebles metálicos – mucho se lo temía – las sustancias y los objetos que justificaban considerar ese cuarto como una verdadera "recámara", en la acepción menos utilizada del término.

Ante semejante parafernalia y las paredes tapizadas por los escudos y emblemas de las diferentes unidades militares por las que Torres había pasado; algunos estandartes que habían pertenecido a sus enemigos del pasado y no pocos diplomas de reconocimientos otorgados por sus enemigos del presente, cualquiera hubiese dicho que en materia de ornamentación bélica allí no faltaba nada. Torres, en cambio, opinaba que carecía de algo esencial: —... la cabeza reducida del asesino de Susanne, por razones, obviamente, diferentes a las tuyas —le dijo mientras cerraba la pesada puerta con doble vuelta de llave.

Lo invitó a sentarse junto a su escritorio – una enorme mesa colonial –, frente a un lector de microfilms, sino de última generación, bastante avanzado, con sistema de rotación de imágenes, doble lente y velocidad bidireccional variable.

Por el gran tamaño de la pantalla casi cuadrangular, de unos 55 centímetros de lado, no podía ser otro que un equipo para películas de 35 milímetros.

Y, efectivamente, fue un rollo de 35 milímetros, envuelto en papel de estaño, lo que el general extrajo con cierta dificultad del interior del caño de un viejo revolver lanza-señales, paradójicamente, la pieza más inofensiva de su espeluznante colección. Después, lo sujetó en el porta-rollos, colocó el extremo libre en el sistema de lectura y tracción, encendió la pantalla y apagó las luces de la habitación.

La primera serie de imágenes correspondía, simplemente, a recortes de periódicos locales de aquella época con noticias de diferentes acciones guerrilleras, especialmente atentados contra la infraestructura: *"Dinamitan puente"; "Torres de alta tensión destruidas en el Oriente"; "Sabotaje a la línea férrea al Atlántico"*, eran algunos de los titulares.

Uno de ellos le llamó la atención: *"Roban containers y dejan mercadería"*.

"Una insólita actividad criminal, que los afectados atribuyen a la subversión, viene registrándose desde hace algunos meses en la carretera al Atlántico.

Empresarios del transporte de carga denunciaron ayer ante las autoridades una serie de asaltos a unidades de transporte de containers hacia y desde el puerto del Atlántico.

´En los últimos dos meses por lo menos quince camiones fueron asaltados con lujo de fuerza por la misma banda, integrada por un pequeño grupo de individuos fuertemente armados, vestidos con uniformes militares y con los rostros cubiertos por pasamontañas´, explicó Tulio Mendizábal, vicepresidente de la Asociación Umbilicalense de Transportistas de Carga (AUTCA).

´Lo curioso de esta modalidad criminal es que, en todos los casos, los asaltantes arrojan toda la carga al costado del camino y se llevan los containers, vacíos, con un vehículo propio, equipado con una grúa para tal fin´, añadió.

Una comitiva de dirigentes del sector encabezada por Mendizábal se reunió con el Ministro de Gobernación y el director de la Policía Nacional para manifestarles la indignación –y el estupor – de los camioneros ante esta nueva modalidad subversiva.

Las altas autoridades se comprometieron a investigar los hechos y aseguraron que en poco tiempo los responsables caerán en manos de la ley.

Según fuentes de Inteligencia consultadas por este diario, ante las constantes ofensivas del ejército los guerri-

lleros están dedicados a construir refugios subterráneos, utilizando los containers robados con tal propósito".

Guillermo no pudo contener una sonora carcajada. ¡La guerrilla se movilizaba por una de las principales carreteras de la región con un enorme camión-grúa a la pesca de containers para sepultarse en ellos!

—Supongo que también robaban equipos de ventilación para no morir asfixiados dentro de ellos —comentó.

—Seguí leyendo que apenas es el principio —le dijo secamente el general.

El siguiente recorte acabó súbitamente con la risa de Guillermo.

"Fábrica modelo destruida a morterazos. La ultima hazaña criminal de la subversión", informaba el principal matutino de Umbilical con su característica objetividad y su reconocido apego a la verdad.

El artículo, fechado casi una semana después de ocurrido el hecho, decía:

"La Oficina de Comunicación Social de las Fuerzas Armadas salió ayer al paso de rumores que circularon en esta capital en los últimos días sobre un supuesto ataque de la Fuerza Aérea a una fábrica de armas de la guerrilla, enclavada en las montañas del Norte del país.

La vocero de las Fuerzas Armadas, teniente coronel y licenciada Diana Villacorta, convocó a una conferencia de prensa para desmentir terminantemente esa versión y denunciar, en cambio, que en una de las más condenables acciones perpetradas hasta ahora por la insurgencia contra el aparato productivo nacional, una columna guerrillera, armada con fusiles y morteros de 60 mm. de origen ruso y cubano atacó y destruyó completamente las instalaciones del complejo agro-industrial "La Armonía", el más moderno y pujante de nuestros establecimientos fabriles, modelo de la actividad en toda la región y auténtico motivo de orgullo para todos los umbilicalenses.

Como consecuencia del cobarde ataque contra un establecimiento civil que duró entre tres y cuatro horas, fueron brutalmente asesinados todos los técnicos y operarios que se encontraban en el lugar, sin que hasta ahora haya podido establecerse con exactitud la cantidad e identidad de las víctimas, entre las cuales se encontraría el ingeniero estadounidense Neil Alderton.

Es con profundo dolor e inocultable indignación nacional que queremos informar sobre este incalificable ataque que demuestra, una vez más, que la subversión, desmantelada y desmoralizada por los contundentes y constantes golpes que ha recibido de parte de nuestras Fuerzas Armadas, ha perdido totalmente el rumbo y se encuentra actualmente dedicada a matar por matar y destruir por destruir", sostuvo Villacorta.

La vocero de las Fuerzas Armadas aseguró que unidades del ejército y la Fuerza Aérea se encuentran en estos momentos en implacable persecución de los terroristas, que una vez rendidos y capturados serán puestos a disposición de la justicia, como corresponde a un Estado de Derecho.

´Esperamos que sobre ellos caiga todo el rigor de la ley y la condena unánime de todo el pueblo umbilicalense", subrayó.

La licenciada Villacorta prefirió no responder las preguntas de los periodistas nacionales y extranjeros, interesados en conocer los detalles del ataque guerrillero, explicando que los mismos serán proporcionados más adelante cuando concluya la investigación actualmente en curso.

También se negó a autorizar el viaje al lugar de representantes de la prensa "por razones de seguridad".

—¡Qué hijos de puta! —fue el comentario de Guillermo. —Tres A-37 se encargaron de destruirlo todo.

—Ya lo sabía. —¿Y vos estabas ahí, no? —afirmó el general en tono de pregunta.

—¿Cómo lo supo?

—Porque estoy convencido de que Susanne estuvo ahí y, obviamente, no llego sola.

—¿Está convencido?

—¿Acaso estoy equivocado?

—La verdad es que no. Habíamos llevado a un grupo de

turistas. El "ingeniero" al que se refiere esta basura era uno de mis clientes.

—El que, según ustedes, murió como consecuencia de la explosión de una mina.

—El mismo.

—¿Y en el viaje de ida o de regreso no viste una caravana de camiones militares de carga?

—No.

—¿A qué atribuiste ese bombardeo de la Fuerza Aérea?

—Nunca le encontré explicación.

—Ahora se la vas a encontrar.

La película corrió con un casi imperceptible sonido y ante sus ojos apareció el primero de una serie de cuatro recortes sobre la desaparición de una ciudadana estadounidense: Susanne Laforet.

Los cuatro decían, más o menos, lo mismo: que un estadounidense, llamado Peter Burchard, había llegado a Umbilical para investigar el paradero de su ex esposa, Susanne Laforet, quien viajó a la región con propósitos turísticos y de quien todos sus allegados dejaron de tener noticias, por lo que temían que hubiese sido secuestrada por la guerrilla.

"Las autoridades a las que acudió Burchard, consultadas por la prensa, confirmaron el ingreso a Umbilical, en calidad de turista, de una mujer llamada Susanne Laforet, pero dijeron no tener ninguna denuncia sobre su "presunta" desaparición. El director de la Policía Nacional sostuvo que no sería el primer caso de una turista norteamericana o europea "que encuentra novio por aquí y se olvida por un tiempo de su familia... y de renovar la visa de turista", podía leerse en uno de los recortes.

Esta vez Guillermo se quedó en profundo silencio. Como si hubiesen necesitado que él regresara a Umbilical, retrocediera en el tiempo y, con la lectura de esos recortes, volviera a vivir la tragedia de aquel entonces, ahora un montón de preguntas hacían su aparición...

Los recortes correspondían a casi tres semanas después de su urgente salida de Umbilical y no mencionaban para nada a "Guerrilla Tours". ¿Ese Burchard (¿el primero o el segundo marido de Susanne?) entró en contacto con "Guerrilla Tours" y él nunca se enteró? ¿O no entró en contacto con la agencia simplemente

197

porque nunca supo cómo llegó Susanne a Umbilical? Si se hubiese comunicado con sus socios ellos le hubiesen hablado de él y, sin duda alguna, lo hubiesen ayudado a dar con su oculto paradero. ¿Por qué ese tipo nunca se puso en contacto con él? Había varias posibles explicaciones para ello. Pero, ¿por qué él, desde su forzada repatriación, nunca pensó en localizar a algún pariente de Susanne (hasta la mujer más solitaria tiene un tío, un primo ...un ex marido o amante) para contarle lo ocurrido, todo lo que sabía? Carecía por completo de una respuesta, pero se comprometía a pensar seriamente en ello.

Por el formato, la presentación y el estilo de los documentos, la segunda tanda se insinuaba, por fin, como la puerta de entrada al siniestro universo underground del Estado umbilicalense.

Eran rutinarios partes castrenses que nunca nadie osó tratar como si fuesen documentos oficiales y, muchos menos, públicos. Uno de los grandes éxitos de la política norteamericana en Umbilical consistió, precisamente, en lograr que – a diferencia de Estados Unidos – lo castrense jamás tuviese algo que ver con lo público.

Se trataba de sucesivos informes del oficial de Inteligencia de la Brigada de Intendencia del Ejército a su superior, el jefe de la Dirección de Inteligencia del Estado Mayor de la Defensa Nacional.

Umbilical; (la fecha)

Señor
Director Inteligencia EMDN
Estado Mayor de la Defensa Nacional
Señor Coronel

Tengo el honor de dirigirme a usted para informarle lo siguiente:

El día 18 Oct. 1300 hs. ingresaron al servicio de Intendencia 1.500 cartuchos 7.62mm usados; dos camiones del tipo "Canadiense" semi-destruídos y un jeep Ford Willys con el motor fundido.

El mismo día 18 de Oct. 1850 hs. ingresaron al servicio de Intendencia 25 toneladas de material de desecho (chatarra), consistente en: vías de ferrocarril y componentes estructurales de puente tipo Bailey.

Es todo lo que tengo a bien informarle por el momento...

Protesto a usted mi subordinación y respeto

Ricardo Lucas García
Mayor de Infantería

Nada apasionante, por cierto. Minuciosos y burocráticos informes de la descarga de todo tipo de productos, desde botas hasta cepillos de dientes, desde vehículos nuevos y usados hasta chatarra. Sobre todo, grandes cantidades de chatarra. Cada vez más frecuentes llegadas de camiones del Cuerpo de Ingenieros con enormes cantidades de materiales de deshecho que, seguramente, los soldados se encargaban de separar según la materia prima predominante: metales por un lado; maderas, plásticos, caucho, textiles, etc., cada uno en su respectivo montón.

El llamativo aumento de los cargamentos de chatarra no hacía más que confirmar lo anunciado por la prensa: que en esos días la guerrilla parecía dispuesta a no dejar piedra sobre piedra, mejor dicho, metal sobre metal – porque ésta era la materia prima predominante de la chatarra en constante aumento en el patio del cuartel.

Entre los rutinarios informes de "Inteligencia" – a esas alturas Guillermo se preguntaba sobre el significado de una tarea más propia de un almacenero en manos de un oficial de Inteligencia – también estaban las copias de las solicitudes de Intendencia al Cuerpo de Ingenieros para que despachara camiones a tal o cual lugar para recoger la chatarra y trasladarla al patio del cuartel.

Entre muchas de esas peticiones allí estaba la correspondiente a la recolección de chatarra que debía realizarse entre los escombros de la "La Armonía".

—Podemos continuar —le dijo Guillermo al general, después de haberle dado un vistazo.

—¿Estás seguro? —le preguntó Torres, con un tono irónico.

—Si, ya la vi. Lo único que me llama la atención es que dispusieran con tanta facilidad de la chatarra de una empresa privada. Supongo que los dueños sobrevivieron al ataque y eso cuesta mucho dinero, ¿no?

—No viste nada. Observala bien —le ordenó el general al

tiempo que ampliaba la imagen de la solicitud.

Guillermo volvió a leer con detenimiento y después miró hacia el general sin entender porque se obstinaba en no seguir rodando la película.

—¿Ya te diste cuenta? —le preguntó Torres.

—¿De qué?

—¡La gran puta!, grito Torres. —¡La fecha!. ¡Está fechada un día antes del bombardeo!

Sin apagar el lector el general se levantó y encendió las luces de su guarida, pero Guillermo permaneció absorto frente a la pantalla como si en vez de un documento en ella estuviese viendo las escenas de aquel día: los A-37 en picada, las explosiones, las ráfagas, los gritos, el cadáver de Neil... Mientras, en algún paraje cercano, una columna de camiones aguardaba para trasladar al mercado los artículos recién salidos de la línea... de destrucción. ¡Era demasiado sórdido para resultar creíble!

—Tal vez ese oficial se equivocó de fecha —fue la primera posibilidad que se le ocurrió para rechazar semejante absurdo porque, si el Dalai Lama – pese a ser un asalariado de los Estados Unidos – tiene razón, la esencia de los seres humanos, pese a todo, sigue predispuesta para el bien y, por lo tanto, el mal no es aceptado naturalmente, de ahí que toda noticia truculenta, todo acontecimiento violento, inhumano, terrible, provoque tanto interés y conmoción. ¡La clave del negocio periodístico!

—¡Equivocados, mis huevos! —se encolerizó Torres. —Precisamente, como se trataba de una empresa privada la que estaba detrás de todo esto necesitaban apoderarse de la chatarra inmediatamente después del bombardeo. Por eso movilizaron los camiones con suficiente anticipación.

—¿Producían chatarra a fuerza de bombazos? ¿Después se la robaban? Todo esto supera mi capacidad de comprensión —se disculpó Guillermo.

—¿Ya viste? Y vos pretendías que en dos palabras respondiera a todos tus interrogantes...

Dejáme que te explique. Comencé a sospechar que algo turbio estaba ocurriendo cuando comprobé que esa oleada de atentados no coincidía para nada con la información que teníamos en el Estado Mayor sobre las posiciones, los movimientos y la capacidad operativa de la subversión. Entonces tuve una corazonada y recurrí a mi compadre[2], el Director de la Dos, para que me ayudara a monitorear el movimiento de chatarra en la Brigada de Intendencia. Después recibí la información del bombardeo a "La Armonía" el mismo día en que se produjo. Primero me lo vendieron como el ataque a una fábrica de armas de la guerrilla. Pregunté quién había dado la orden y me dijeron que el comandante de la Fuerza Aérea, el coronel Eliseo Mendoza. Pregunté si había algo escrito, algún documento sobre la operación y me dijeron que no, que Mendoza había dirigido personalmente el ataque, después de reunir y conducir a sus pilotos de más confianza, en el más absoluto secreto. Agarré un automóvil y me fui a la Fuerza Aérea para hablar con Mendoza, Me dijeron que no estaba. Fui a su casa y lo esperé. Cuando llegó, en la noche, casi se caga de miedo al verme. Fue una discusión durísima, porque a esas alturas yo ya sabía que habían hecho mierda una instalación agro-industrial y no una fábrica clandestina de armas. Terminó diciéndome que había sido una terrible equivocación, que un desertor de la guerrilla los había engañado. Argumentó que el mal ya estaba hecho y que las Fuerzas Armadas no podían asumir públicamente el error. A regañadientes, acepté no revelar la verdad de lo ocurrido. Pero un par de días después llego a mis manos esa maravilla (señaló hacia el documento en la pantalla del lector) y me di cuenta que Mendoza me había engañado, me había visto cara de pendejo[3] porque ningún militar, por más ladrón que sea, antes de entrar en un verdadero combate hace arreglos para la comercialización de los escombros. ¡Sobre todo, si se trata de una operación tan importante y secreta, como la que Mendoza simuló ante sus hombres y ante mí! Entonces me reuní con un grupo de amigos - militares y civiles, el "licenciado" entre ellos - para analizar la situación. Estuvimos toda una noche conversando. A media mañana del día siguiente habíamos llegado a la siguiente conclusión: como la chatarra, llamémosla "natural", se había agotado en la región, un grupo de delincuentes de la peor especie dentro de las Fuerzas Armadas se estaba encargando de producirla – "a fuerza de bombazos", como vos dijiste –, para enriquecerse con el millonario negocio...

—¿Entonces, quiere decir que las torres de alta tensión, las vías del ferrocarril, los puentes, hasta los containers...? —alcanzó a decir Guillermo desde el interior del huracán en el que se había metido.

—Efectivamente, torres, vías, puentes, containers y cuanta mierda con algún componente metálico quedara en pie, la estaban destruyendo ellos, no la guerrilla, por medio de la Fuerza Aérea y de especialistas en demolición.

—¿Ellos, quiénes? ¿Mendoza dirigía el negocio?, —preguntó Guillermo.

—No, Mendoza era uno de los cómplices, junto con el comandante de la Brigada de Intendencia y el jefe del Cuerpo de Ingenieros, pero sospechábamos que había otros involucrados, tal vez a más alto nivel. Por eso decidimos profundizar la investigación...

—Esta serie de documentos es decisiva —lo previno el general después de instalarse nuevamente junto a su visitante, frente al lector de microfilms.

—La primera evidencia es precisamente la que no está —añadió.

—No entiendo —admitió Guillermo.

—Si, lo que no está es el registro del ingreso de la chatarra de "La Armonía", simplemente porque nunca la ingresaron. Seguramente esa misma noche Mendoza alertó a la banda sobre mi interferencia y decidieron dejar los escombros en su lugar. Prefirieron perder unos cuantos millones a arriesgar todo el negocio. A la ida o a la vuelta de tu tour deberías haberte cruzado con los camiones vacíos.

—A la ida estoy seguro que no. Al regreso estábamos demasiado impresionados y distraídos con el bombardeo. Casi nos revientan a todos...

El general hizo correr la película y, uno tras otro, se sucedieron otros informes del mismo D2, pero esta vez sobre la salida de la Brigada de cargamentos de chatarra metálica – únicamente la metálica – en camiones de una empresa privada. "Destino No especificado", se leía en todos ellos.

—El mercado. ¿Qué otro destino iba a tener? —comentó el argentino.

—Un destino muy específico —aclaró el general y comenzó a proyectar una serie de fotografías. Camiones repletos de chatarra saliendo de la brigada; los camiones en la carretera; las placas de los camiones tomadas con un lente de aproximación; los mismos camiones en otro lugar del trayecto; y en otro; y en otro... Todos muy parecidos: rectas, curvas, subidas y pendientes, tramos de una misma maltrecha carretera, apenas asfaltada, en medio de una frondosa vegetación, con montañas y más montañas como invariable telón de fondo.

—Los seguimos —explicó innecesariamente.

Tres camiones detenidos, uno detrás de otro, a un costado de la carretera, frente a una precaria construcción.

—Me imagino que lo reconocés —le dijo el general al tiempo que ampliaba la imagen.

—¡Como no lo voy a reconcer. Es el puesto fronterizo!

—Así es. Aquí están haciendo los trámites… Aquí están cruzando la frontera… Aquí están haciendo los trámites del otro lado… Aquí ya circulan del otro lado. Estas son una mierda, porque ya estaba obscureciendo; no había suficiente luz. Pero, de todas maneras, sirven para ver que han llegado a su destino.

Uno de los camiones frente a la enorme entrada de un importante establecimiento fabril a juzgar por la altura y, sobre lodo, por la longitud de un paredón de un indefinible color claro, sin ninguna otra abertura, que, por el ángulo desde el que había sido tomada la fotografía, parecía tener entre 100 y 150 metros.

Tal vez porque el fotógrafo había quedado demasiado cerca y carecía de un gran-angular, la imagen estaba cortada a la izquierda, exactamente donde comenzaba el imponente paredón, al que mostraba en perspectiva, con el camión ingresando, casi en el medio. Pero la siguiente abarcaba, desde el camión, en el extremo derecho, hasta la entrada a las oficinas del establecimiento - en primer plano - y sobre ella, con enormes letras mayúsculas, su nombre: "FUNDIDORA ARSA".

—¡El comprador! —exclamó Guillermo.

—¡Mucho más que el comprador! —lo corrigió el general. —La empresa dueña de todo el negocio! ¿Sabés que quiere decir "ARSA"? —le preguntó.

—…. —

—"Armando Arrau, Sociedad Anónima."

—…—

—¡Si! !Nuestro futuro Presidente de la Republica; el brillante candidato de Washington y del empresariado umbilicalense; el líder de todas las encuestas de opinión; el hombre de la paz, la democracia, la reconciliación y la reconstrucción nacional! ¡Es decir, el ex colaborador de la Bestia; el jefe de la peor banda de delincuentes que haya conocido Umbilical; el destructor de lo poco que nos quedaba;... el asesino de Susanne!

Apenas iluminados por el tenue resplandor de la pantalla los dos hombres se quedaron en silencio, como si estuviesen rindiéndole un último homenaje a la víctima. A las víctimas inocentes de tanta locura porque habían sido muchos los muertos, heridos y mutilados como consecuencia de esos bombardeos y atentados.

«¡Pero Susanne no fue una de ellas y, sin embargo, Torres culpaba a Arrau por su muerte!»

—¿Por qué? —le preguntó Guillermo, luchando contra la semi-oscuridad de la habitación para captar la expresión en su conjunto y cada detalle por imperceptible que fuese en la mirada, en el rostro, de su interlocutor. Porque bien sabía que se trataba de un profesional de la muerte, pero nunca había tenido motivos para preguntarse si también lo era de la mentira. Ahora los tenía de sobra: con tal de involucrarlo en su particular guerra sucia contra Arrau y todo lo que representaba, de lograr que difundiera el contenido del microfilm por todo el mundo, el general podía estarle adjudicando al empresario un asesinato que no había cometido.

En vez de responderle, el militar hizo correr una vez más el microfilm y en la pantalla apareció el mismo paredón de color claro, recortado sobre el fondo negro de la noche, la misma entrada, pero frente a ella, en lugar de un camión, un automóvil con dos tipos a bordo.

Más que fotografiadas las escenas siguientes parecían haber sido filmadas (seguramente habían sido registradas por una cámara fotográfica con motor) porque las diferencias entre una y la siguiente eran casi imperceptibles. Y como Torres las hizo deslizarse por la pantalla a bastante velocidad, ante la mirada de Lalo el conjunto se convirtió en una secuencia del automóvil ingresando en la fundidora prácticamente al mismo tiempo que, desde el interior, abrían solo uno de los pesados portones. Después, el movimiento quedo "congelado" en una toma de la parte posterior del vehículo, un instante antes de que el portón se cerrara detrás de él.

—Uno de los automóviles de Arrau —informó Torres al tiempo que ampliaba la imagen hasta hacer perfectamente visible la placa trasera.

—A mis hombres se les hizo muy extraña la llegada de ese automóvil, porque eran como las tres de la mañana —agregó en un tono de disculpa que, inicialmente, Guillermo no supo interpretar. Que tardó algunos segundos en interpretar, porque las siguientes fotografías habían sido tomadas seguramente desde lo alto del paredón y mostraban la mitad posterior del automóvil estacionado en alguna sección del patio interior. Primero sin nadie junto a él; después con dos hombres; con uno de ellos manipulando la cerradura de la tapa del porta-equipajes; los dos levantando la tapa; inclinados buscando algo en el interior; haciendo un evidente esfuerzo por levantar ese "algo"; sujetando por ambos extremos un envoltorio del largo de un cuerpo humano, del tamaño de un cuerpo humano, con el formato de un cuerpo humano; transportando el envoltorio hasta quedar fuera del alcance de la cámara...

—Un muerto —fue lo único que pudo balbucear Guillermo porque su mecanismo de negación ya se había vuelto a activar.

—Una muerta —lo corrigió el general, ampliando al máximo la última imagen; la del envoltorio a punto de desaparecer detrás de una pared que, de pronto, se transformó en una enorme mancha borrosa, ocupando prácticamente la totalidad de los 3.025 centímetros cuadrados de la pantalla; una mancha borrosa que no podía ser otra cosa que una cabeza cubierta con alguna tela, pero no lo suficiente como para evitar que de ella colgaran unos inconfundibles mechones de cabello castaño.

—Ella descubrió lo mismo antes que nosotros —dijo el general mirando hacia otro lado porque Guillermo estaba derrumbado sobre el lector de microfilms.

1.- Fuerza Democrática Nicarguense. La organización de los contrarrevolucionarios nicaragüenses, con sede en Tegucigalpa y retaguardia estratégica en la región fronteriza de Honduras con Nicaragua.
2.- Padrino de bautizo de un niño respecto de sus padres o su madrina. "Sección Dos": La sección (S2) o Dirección (D2) que tiene a su cargo las funciones de Inteligencia dentro del Estado Mayor de un Ejército; de la Defensa o "Conjunto" (fuerzas de tierra, mar y aire).
4.- Regionalismo popular que se usa cuando alguien subestima la inteligencia de otro.

205

Capítulo 14
HELL´S ANGEL

Como la mayoría de los pilotos de la FAU el capitán Estuardo Kummer Chang, pese a no sobrepasar los 165 centímetros de altura y ser el producto de una confusa y poco afortunada combinación de sangre teutona, indígena y oriental, se consideraba irresistible. Lo que lo distinguía de sus camaradas de armas era que, además de atractivo, se creía inocente de tanta muerte y destrucción. En realidad, era como un niño regordete y con la misma inconsciencia de un infante respecto de sus actos, por crueles que estos fueran. Si su primera convicción estimulaba sus fantasías ante cualquier mujer que tuviese la mala suerte de ingresar en su campo visual, la segunda le impedía percibir el inmediato rechazo que en algunas de ellas – las más descerebradas babean – produce un uniforme militar, o su habitual portador aunque circunstancialmente esté vestido de civil.

Después de intercambiar algunas ideas con Susanne, por ejemplo, cualquiera medianamente perspicaz se hubiese dado cuenta que ni siquiera necesitaba recurrir a su perspectiva liberal de izquierda, para pertenecer a ese grupo.

Pero Kummer no se caracterizaba por su perspicacia; a lo sumo por su ignorancia y desfachatez. Por eso, durante el mes que duró su amistad con ella, jamás consideró tal posibilidad porque mientras permanecía fuera de la cabina de su A-37 no se le cruzaba por la cabeza que alguien pudiese tener algún motivo para rechazarlo o discriminarlo por causa de su profesión.

¡Todo lo contrario! Estaba convencido de que además de ser un tipo atractivo, su riesgosa actividad profesional, su condición de joven veterano de guerra – aun soltero – lo convertían en un irresistible objeto de deseo para cualquier mujer, joven o vieja, casada o soltera, de Umbilical o de Kyrgyzstan.

Y así andaba por la ciudad, durante sus descansos, entre un bombardeo y otro, sin entender muy bien porqué tantos encantos juntos tardaban tanto en hacer efecto, pero siempre tenaz en su disposición de ponerlos, generosamente, al alcance de cualquier cosa con forma de mujer. Para colmo esa tarde, en el jardín de la residencia del embajador de Estados Unidos en Umbilical, Susanne era la antítesis de cualquier cosa.

Con un discreto Armani negro – discreto por delante, porque la cantidad de bronceada espalda que dejaba al desnudo superaba con creces la proporción a la que estaban habituados los ojos de los señores de Umbilical y las mojigaterías de las señoras – ; un sencillo collar de perlas auténticas y su cabello siempre natural, leve y brillante, había llegado con el firme propósito de ser el centro de atención – y atracción – de la recepción y ¡vaya que lo estaba consiguiendo!

La primera mitad de la fiesta la dedicó a devolver sonrisas y saludos, rechazar amablemente platos y copas, coleccionar tarjetas de presentación y escuchar piropos y chistes estúpidos, con la expresión de una participante en un concurso de belleza en el momento de declarar que su autor favorito es "Don Quijote", y la mente tan alerta como una lechuza a medianoche.

La segunda – ¡quién lo hubiera imaginado! – a escuchar fascinada, en un discreto rincón del jardín, las hazañas bélicas del capitán Kummer, mientras lo emborrachaba con sus ojos verdes, lo apantallaba con sus pestañas, le limpiaba el hombro de inexistentes pelusas, se tomaba de sus brazos para no perder el equilibrio cuando algún comentario de éste que pretendía ser gracioso la hacía estallar en sonoras carcajadas.

—¡No! ¡Basta, capitán! —le suplicaba.

Sin éxito, porque Krummer sentía que esa era "su noche" y (como ya lo había demostrado durante el bombardeo a "La Armonía") no era hombre de dejar escapar las oportunidades.

«¡La estaba matando! Tenía que ser una gringa para apreciar sus virtudes de inteligente macho guerrero», pensaba. «¡Esa hermosa mujer sí tenía la clase y el nivel necesarios para valorarlo!». Y volvía a la carga, con creciente entusiasmo y relativa lucidez, dispuesto a llevarla hasta el éxtasis con el relato de sus aventuras, como la apasionante descripción de las ceremonias de ascenso en las que los protagonistas debían beber de una sola vez y hasta el fondo una copa repleta de whisky para atrapar, con la boca, las nuevas insignias.

—¡No puede ser! ¿Con la boca? ¡Que increíble! —exclamaba ella.

Las consecuencias de todo ese juego: las previsibles. Krummer terminó más enamorado que nunca... de sí mismo y de su incomparable poder de seducción. Susanne tardó en dormirse esa noche... Se sentía mal consigo misma pero había obtenido una invitación para visitar las instalaciones de la FAU y conocer de cerca los aviones en la mañana siguiente.

El capitán la despertó por teléfono a las 8; volvió a llamarla a las 9 y quedó en pasar a buscarla a las 10. Llego a las 11 y como ninguno de los dos había desayunado aceptó, de inmediato, la invitación de Susanne para hacerlo en un hotel cercano. Para el piloto entrar en ese restaurante, precisamente a la hora en la que sólo personas importantes – altos funcionarios, legisladores, políticos de renombre, empresarios – podían darse el lujo de estar fuera de sus lugares de trabajo para jugar a ser mundanos frente a sus tazas de café "cortado con tantito de leche"; acompañado por una mujer espectacular ¡y encima extranjera! era la materialización de un sueño. Y como no tenía ninguna intención de despertarse, demoró unos 15 minutos en coincidir con Susanne en la elección de la mesa, mientras saludaba a todo el mundo e insistía en presentarla...

—¿No te equivocaste de profesión? —lo interrogó risueña cuando, por fin, logró distraerlo un poco de su obsesión por las relaciones públicas.

—No, me gusta mucho lo que hago —le respondió el capitán, un poco molesto.

—¿Y has tenido mucho trabajo últimamente? —le preguntó, aparentemente sin mayor interés porque estaba concentrada en contar meticulosamente las gotitas de edulcorante que dejaba caer en su taza de café.

—Estamos en guerra —le informó solemne, casi marcial.

—Discúlpame, pero yo de guerras no entiendo nada. ¿Eso significa que tienes que salir a combatir todos los días? (le dieron ganas de preguntarle si debía marcar una tarjeta de entrada y aprovechar una hora para el almuerzo como cualquier oficinista, pero se abstuvo).

—¡No! Sólo cuando hace falta la intervención de la Fuerza Aérea.

—¿En qué casos, por ejemplo?

—Por ejemplo, acabamos de destruir una fábrica de armas de la subversión...

Really!?

—Absolutly.(probablemente una de los diez palabras en inglés que el capitán conocía) Una operación modelo. La Inteligencia localiza el objetivo. Nos dan las coordenadas. Vamos y lo destruimos... Bueno, nunca es así, tan esquemático... Nos pasaron la información; fuimos... te aseguro que fue impresionante porque parecía una fábrica – un tambo, porque había vacas – como cualquier otra. ¡Desde arriba, entre las montañas, se veía todo tan ordenadito, tan pacífico!: los edificios, las vacas en sus corrales, algunos vehículos en un estacionamiento... Pero en esta guerra el que confía se muere. Nos habían advertido que podíamos recibir fuego antiaéreo. Así que les caímos de sorpresa, sin darles tiempo a reaccionar. La subversión no tiene radares... felizmente.

—¿Y entonces, que pasó?

—Destruimos todo.

—¿Todo?

Absolutly —declaró satisfecho el piloto.

Después de uno de los desayunos más observados y comentados que los meseros de ese restaurante recuerden (aunque al día siguiente nadie hubiese sido capaz de describir al acompañante de esa gringa buenota), el capitán insistió en hacer un extenso rodeo con su automóvil antes de dirigirse a la base de la FAU, para mostrarle los mismos lugares de interés turístico que ella ya conocía de memoria pero que hasta entonces no había tenido la oportunidad de adivinar a través de las ventanillas siempre cerradas y casi negras de un vehículo: las fortalezas medievales construidas en pleno siglo XX; un moderno teatro con tantas posibilidades de conducir a su público hacia el verdadero arte, como las de un navío de llegar a buen puerto sobre la cresta... de un cerro; la principal arteria comercial, con sus aires de mercado persa; y la consabida plaza o parque central, el espacio público por excelencia – tal vez el único –, con sus infaltables vendedores de milagros y sus pregoneros del Apocalipsis, rodeados de compactos grupos de menesterosos, charamileros , desempleados, soldados de licencia y empleadas domésticas, todos ellos desde siempre y para siempre atrapados entre los infranqueables muros marmóreos de la sede del poder político, el Palacio de Gobierno, de un lado, y la sobrecogedora penumbra de la sede del poder celestial, la Catedral, del otro.

Después de un par de vueltas en torno a la explanada, convinieron en desandar; volvieron a pasar frente a "Il Focolare", sin que Susanne alcanzase a distinguir a Guillermo entre el grupo instalado en la terraza; una cuadras más adelante doblaron a la derecha y franquearon – previa identificación del capitán y cuidadosa inspección ocular de las piernas de Susanne a cargo de los soldados de guardia – el principal acceso a las instalaciones de la FAU.

Aunque la cantidad de aeronaves de ala fija y helicópteros "en condiciones medianamente operativas"- al decir de Krummer - estacionadas junto a la pista era misérrima - unos pocos Bell UH-1D; algunas unidades de carga como un jurásico DC-6, dos C-47 y otros tantos Arava; y varios modelos de Cessna, como el 172 y el 180, además de los A-37 - y la excesiva descripción técnica de cada una de ellas, a Susanne lo único que le quedó claro fue que los tres aviones más pequeños (apenas 8,62 metros de longitud), pero de aspecto más amenazador (capaces de transportar hasta dos toneladas y media de bombas y rockets y artillados con una mini-ametralladora de 7,62 mm), eran los mismos que se habían encargado de dejar la fábrica en escombros y de matar al viejo Neil.

—¡Parecen de juguete! —fue el comentario más inocente (y estúpido) que se le ocurrió para ocultar su estremecimiento ante el reencuentro con los diabólicos aparatos.

Originalmente concebidos para entrenamiento, los Cessna T-37 fueron equipados para combate a pedido de la US Air Force en los primeros años de la guerra de Vietnam. Se convirtieron así en los A-37, "Dragonfly", bombarderos ligeros, apropiados para operaciones de contrainsurgencia. Especialmente apropiados, sobre todo, para equipar a bajo costo las fuerzas armadas de varios países tercermundistas, desde Umbilical (que recibió una docena) hasta Tailandia, donde aún continúan "medianamente operativos" mientras que en 1970 la USAF traspasó los suyos a la Guardia Costera y ésta terminó donándolos a algunos museos.

Orgulloso, Krummer la condujo hasta el que solía tripular y la invitó a subir y sentarse en la única butaca disponible, junto a la del piloto.

Una vez instalada en la cabina, Susanne hizo un enorme esfuerzo para no estropear la sonrisa que tan trabajosamente se había dibujado esa mañana, pero no pudo evitar un malestar como nunca antes había sentido. «¡Menos de una semana atrás, exactamente ese avión en el que ahora estaba sentada y ese piloto que tenía a su lado estuvieron a punto de matarla. De matarlos a todos, como hicieron con el viejo Neil y los trabajadores de la fábrica. ¡Ella era uno de los pocos sobrevivientes de una horrible matanza y ahora estaba conversando amigablemente con uno de los asesinos y jugando con el arma homicida!»

—¡Estas muy pálida! —se alarmó Krummer.

—Es que sufro de claustrofobia —se disculpó.

Descendieron de inmediato pero la sensación de espanto que se había apoderado de ella solo logró disiparla – permutarla por otra igualmente intensa – con la visión de dos emblemas pintados en la nariz de otro A-37: un tigre alado y furioso saltando entre dos rayos convergentes y el perfil de una mujer de color rojo, desnuda, alada y con un halo sobre su cabeza.

—¿Qué es eso? —le preguntó Susanne a su embobado guía, sin comprender porque esas dos caricaturas llamaban tanto su atención.

—Ah, los emblemas del comandante del escuadrón de combate —le respondió el militar.

—¿Son oficiales?

—Por supuesto que no. Son una vieja broma.

—¿Qué significan?

—Supongo que simbolizan la ferocidad de la FAU y nuestra debilidad por las mujeres.

—¿Es el único avión que los tiene?

—De los que están aquí si. Pero están en otros más viejos, en desuso... Los que quedaron del Golpe del 54.

—Ah sí, del derrocamiento de Arbens; recuerdo haber leído algo sobre eso.

—Sí, creo que los diseñaron los libertadores para identificar a sus aviones.

—¡Qué extraño! —exclamó Susanne. «¡Qué extraño!» —se oyó a sí misma exclamar, sin saber muy bien si se estaba refiriendo a los dibujos o a algo que ocurría en su interior. Su sistema cerebral había comparado las formas y los colores de los emblemas con todas las formas y todos los colores registrados durante 34 años en su memoria y no había encontrado nada ni siquiera parecido. Sin embargo, el proceso parecía no haberse detenido una vez concluida esa operación, sino que le estaba dando muestras - como esa pequeña luz titilando en el CPU de una computadora personal - de estar en pleno desarrollo por otros caminos, otros niveles no solo difíciles de describir sino imposibles de imaginar. Era como si la operación hubiese abandonado, por inútil, la comparación, para incursionar por senderos más vírgenes, más creativos. Ya no tenía nada que ver con la memoria en el sentido clásico, es decir referida al pasado, sino con otra memoria (¿cómo explicarlo?)... en construcción, apuntando hacia el futuro. ¿Tendría todo eso algo que ver con lo que algunos llaman "presentimiento", "precognición"? ¿Esos emblemas estaban ampliando su conciencia? ¿Trasladando hacia ella las unidades de información que le faltaban para que ciertos conceptos e ideas dispersos, fragmentados, inconexos, adquiriesen algún sentido? Lo único cierto es que le dolía la cabeza...

—¿Qué tiene de extraño? —oyó que le preguntaba el capitán.

—No se... después de tantos años...

—No tiene nada de extraño. Mi general Mendoza fue un "liberacionista". Son como un homenaje a la "Liberación". Pero tendrías que preguntárselo a él.

—¿Quién es él?

—¿El general Eliseo Mendoza, el comandante de la FAU y del escuadrón de combate. Mi jefe.

—Me está doliendo un poco la cabeza. ¿Nos podemos ir?

Durante la siguiente semana Susanne resistió con elegante determinación el asedio del intrépido aviador.

En su departamento las flores no terminaban de marchitarse cuando una nueva, jovial y robusta remesa golpeaba la puerta, obligándola a abrir de par en par la ventana para hacer un poco más llevadera la insoportable concentración de perfume.

Los ramos, arreglos y ¡hasta macetas! eran apenas la avanzada, los heraldos. A lo sumo media hora después de su llegada sonaba el teléfono y ya no necesitaba atender para oír la voz impostada de Krummer invitándola a desayunar, almorzar, cenar, comer o tomar algo, un trago, un café, una cerveza, un helado, en el restaurante del hotel próximo, o en el bar del hotel "El Lago", o en "Il Focolare", un paseo, una excursión, el cine, el teatro, la fiesta de bautismo de un sobrino, la boda de una prima, ¡el sepelio de un tío! (la capacidad festiva de esa familia parecía no tener límites), una recepción en la FAU, una visita a...

—¿Una recepción en la FAU?

—Sí, una ceremonia de ascensos, seguida por un cóctel.

No se atrevió a preguntarle si en ella estaría ese general Mendoza pero, milagrosamente, se curó de todos los males que la habían aquejado últimamente – dolores de cabeza, resfríos, conjuntivitis, mal de la alturas, alta y baja presión, excesiva humedad, dificultades para respirar por la sequedad del ambiente – y concluyó todas las importantes actividades que la habían tenido tan ocupada hasta entonces: el jogging, ir a un salón de belleza y a un spa, pintarse las uñas, despintárselas, enviar postales, ir a la farmacia, esperar un llamado telefónico, hacer un llamado telefónico, tratar de dormir, terminar de despertarse...

—Me encantaría ir —le susurró por teléfono.

Sabía que su incondicional admirador no la defraudaría. Estuvieron entre los primeros en llegar al enorme salón de ceremonias de la FAU y entre los últimos en irse.

La verdad es que Krummer estaba espléndido con su uniforme de gala: la "guerrera" azul oscuro con botones blancos decorados con el escudo de Umbilical; los pantalones del mismo color con un listón negro a los costados; la camisa celeste y la corbata negra, igual que la visera de la imponente gorra y los zapatos tan pulidos y relucientes como espejos de obsidiana.

«¿Fue él quien le explicó previamente las reglas del juego? O, simplemente su sentido común le permitió imaginarse que la primera parte del acto sería absolutamente marcial y aburrida – con himnos, banderas, marchas, taconazos ¡"un"!, taconazos ¡"dos"!, discursos y todas esas cosas – y la segunda una formidable borrachera»

Durante la primera parte, la concurrencia femenina – un vistoso despliegue de complicadas cabelleras engomadas, toneladas de maquillaje, brillantes vestidos multicolores y dudosos oros – participó en un verdadero torneo de buenas maneras, discreción y recato. Torneo que incluyó el difícil arte de la desaparición masiva minutos antes de que los meseros hicieran su ingreso con el primer cargamento de vasos desbordantes. Hasta entonces – justo es reconocerlo –, esposas y novias ofrecieron, ante la incrédula mirada de Susanne, una ejemplar demostración de ausencia de ojos, oídos y cuerdas vocales para otro hombre que no fuese el respectivo. Hasta el tan común y, supuestamente, inevitable "reojo" parecían haber aprendido a controlar en la escuela de "la fidelidad por medio del terror", escuela que no se sabe muy bien porque aún tiene tantos adeptos – no sólo en Umbilical – pese a sus tan frecuentes como estrepitosos fracasos.

Cuando Susanne se dio cuenta que era una de las pocas mujeres que permanecían en el salón ya era tarde. O Krummer era el piloto más popular de la región o la gran cantidad de colegas que se acercaban a saludarlo y, de paso, a conversar con ella, tenía que ver con esa repentina ausencia de opciones para los incorregibles mujeriegos y, por lo visto, empedernidos bebedores, oficiales de la FAU.

La pequeña multitud uniformada, galante y alcohólica que rápidamente se formó en torno a ellos, solo se dispersó un poco cuando un tipo alto, de ojos claros, cabello y bigote castaños, apenas canosos, rompió el cerco con facilidad y con una sonrisa le extendió la diestra a Susanne mientras le decía a Krummer: —Usted siempre tan bien acompañado, capitán.

—Gracias, mi general. —Susanne, te presento al general Eliseo Mendoza, comandante de la FAU.

—¿Susanne...? —quiso saber el general sin soltarle la mano.

—Susanne Laforet.

—Apellido francés; pero usted es estadounidense —aseguró el mundano militar.

—Adivine —le propuso ella ante no menos de una docena de interesadísimos espectadores.

—¡Ah, caray! —fue lo único que se lo ocurrió decir a Mendoza.

—Le doy diez oportunidades —lo provocó ella.

—¿Y si acierto? —le pregunto galante.

—¡Un beso de premio! —se atrevió a sugerir un subalterno, arrancando gritos y aplausos entre la concurrencia, con excepción de Krummer, por supuesto, que bregaba por no quedar oculto por sus más altos y apuestos compañeros de armas.

—Ok, Ok. —aceptó Susanne divertida. —Pero, usted me tiene que prometer otra cosa...

—Lo que usted quiera, mi reina.

—Si no acierta me contará la historia de esos emblemas que tiene en su avión.

—¿Mi avión? ¿Emblemas? —dijo el general desconcertado,

mientras miraba a Krrummer con expresión de reproche porque no tenía ninguna duda de que ese piloto había estado mostrando y hablando de más.

—Sí, ese tigre y esa mujer roja con un halo en la cabeza —precisó Susanne.

—¡Ah! ¿Y porque le interesa esa historia?

—Simple curiosidad.

—¡Ándele, mi general! ¡Seguro que usted acierta! — lo alentó el de la iniciativa del beso.

Mendoza perdió, por supuesto.

Y como aparentaba ser todo un caballero, un par de días después, en el mejor restaurante francés de Umbilical, saldó su deuda de juego.

—Aunque hayas nacido en Vietnam, viviste la mayor parte de tu vida en Estados Unidos, ¿no es cierto? Sos ciudadana norteamericana.

—Así es.

—¿Y nunca oíste hablar de los *Flaying Tigers*?

—Claro, el *American Volunteer Group*, formado por Claire Lee Chennault para defender a China, durante la Segunda Guerra Mundial.

—Pues esos son los emblemas del *Headquarters* y del Tercer escuadrón.

Susanne lo observo como tratando de cerciorarse de que no se estaba burlando de ella.

—El tigre, OK. ¿Pero, esa mujer roja desnuda, con alas y un halo en la cabeza...?

—Eran tres escuadrones. Ese era el emblema del *Tercer Squadron*. ¿Sabes cómo se llama?

—Ni idea.

—*Hell's Angel* ("ángel endemoniado" o "ángel del demonio"). Alguno de los hombres de Chennault tomó la idea de una película que se llamaba así; una película de los anos 30's. Despúes, la rebautizaron como "Liz".

—¿Y cómo vinieron a parar aquí?

—Las adoptó la Fuerza Aérea de la Liberación, en el 54.

—¿Se las impuso el gobierno de Estados Unidos?

—No, por supuesto que no. O vos sos de las que cree que la Liberación la hizo la CIA?

—¿Ayudó bastante, no?

—¡Que va! La Fuerza Aérea de la Liberación, que fue el factor decisivo para el derrocamiento del régimen pro-comunista, no la organizaron los norteamericanos. ¡La creó un umbilicalense!

—Habrá sido él, entonces, el que eligió esos emblemas...

—Es probable.

—Un admirador de Chennault.

—Posiblemente.

—¿Y cómo se llama o se llamaba ese umbilicalense?

Disculpame, pero aunque lo supiera no te lo diría. ¿Y sabés por qué? Porque la revolución del 54 fue apenas el comienzo de una guerra que aún estamos librando. Tal vez cuando el conflicto se haya terminado definitivamente...

—¿Su nombre podría ser Whayt, Thomas Whayt?

—Ese nombre no suena muy umbilicalense —opinó el general Mendoza y cambio de tema.

En los días siguientes Susanne sometió al capitán Krummer a tan intensos como inútiles interrogatorios sobre la historia de la Liberación, su Fuerza Aérea, la identidad de su presunto fundador...

—"¿El nombre Thomas Whayt te resulta conocido? ¿Alguna vez oíste mencionarlo? ¿Existe alguien llamado así en Umbilical?"

—No; no; no —respondía él.

El capitán tampoco estaba dispuesto a hablar o, realmente, no sabía nada, primero porque ni siquiera había nacido cuando esos episodios ocurrieron, segundo, porque pese a haber sido determinantes para el rumbo de Umbilical durante los cuarenta años posteriores, fueron tan siniestros que hasta sus propios beneficiarios prefirieron ocultárselos a las nuevas generaciones.

Entonces, tal vez para presionar a su admirador o porque, efectivamente, se sentía derrotada, Susanne le anunció que había decidido regresar a su país.

—¿Pero, por qué? —le preguntó él, verdaderamente angustiado.

—¿Quieres saber la verdad?

—Claro.

—Te mentí —declaró y acto seguido paso a improvisar, sino la única, la más grande patraña de su vida:

—Vine a Umbilical siguiendo las huellas de los Flaying Tigers porque comencé a trabajar en un libro sobre ellos y quería concluirlo mostrando de qué manera su epopeya, su fama, trascendieron las fronteras de mi país y se convirtieron en modelo, en ejemplo, en otras partes... Lamentablemente, aquí todos mis esfuerzos resultaron inútiles. No puedo seguir perdiendo mi tiempo.

—¿Entonces, ya sabías el origen de los emblemas, todas esas cosas?

—Sí; discúlpame.

—No te preocupes. No tiene importancia. Sos muy buena investigadora...

—¡Soy un desastre! Ni siquiera he podido saber cómo llegaron los emblemas hasta aquí; quién los trajo...

—¿Y eso es muy importante para vos?

—¡Es fundamental!

Un detector de mentiras hubiese podido demostrar que esa afirmación fue lo único sincero entre tanta falsedad. Más que el nombre – sobre el que ya no tenía ninguna duda –, el paradero de ese personaje era fundamental, no para confirmar una hipótesis que ya había cedido su lugar a la certeza, sino para encontrar a su padre. Porque, ¿quién podía haber sido sino su padre; un agente estadounidense nacido en Umbilical, que en el sudeste asiático había tenido la oportunidad de entrar en contacto con las covert actions en las que habían degenerado las actividades aéreas de Chennault, el que trasladó esa experiencia – ¡y hasta los emblemas originales! –, precisamente en 1954, el año de su desaparición de Vietnam –, a su país de origen, para utilizarlos en un golpe de Estado, primero, y en oscuras operaciones encubiertas, como el bombardeo a la fábrica, después.

Al capitán se le ocurrió una "brillante" idea para retenerla.

—Tal vez yo pueda ayudarte a terminar ese libro —le dijo.

—¿Cómo?

—Hay un empresario muy vinculado a la gente de la Liberación. Y además, un gran simpatizante de los norteamericanos, así que te resultara fácil comunicarte con él. Habla inglés fluidamente. Se llama Armando Arrau. Es muy probable que él sepa quien formó la Fuerza Aérea Libertadora. Quien trajo los emblemas. Y si no lo sabe, seguramente él podrá ponerte en contacto con otros que si lo saben.

—¡Eres un amor! ¿Podrías presentármelo?

—Te puedo conseguir los teléfonos de su oficina. Llamalo

directamente, pedile una entrevista... Decile que sos periodista. Tiene ambiciones políticas y seguramente está muy interesado en establecer contactos con la prensa, sobre todo si es norteamericana.

Estuardo Krummer no volvió a ver a Susanne en mucho tiempo. Supo que había entrado en contacto con Arrau y que una fluida comunicación se había establecido entre ellos. Qué tan intensa no llegó a saberlo, pero ella nunca estaba en su habitación – aún muy avanzada la noche – cuando él la llamaba por teléfono. Sin embargo, la última vez que el capitán y la "investigadora" se encontraron (para un desayuno en el mismo restaurante de la primera vez), ella le contó :

—¿Armando? Bastante bien, aunque un poco "empalagoso" para mi gusto. Nos vemos con frecuencia; conversamos, pero él tampoco quiere hablar sobre el tipo de los emblemas. Jura que no conoce a ningún Thomas Whayt pero estoy convencida de que me está mintiendo. Sospecho que tiene algún tipo de relación con él..., algún tipo de negocios. Ah, ¿y sabes quien más está metido en esos negocios? Este mundo es un pañuelo: ¡tu comandante: el general Eliseo Mendoza! Armando se niega a hablar sobre el asunto. Se irrita cuando le pregunto. Pero en su casa, en el escritorio de su casa, tiene documentos que, seguramente, aclaran la identidad y el domicilio de ese misterioso personaje. Te voy a confesar algo muy reservado: he decidido darle una mirada a esos papeles sin que Armando se dé cuenta. ¿Piensas que corro algún riesgo?"

Enviciados en "charamil", bebida de alto tenor alcóholico, bajo costo y pésima calidad.

Capítulo 15
LAS ÚLTIMAS CENAS

Cuando el general Torres corrió la cortina que cubría el ventanal de su estudio-arsenal pudieron comprobar que continuaba lloviendo y que una oscuridad prematura ajustaba su nudo sobre la capital de Umbilical.

—¿Puede abrir un poco la ventana, también? —le suplicó Guillermo desde el fondo del sillón en el que se había hundido.

Los dos hombres estaban exhaustos. El más viejo parecía avergonzado: nunca había hablado tanto y tan sinceramente. El más joven se encontraba al borde de la asfixia, porque esa inmersión en los detritos del pasado había durado más de lo humanamente tolerable, sobre todo teniendo en cuenta que venía de mucho tiempo sin tiempo, sin ventilar su cerebro con el oxígeno que (se supone) produce la marcha del tiempo.

Había sido una demasiado prolongada y dramática sesión. Coronada por un extenso y sorprendente relato, no solo por la cantidad de detalles casi íntimos, sino también por los comentarios, las observaciones sociológicas y hasta psicológicas contenidas en él. «¿Pero, cómo pudo el general saber todo eso?»

—Esas fotografías nos indicaron que teníamos una muerta dando vueltas en el asunto. ¿Pero, de quién se trataba? La respuesta la obtuvimos tres días después y está en esa cinta que me entregó la Dos (Torres señaló hacia un cassette de audio, sobre su escritorio). —¿Querés oírla?

—Prefiero que usted me diga que contiene.

—¿Vos te fuiste de Umbilical amenazado por la CIA, no?

—Sí.

—¿Por uno de los hombres de la CIA más temibles de la región: Álvaro Trinidad, no?

—Sí.

—Cuando te enteraste que Susanne había desaparecido recurriste a él y amenazó con matarte si no te ibas de Umbilical.

—Sí.

—¿Podés decirme por qué acudiste a él y por qué te amenazó?

—Su verdadero nombre es Thomas Whayt. Es el padre de Susanne.

—¡Trinidad es el famoso Whayt que ella tanto buscaba!

—Sí.

—Pero entonces...En materia de truculencias el general creía haberlo conocido todo; pero ésa lo dejó sin habla.

—La cinta. ¿Qué contiene la cinta, general?

—No me lo vas a creer. Después de tu visita, Trinidad, Whayt o como se llame ese viejo de mierda llamó por teléfono a Mendoza y al Jefe del Estado Mayor. Les dijo que la embajada de Estados Unidos estaba preocupada por la desaparición de una ciudadana norteamericana – Susanne Laforet – y les preguntó si sabían algo. Ambos le respondieron que no. Mendoza admitió haberla conocido – "muy atractiva, por cierto" – y le sugirió que le preguntara a Arrau. "Parece que es su más reciente adquisición". Esas fueron sus palabras textuales... Están en la grabación de esas conversaciones telefónicas que hizo la Dos.

—Entonces, pese a todo, el viejo... —murmuró Guillermo, profundamente impresionado.

—Y, hasta los más hijos de puta tenemos nuestro lado humano —filosofó Torres.

—¿Trinidad habló con Arrau? —quiso saber Guillermo.

—No lo sé. Si lo hizo fue personalmente, porque no tenemos ninguna grabación —le explicó el general.

—Pero, ¿cómo hizo usted para enterarse de todos los pasos de Susanne, hasta su muerte?

—Muy simple —dijo el general con el mismo tono que seguramente utilizaba Sherlock Holmes para decir *"Elemental, my dear Watson"*. —Yo estaba presente en esa ceremonia de la FAU y lo vi al capitán Krummer acompañado por Susanne. Vos sabés que ella no pasaba desapercibida en ninguna parte. Cuando no me quedó ninguna duda de que el cadáver de las fotografías era el de ella, aquí mismo, donde vos estas sentado, interrogué exhaustivamente al capitán Krummer; el hilo conductor, llamémoslo así. Él me contó con lujo de detalles todo lo que ya sabés. El móvil del homicidio es obvio, ¿no? Ella trataba de dar con el paradero de su padre y, sin quererlo, se encontró con toda la mierda de la chatarra. Arrau la descubrió y la mató u ordenó que la mataran... Después, hicieron desaparecer el cuerpo en el horno de la fundición. El general podría haberse ahorrado ese último detalle macabro. Pero, por lo visto, estaba dispuesto a revelar todos y cada uno de los pormenores del caso.

—Quiere decir que, sin saberlo, Arrau asesinó a la hija de uno de sus principales socios... —dijo asombrado.

—¿Cómo?

—Ahí está —dijo Torres y volvió a señalar hacia el lector de microfilms.

La película incluía la composición del directorio de "ARSA" - presidido por Arrau y en el que aparecía, en una posición destacada, un representante de la empresa "Cerro Dorado, SA". Y una lista con los nombres de los accionistas de esta última, encabezada por Álvaro Trinidad y seguida por algunos viejos conocidos, como Eliseo Mendoza, Marco Tulio Calderón Sosa, el ex jefe de la estación de la CIA en Umbilical, John Doherty y Jerry Fred De-Larm, el ex piloto naval que participó en el golpe del 54 para después dedicarse al negocio de la aviación civil, entre otros menos "famosos" pero, igualmente siniestros. También, los estados de cuenta - en varios bancos de Umbilical y del exterior - de los principales involucrados en el "negocio" de la chatarra, en los que podía comprobarse lo lucrativo de la actividad y las millonarias utilidades que le proporcionó a los emprendedores mafiosos. El dato más importante era que "ARSA", de Arrau y "Cerro Dorado", de Trinidad/Whayt pertenecían al mismo holding.

Después de retirar el microfilm del lector y volverlo a su pequeño tamaño original Torres lo envolvió cuidadosamente en el mismo papel de estaño y se le entregó a Guillermo.

—El destino de Umbilical está en tus manos —le dijo solemne.

—Y a propósito de manos, ¿querés lavártelas? —le preguntó con una sonrisa - como para aliviar un poco el dolor de su amigo y el peso de la responsabilidad que acababa de traspasarle - antes de invitarlo a pasar al comedor, donde, a juzgar por la cantidad de delatoras miguitas de pan sobre el mantel, Mariana llevaba demasiado tiempo esperándolos.

Cuando se sentaron y Estela, la vieja empleada doméstica, se retiró tan discretamente como había llegado, dejando sobre la mesa varias fuentes con ensaladas, pollo al horno, arroz y frijol, el general le explicó:

—O'Rourke: estamos en una carrera contra el tiempo. El cierre de la campaña electoral es en una semana. Las elecciones en menos de un mes. La única posibilidad que tenemos de impedir que ese hijo de puta llegue a la Presidencia es que hagas detonar esa bomba cuanto antes... Y que el ruido de la explosión se oiga en todo el mundo, especialmente en Washigton, donde tiene sus principales respaldos y propagandistas.

—¿Por qué esperó hasta último momento? —le preguntó Guillermo mientras respondía a la amable indicación de Mariana para que le alcanzara su plato.

—Porque esa información es nuestra carta más fuerte y no la íbamos a jugar de entrada. Primero quisimos ver hasta dónde estaban dispuestos a llegar. Les hicimos saber que no estábamos dispuestos a permitir semejante traición y semejante engaño al pueblo umbilicalense, satanizándonos a los militares y vendiéndose como blancas palomas, muy Opus Dei de golpes de pecho, todos ellos. Sin embargo, decidieron seguir adelante, con el beneplácito de la guerrilla, por una parte, y el respaldo de Estados Unidos y de toda la Comunidad Internacional, por la otra. ¡"En esta región no quedan palomas. Se las comieron los indios muertos de hambre! —dijo Torres al tiempo que atacaba frontalmente al pollo.

«El ejército asesinó a los mejores hombres de Umbilical» estuvo a punto de corregirlo Guillermo, pero no le pareció la más adecuada y oportuna de las observaciones para refrendar la alianza táctica que acababan de establecer. En cambio se interesó por otro comentario del general...

—¿Les hicieron saber? ¿Cómo?

Torres miró a su hija, esta miró hacia las miguitas. Guillermo los miró a ambos esperando una respuesta que tardó un siglo en llegar...

—Con el único lenguaje que entienden: el de la violencia —declaró Torres visiblemente contrariado.

Como no se trataba de ningún interrogatorio policial y aprovechando que estaba ocupado en jugar con los cubiertos y contemplar una comida que no tenía ni siquiera ganas de probar, Guillermo recurrió a su memoria para pasar revista a las noticias de Umbilical más importantes de los últimos tiempos y sólo encontró asaltos a algunos de los principales bancos – en verdaderas operaciones para-militares – secuestros de empresarios y hasta un par de sonados atentados dinamiteros contra poderosos dirigentes del sector. Entonces levantó la vista hacia su anfitrión y lo observó boquiabierto. Como cualquier caballero respetable, el general estaba concentrado en un feroz "mano a mano" ("mano a pata") con el pollo.

—¿No le gusta la comida? —le preguntó Mariana preocupada.

—Se le atragantó un hueso antes de haberla probado —le informó su padre acompañando su ocurrencia con una carcajada.

El resto del almuerzo/cena (hay ciertos días en que todo se trastoca) transcurrió en un sobrenatural clima de paz, laxitud y forzado buen humor. Torres le pidió a Guillermo que le diera a Mariana su propia versión sobre las circunstancias en que se conocieron, muchos años atrás, en las montañas. Relato que, pese a todo, Guillermo terminó convirtiendo en un spaguetti-western, con todo tipo de exageraciones, pinceladas surrealistas y suspenso, alentado por la risa, los aplausos y hasta los saltos de la muchacha.

—¡No, no es cierto!", gritaba Torres en pasajes como los de la ráfaga que les dispararon cuando descendían hacia el valle.

—¡Qué cruel! —le reprochaba Mariana a su padre cuando Guillermo aseguraba que —así, cansados, golpeados y con nuestras ropas hechas jirones, este general que aquí ves nos obligó a arrojarnos al precipicio.

—Guillermo: ¿y las emboscadas guerrilleras a... "Terminator"? ¿Así se llamaba, no? —sugirió divertido el general. Un militar que, al final de cuentas, se había pasado la vida saltando con toda naturalidad de la muerte a la cotidianidad, ida y vuelta, y que inmediatamente después de una exasperante tarde como la que acababan de pasar e inmediatamente antes de las batallas por venir, no estaba dispuesto a desperdiciar la oportunidad de un buen momento, aprovechando las condiciones histriónicas de un huésped tan singular como infrecuente.

—¡De ninguna manera; eso sería revelar secretos profesionales! —dijo Guillermo sin entender muy bien porqué estaba traicionando tanto luto y tanta rabia para aceptar la invitación al juego y a la risa de ese desalmado (¿o muy realista?) general.

—¡Sí, Lalo, por favor! —le suplicaba Mariana. Y entonces entendió que las viejas angustias, propias o ajenas – por más profundas que sean – no tienen ningún derecho a cerrarle el paso a las alegrías jóvenes, por más pueriles o circunstanciales que parezcan.

—Bueno, para no desairar a la dama, vamos a hacer una excepción: En la noche, en el portaequipajes de "Terminator", cargábamos algunas bolsas de harina, azúcar, sal, latas de leche en polvo y atún, bizcochos, esas cosas, alimentos...

—¡Fijáte que traidores, los malditos colaboracionistas! —comentaba Torres, sin disimular la gracia que le producía el relato.

—¡Papá, dejálo contar! —le ordenaba la muchacha.

—Y, ...ustedes saben,...el famoso impuesto de guerra —se disculpaba Guillermo.

—¿Y entonces? —quería saber Mariana con urgencia.

—Agarrábamos un camino de montaña, siempre el mismo. Solo una vez con cada grupo de turistas, por supuesto. Y después de mucho andar, siempre en el mismo paraje, John – el chofer de "Terminator" – disminuía la velocidad y yo me dirigía a los pasajeros para decirles muy serio: —hemos entrado en una zona liberada, es decir un territorio controlado por la guerrilla; por favor si ocurre algún imprevisto, permanezcan en sus asientos con los cinturones abrochados y mantengan la calma.

—¡No es posible! ¡Cómo en un avión! —exclamaba Mariana.

—¡Qué tremendos sinvergüenzas! —se carcajeaba el general.

—Todos los turistas comenzaban a temblar. ¡Habían visto y escuchado tantas barbaridades por televisión! Y de pronto... ta-tan-ta-tan... ¡¡¡¡los despiadados guerrilleros aparecían como surgidos de la nada en medio del camino!!!!

—¿Guerrilleros de verdad? —quería saber Mariana.

—¡Claro, esos malditos muertos de hambre! —le aclaraba su padre.

—Un tronco cerraba el paso... bueno, un tronquito (siempre el mismo); fusiles apuntándonos amenazadores; el jefe de la escuadra nos hacía señas para detenernos, para bajar –¡todos!– con las manos en alto.

—¿Y los pobres gringos? —Mariana quería detalles morbosos.

—Algunas mujeres comenzaban a sollozar – "my God, my God, buuu, buuu" – ; otras no podían seguir ocultando sus simpatías y querían tirarse de 'Terminator' para caer en los brazos de los heroicos y sexis combatientes; algunos tipos proponían: —bueno, si esta mierda es blindada por qué no aceleramos y les pasamos por encima.

A esas alturas, el general tenía un preocupante ataque de risa que amenazaba con derrumbarlo del sillón.

—En el más absoluto silencio, todos descendíamos con las manos en alto. Haciendo un esfuerzo sobrehumano para contener las carcajadas, el jefe del grupo nos guiñaba un ojo y con voz de trueno lanzaba su arenga:

—Bienvenidos a territorio libre de Umbilical. Somos combatientes del Ejército Popular de Liberación Nacional y Social de los Miserables y de las Capas Medias Expropiadas (EPLNSMCME). Por lo tanto, somos escrupulosos respetuosos (su sintaxis no era de las mejores) de la observancia del respeto de los Derechos Humanos, individuales y sociales. Lo cual quiere decir que no les va a pasar nada..., mientras sigan bien portaditos como hasta ahora. Solo queremos revisar sus documentos e inspeccionar la carga. Mientras tanto, pueden tomar fotos; adquirir algunos recuerdos o artesanías a precios módicos e ir al baño. Damas y niños (nunca había niños), primero.

—¡¡No es cierto!!" —gritaba Mariana. —¡¡Me está mintiendo!!

—Te aseguro que era así —le decía su padre, colorado como un tomate y agarrado de uno de los apoya brazos del sillón para no irse al suelo.

—Y así, mientras algunos turistas les pedían autógrafos, otros les ofrecían anillos y hasta ¡aretes de oro! a cambio de sus pañoletas o sombreros y otros – a decir verdad – analizaban las oportunidades y los riesgos de saltarles a la yugular, los guerrilleros cargaban todos los alimentos que les habíamos llevado – por supuesto, en medio de nuestras airadas protestas –; nos despedíamos todos muy emocionados; les deseábamos toda clase de éxitos en la guerra contra las tropas al mando de este señor; y seguíamos nuestro camino felices y contentos. Y colorín, colorado, este cuento...

Y podrían haber seguido así, surrealistamente despreocupados y divertidos un buen tiempo más (ya habían pasado por el postre y el café y los dos hombres se preparaban para dirigirse a la sala en busca del algún brandy) cuando desde alguna parte llegó un cavernoso —con permiso, mi general —y Torres salió rápidamente del comedor para ver de qué se trataba.

—Guillermo – ¿puedo tutearte, no? –. Papá me dijo que te vas mañana. ¿Vas a quedarte a dormir aquí? —le pregunto sin vacilaciones Mariana.

—No; arreglaron otros planes para mí. Parece que el coronel López me va a llevar a otro lugar.

—¿Por qué?

—¿Supongo que por una cuestión de seguridad.

—¿Qué mayor seguridad que la de esta casa?

—No lo sé.

—Guillermo, no confío en el coronel López Chavarría.

—Pero es el hombre de más confianza de tu padre.

—Muy a pesar mío.

—A mi tampoco me gusta. Pero, ¿tenés algún motivo para desconfiar de él?

—No, nada concreto. Llamalo intuición femenina.

Lo tomó de un brazo y le suplicó:

—No te vayas con él.

—No puedo pasar la noche en un hotel y es obvio que el general no quiere que me quede aquí.

—Yo voy a hablar con él —le dijo Mariana resuelta.

Torres esperaba algún tipo de inminente acción del gobierno provisional contra su casa: allanamiento, asalto o ataque, lo mismo daba. Por eso, su plan original preveía que una vez que O'Rourke tuviese el microfilm en su poder, desapareciese tan rápido y discretamente como había llegado. ¿Discretamente?

—¿Es cierto que casi matas a un tipo en el aeropuerto? —le preguntó furioso el general cuando regresó al comedor.

—Creí que se trataba de un secuestro —se disculpó Guillermo avergonzado.

—El coronel López me acaba de contar el episodio. ¡Qué cagada! Yo esperaba que tu llegada a Umbilical pasara lo más desapercibida posible. Ahora todo el mundo sabe que estas aquí...

—Papá, no hay otro lugar más seguro que éste para que Lalo pase la noche —intervino Mariana.

—Disculpáme hija, pero de estas cuestiones me encargo yo. No solo saben que llegó a Umbilical; también que está aquí, en la casa. Y dirigiéndose a Guillermo:

—Te tenés que ir inmediatamente. No quiero que nos agarren a todos aquí.

—De acuerdo, general. No se preocupe. Estoy listo —le respondió Guillermo y para tranquilizarlo fue hasta la sala – seguido por padre e hija – y se puso la campera que había dejado en el respaldo de una silla.

—El coronel ya está abajo, esperándote.

—Sólo una pregunta, general: ¿a propósito de qué López Chavarría le contó lo del incidente en el aeropuerto?

—¿Qué importancia tiene? Le comenté que no estaba muy seguro de que mi decisión de que pasaras la noche en otra parte fuese la correcta.

—¿Y entonces, para terminar de convencerlo, él le contó lo del aeropuerto...

—Así es. Después de eso, ya no tengo ninguna duda.

—Ok. ¿Puedo pasar al baño antes de irme?

—Claro, es por ahí.

Siempre había sido así. Las ideas más brillantes se le ocurrían mientras meaba. La prueba de que no lo había pensado antes era que no conocía ese baño. Por lo tanto, no sabía que tenía una pequeña ventana que daba al jardín interior, ni que éste se comunicaba con un patio lateral, ni que el patio estaba separado de un desolado callejón por un alto muro, prácticamente inexpugnable desde afuera, pero relativamente fácil de escalar desde el interior.

Lo único que sabía era que Mariana desconfiaba de López; que López estaba demasiado interesado en llevárselo a pasar la noche vaya a saber dónde; que había vivido demasiado como para subestimar la intuición femenina; y que en un bolsillo del pantalón tenía el microfilm y, en la campera, el pasaje de regreso, su pasaporte y unos cuantos dólares. ¿Su bolso? Se lo dejaba de regalo a ese coronel hijo de puta, con todo lo que tenía adentro. ¡Aunque deshacerse del viejo peine de carey y plata que había pertenecido a su abuelo le partiese el alma!

Así, sin pensarlo dos veces – como casi todo lo que había hecho en su vida –, de pronto se encontró en la calle, bajo la lluvia, en medio de la oscuridad, solo taladrada a unos 50 metros por el haz de un potente reflector de una torre de vigilancia, y sin saber dónde ir.

Pero a las preocupaciones, como a los enemigos, hay que saber clasificarlas y administrarlas según su importancia. Primero: tenía que evitar que los guardias de la casa lo vieran, o que lo confundieran con un merodeador y le metieran bala. Segundo: debía conseguir un taxi, propósito que dentro del barrio militar resultaba un tanto utópico. Tercero, tenía que indicarle al taxista alguna dirección razonable, una dirección que no fuera en ciudad de México, en Buenos Aires o en Manhattan, porque – suponiendo que el tipo estuviese dispuesto a llevarlo hasta el fin del mundo – no tendría suficiente dinero para pagarle. Por lo tanto tenía que ser algún lugar dentro de la capital de Umbilical.

Para elegirlo tuvo tiempo suficiente porque las dos primeras tareas le insumieron una hora y media de caminata, mejor dicho, de chapoteo con perspectivas de convertirse en natación.

A esas alturas la ciudad parecía resignada a desaparecer bajo el agua que ya no solo caía, sino que brotaba incontenible de las alcantarillas, corría a raudales por las calles en declive y formaba tenebrosos pantanos y lagunas en las partes más bajas.

Tratando de proteger el microfilm de la lluvia y de decidirse por algún destino estaba cuando, en medio de la tormenta, a barlovento y con doble rizo, apareció la nave-taxi salvadora, timoneada no por Noé, como lo supuso cuando la vio avanzar entre la bruma con un par de mortecinas luces blancas en la proa en vez de la roja y la verde reglamentarias, sino por un mestizo dicharachero y borracho como pocos (a mitad de la semana).

—¡Corra que se va a ahogar, mi jefe! —le gritó el taxista después de haber arrojado el ancla para detener la marcha 20 metros más adelante, a media calle. Es decir después de haber hundido infructuosamente los frenos en medio de un profundo canal.

Con el agua hasta las rodillas Guillermo logró llegar hasta el vehículo y acomodarse en su interior. La verdad es que éste estaba tan empapado como todo lo que había a su alrededor pero, al menos, pudo dejar de luchar contra las olas.

—Disculpe, jefazo, pero esas malditas ventanillas no suben — le explicó innecesariamente el taxista cuando lo vio manipular las inservibles manivelas.

—¡Que nochecita! ¡Buena para mirar televisión y echarse unos tragos! (por lo visto y olfateado, lo único que el chofer echaba de menos era la televisión) Bueno, usted dirá dónde vamos...

—¿Conoce la residencia de la embajada de Argentina?" —le preguntó Guillermo.

—¿Cómo no la voy a conocer? Esa con la bandera de Maradona, ahí en la zona rosa.

—No, esa es la embajada. ¡Y la bandera no es de Maradona! Yo quiero ir a la residencia del embajador —acababa de decidirse.

—No; residencias yo conozco muchas... Imagínese, veinte años al volante. La Residencia Presidencial, la Residencia del Ministro de la Defensa, la Residencia del Arzobispo, pero esa residencia de la que usted habla no la conozco. ¿No ha de ser muy importante, no?

—No importa, yo lo guío —dijo con el único propósito de hacer callar al conductor, porque ni siquiera sabía dónde estaban.

Así, después de una accidentada travesía, en medio de la tormenta, con un timonel borracho que no paraba de hablar y un navegante desorientado y sin brújula ni nada parecido a una carta náutica o un mísero mapa de la ciudad, milagrosamente llegaron a destino. Atracaron violentamente contra el cordón de la vereda; Guillermo le dio muchas gracias y unos pocos dólares al patrón de la heroica embarcación con ruedas y descendió para dirigirse, corriendo, hacia la residencia de su amigo, el excelentísimo señor embajador Lucio Mansilla.

Historiador, culto y refinado, Mansilla era - simpatías personales al margen - un emblemático producto final del traumático proceso de reacomodo de las placas sociales que, en América Latina, experimentaron países como Argentina, Brasil y México durante las dos décadas y media transcurridas entre la Revolución Cubana y la contrarrevolución conservadora de Ronald Reagan y Margaret Thatcher. La gran protagonista de esos años: una amplia faja social que abarcaba desde los obreros mejor pagos y más conscientes hasta sectores e individuos radicalizados de la alta clase media intelectual, Mansilla entre ellos. Miles y miles de jóvenes movilizados detrás del ícono por excelencia de aquellos tiempos: el Ché Guevara, aunque muchos de ellos – como Mansilla – provinieran de familias y ámbitos de actuación política decididamente anti-comunistas. Cuando las revueltas estudiantiles, primero, y las sangrientas aventuras foquistas y de la guerrilla urbana, después, demostraron la solidez y capacidad de respuesta del *"stablishment"*, los ya treintones revolucionarios estilo Mansilla (los que sobrevivieron) decidieron que había llegado la hora de madurar y combatir al sistema desde adentro, lo cual significaba ir al reencuentro de las raíces sociales, familiares y grupales de las que alguna vez renegaron, para procurar en ellas la ayuda, los contactos, el nombramiento, la recomendación, las becas, el acomodo, que les permitiera reinsertarse en "el sistema", y obtener los recursos para un merecido bienestar, sin abandonar la conciencia crítica, por supuesto.

Mientras vivió en Umbilical, como corresponsal, primero, y como director-gerente de "Guerrilla Tours", después, nunca se le pasó por la cabeza comparar su siempre riesgosa e inestable situación con el sólido status del diplomático. Ambos disfrutaban con lo que hacían y ambos se complacían con las aventuras y los éxitos del otro, sin que ninguno tuviese el mínimo interés en intercambiar papeles. Esa era la sólida base de una extraña amistad entre dos hombres de extracción y experiencias políticas antagónicas.

El padre de Mansilla fue uno de los más cercanos colaboradores del general Juan Domingo Perón. En cambio, la familia de Guillermo, demócrata-cristiana y, por lo tanto abiertamente Gorila[1], hizo una fiesta para celebrar la muerte (por cáncer) de Eva Duarte, la segunda esposa de Perón, la famosa Evita. Ni siquiera su pregonado y activo cristianismo pudo impedir el festejo.

Con los años, Lucio y Guillermo se fueron radicalizando, pero en direcciones opuestas: el primero siguió el sendero casi natural que recorrieron tantos jóvenes argentinos: del nazismo o, en el mejor de los casos, del nacionalismo al peronismo revolucionario (armado); el segundo, una vez pasados por la trituradora de Hegel, Marx, Heidegger y Nietzsche al Padre, el Hijo y el Espíritu Santo, conservó la tradición anti-peronista familiar pero desde la perspectiva revolucionaria de León Trotski, es decir contraria a la violencia de las formaciones especiales y la alianza de clases tan caras a los Mansilla y partidaria de una verdadera revolución socialista de obreros y campesinos.

«¿Amistad?» la puso alguna vez en duda Guillermo desde su exilio en su propio país. «¿O un uso mutuo cordial y afectuosamente consentido?» Porque entre un diplomático en funciones y un periodista, primero, y una especie de socio de la guerrilla y el ejército, después, existieron demasiados intereses, por así decirlo, profesionales, como para establecer una verdadera amistad. Aunque Aristóteles consideraba que también podía sustentarse en intereses, él siempre pensó que cuanto más desprovista de ellos estuviese, mucho mejor; más auténtica.

La principal función implícita de un embajador es mantener informado a su gobierno del acontecer público y, especialmente, de las actividades secretas, del país y del Estado ante el que está acreditado. Pero como en una región en guerra como Umbilical un embajador – Mansilla o cualquier otro – no puede pasearse por las áreas de conflicto por obvios motivos de seguridad, los "Guillermos", entrando y saliendo; recogiendo información "in situ"; en contacto directo con los protagonistas de las acciones bélicas, son invalorables proveedores de insumos para esos informes. Por eso él, yo, este Guillermo, tuvo acceso privilegiado a la sede diplomática, a la residencia, a cuanto acto, recepción o reunión organizó Mansilla y, muy especialmente, a largas charlas privadas y a puertas cerradas en las que intercambiaban figuritas[2]: el diplomático enterándose del verdadero curso de la guerra; el corresponsal de las ideas, planes y cursos de acción de ese y otros Estados involucrados, directa o indirectamente en el conflicto.

Ahora, cansado, chorreando agua en el hall de entrada de la residencia, con sus ropas empapadas como únicas pertenencias, mendigando una cama para pasar la noche; Guillermo percibió, por primera vez, los Castagninos y los Berni iluminados en las paredes; los muebles de caoba; el concierto Brandenburg número 3 de Bach perfeccionando, aún más, el ambiente, y sintió algo parecido a la envidia, a la rabia. Apreciaba a Mansilla y valoraba su notable inteligencia, su fino sentido del humor y su actitud siempre solidaria, pero como eran más o menos de la misma edad y de un origen social parecido, mientras esperaba que saliese a su encuentro desde el área familiar de la residencia, no pudo dejar de pensar en su propio fracaso, más evidente que nunca por referencia al éxito alcanzado por el embajador y al confort que lo rodeaba. Éxito logrado por indiscutibles méritos propios, pero también por haber aceptado representar en Umbilical al gobierno civil (peronista) más corrupto y más mafioso de los que pasaron por la "Rosada"[3]. ¿El hubiese rechazado semejante oferta?

—¡Guillermo! ¿Qué hacés acá? ¿Qué hacés ahí parado? Vení, pasá —le dijo Lucio antes de estrecharlo en un fuerte abrazo.

—¡Pero, estas empapado! ¿Viniste caminando?

—No, pero tuve que caminar un poco para conseguir un

233

taxi.

—¿Por qué no me llamaste? Hubiese enviado el chofer a buscarte.

—....

—¡Pucha, estas empapado! Sacate esa ropa. Te presto una bata. Total, estoy solo.

—¿Cómo solo? ¿Y la familia?

—Están en Buenos Aires. Se fueron primero. Yo me quedé para preparar la mudanza.

—¿Mudanza? ¿Se van?

—Se me acabo el tiempo de misión. Nos vamos... Pero, y vos, ¿qué hacés aquí? ¿Cuándo llegaste? ¿Cómo no me avisaste? ¿Cuánto tiempo te quedás? ¿Dónde estás alojado? ¿Qué viniste a hacer?

El problema no consistía en la cantidad de preguntas, sino en que Guillermo no estaba seguro si debía contarle la verdad. Que el gobierno para el que trabajaba Mansilla era el más servil de todos los gobiernos subordinados a Washington no era ninguna novedad. Pero Mansilla siempre había mantenido una sana y elogiable independencia, sino política – su trabajo se lo impedía – al menos mental...

Fue el propio embajador quien lo ayudó a resolver la duda:

—¡Qué lástima no saber que estabas en Umbilical o que no llegaras más temprano! Acabo de tener aquí una reunión muy interesante en la que te hubiese gustado mucho participar —le dijo una vez instalados en una sala más pequeña y familiar, mientras Guillermo se quitaba la camisa. —Vino gente del entorno de Armando Arrau y del frente político que está armando la guerrilla. Parece que los guerrinchas[4] lo van a apoyar.

—¿Y vos estas intermediando?

—De alguna manera. No es la opción ideal, pero es la única... Pero, no me contestaste: ¿qué hacés por aquí?

—...Una escala técnica. Un desastre. Voy para México por una cuestión de laburo[4]. Pero, no sé qué mierda le pasó al avión. Estaba prevista una escala aquí. Llegamos, pero ya no salió. Se le rompió algo. Y, para terminar de joderla, me perdieron la maleta con toda la ropa. Me ofrecieron un hotel para pasar la noche, pero preferí venir a verte.

—¡Me hubieses llamado desde el aeropuerto! ¿Te quedás

a dormir, no?

—Me gustaría.

—Claro, así charlamos. ¿Cenaste? Ahora mismo pido que nos preparen algo y que arreglen una habitación... ¿No te importa que sea la que está junto a la mía? El único problema es que tendremos que compartir el baño. El del cuarto de huéspedes está en reparación.

—Por mí no hay ningún problema. Me voy mañana.

—Por mí podés quedarte el tiempo que quieras.

El embajador también decidió ponerse ropa más cómoda. Así, con Guillermo en calzoncillos y bata (y el microfilm en uno de los bolsillos de ésta) y Lucio con camiseta y bermudas, bebieron café y whisky del mejor; cenaron salmón ahumado con puré de mango y remataron con más café y más whisky, mientras se ponían mutuamente al día sobre los principales acontecimientos personales e internacionales, como lo habían hecho durante varios años.

Por supuesto, la tan temida pregunta no tardó en aparecer, aunque formulada con elegancia:

—Bueno, entre tantas versiones, suposiciones y conjeturas, por fin voy a saber de primera mano porque desapareciste de Umbilical tan intempestivamente. ¡Nos dejaste preocupados a todos! —le dijo Mansilla.

—Es una larga historia y sabés que no soy bueno para sintetizar. No me preguntes porqué, pero te aseguro que en pocos días vas a conocer los motivos y muchas cosas más —se limitó a responder Guillermo.

—¡A la mierda! Eso suena interesante. ¿Estás escribiendo algo?

—Sí, mintió.

—¡Y vas a ser tan mierda como para no adelantarme nada!

Guillermo asintió lentamente con la cabeza mientras entrecerraba los ojos y aspiraba el humo de su cigarrillo, en un mismo acto.

—Nada demasiado importante". Y a renglón seguido se arrepintió, porque estaba tratando a su anfitrión como si fuese un enemigo. Peor aún, lo estaba subestimando.

—¿Nada demasiado importante? ¿Será por eso que la SIDE5 nos pidió información sobre vos? —lo sorprendió el embajador.

—¿La SIDE?

—Sí, la SIDE. ¿Y sabés la película que se armó el grasa[6] de Villarino? (uno de los secretarios de la embajada, agente de los servicios de Inteligencia argentina) Que vos trabajabas para la CIA, con la cobertura de tu agencia de turismo. Hasta que apareció una gringa narcotraficante – una tal Susanne…un apellido francés – que te dejó pegado en el negocio. Por eso, con la complicidad de uno de los principales agentes de la CIA en la región, la hiciste desaparecer y te fuiste a la mierda.

—¡Qué hijo de puta! !No es posible!

—Villarino pretendía despachar esa versión a Buenos Aires. Por supuesto, lo paré en seco.

—Lucio, ¿vos confías en mí?

—¡Claro! Pero no me creo una sola palabra de esa historia que me contaste para justificar tu presencia aquí —le dijo con toda franqueza el embajador. —¿Desde cuándo viajás sin siquiera un bolso de mano?.

—Si te aseguro que toda esta historia no tiene absolutamente nada que ver con vos ni con la Embajada, ni con Argentina, ¿me lo creés?

—Te lo creo.

—Tiene que ver con mi salida de Umbilical, pero lamentablemente no puedo decirte nada por el momento.

—Vos sos el que no confía en mí.

—En el que no confío es en nuestro gobierno de mierda y no quiero exponerte a que el día de mañana te puedan acusar de haberles ocultado información. Por eso, para los dos, es mejor que por el momento no sepas nada...

—¿En qué puedo ayudarte? —le preguntó el embajador, pasando por alto el detalle de que él era el representante oficial de ese gobierno "de mierda" al que acababa de referirse O'Rourke.

—Tengo que salir de Umbilical mañana mismo. Con dejarme pasar la noche aquí, me ayudas un montón.

—¿Querés que te llevemos hasta el aeropuerto; que te acompañemos hasta la puerta del avión?

—¡No! No quiero involucrarte para nada.

—Bueno, cualquier cosa, avisame. Mantenéme al tanto.

—De acuerdo. No sabes cómo te lo agradezco. Y cambiando de tema: ¿de verdad crees que Arrau es la única alternativa para Umbilical? —le preguntó Guillermo para terminar de confirmar sus sospechas de que Mansilla pertenecía al bando de los enemigos del general Torres.

—Es cierto que era un tipo de ultra-derecha; un liberacionista[7] pero no te imaginás cómo ha evolucionado. Además, sus principales colaboradores son gente progresista: un ex dirigente guerrillero; un ex jesuíta; algunos socialdemócratas. Gente muy lúcida, vinculada a las Naciones Unidas y a la Unión Europea; comprometidos a fondo con los Acuerdos de Paz con la guerrilla, con la defensa de los Derechos Humanos, con la depuración y reducción del ejército, con la investigación de las matanzas y los asesinatos políticos cometidos en el pasado.

—Pero su partido es un partido de derecha; financiado por los grandes empresarios umbilicalenses; comprometidos con las privatizaciones, con la desnacionalización, con los monopolios, con una política económica neo-liberal.

—La otra alternativa es el fascismo nacionalista de los militares. Por esto te digo que Arrau es la única salida democrática.

—Si te enteraras de que es un mafioso, un criminal de la peor especie, socio de los militares más genocidas y corruptos, ¿qué harías?

—Si tuviese pruebas, haría todo lo posible por hundirlo —respondió Mansilla sin dudarlo ni un instante.

—¿Tratarías de impedir su casi seguro triunfo electoral?

—¿Impedirlo? ¿Cómo podría impedirlo?

—Haciendo públicas las pruebas.

—¿Vos tenés esas pruebas?

Estuvo a punto de extraer el microfilm del bolsillo de la bata y decirle "aquí están". Pero acabar con Arrau, vengar la muerte de Susanne y el desastre en el que había terminado su propia vida, era algo que sólo a él le correspondía. Por eso prefirió responderle:

— Tal vez existan en algún lado.

—Si demostraran todo eso que vos decís, no dudaría en difundirlas extra-oficialmente, no a través de nuestro gobierno que, siguiendo las indicaciones de Washington, lo apoya incondicionalmente, por supuesto.

—¿Lo jurarías?

—Sabes que no soy de jurar. Pero te doy mi palabra.

Después de despedirse y antes de dormir Guillermo hizo dos cosas: sentado en la confortable cama de la habitación que Lucio le había asignado, pensó largamente en las ironías del destino: un ex marxista como él terminaba colaborando con un sector del ejército más genocida del hemisferio Occidental y un tipo como Mansilla, ideológicamente formado en el populismo nacionalista prestaba un valioso apoyo político-diplomático a un proyecto oligárquico, anti-popular y pro-imperialista. En fin... Después, levantándose de la cama se dedicó a buscar un lugar apropiado para esconder el microfilm hasta que saliera hacia el aeropuerto. En el bolsillo de la bata quedaría demasiado expuesto. Debajo de su almohada demasiado unido a las imprevisibles contingencias de una noche, de cualquier noche. Observó, tocó, analizó cada uno de los lugares y recovecos posibles. Los imposibles no eran muchos en esa habitación y, por cierto, los menos recomendables.

Tratando de hacer el menor ruido posible, caminó hacia el pasillo que la separaba del dormitorio de Mansilla y se le ocurrió abrir la puerta de madera de un armario con toallas, sábanas... Y entonces lo vió:... en el estante más alto un paquete transparente con capacidad para cuatro rollos de papel higiénico, de los cuales solo tenía tres: dos abajo y uno encima. Tomó el envoltorio, extrajo el rollo de arriba e introdujo el microfilm en el interior del que estaba debajo. Después, colocó el rollo superior en su posición original, es decir cubriendo por completo el que contenía la película, y regresó el paquete a su lugar. Únicamente sacando el rollo de arriba se haría notorio para cualquiera un extraño objeto en el interior del tubo de cartón del de abajo.

«¡Una obra maestra!... Ni a Ian Fleming se le hubiese ocurrido...» ¿Pero, si por una de esas putas fatalidades, resultaba que esa misma noche o temprano, en la mañana, a Lucio le daban ganas de cagar, veía que en el baño no había papel higiénico suficiente y recurría a ese paquete? ¡En ese mismo instante debía investigar como andaban las reservas de papel en el baño de Lucio!

Golpeó la puerta: —Lucio, disculpáme, ¿puedo pasar al baño?

—Claro hombre, entrá, estoy leyendo un poco. ¿Querés darte una ducha? Ahí hay toallas".

—No, gracias, estoy muy cansado; mejor mañana.

Rodeó la cama matrimonial, entró al baño y cerró la puerta

a sus espaldas. Para su tranquilidad, en el soporte junto al inodoro, quedaba un poco más de medio rollo de papel. Aliviado, orinó; trató de consolar un poco a su sufrido pene con un par de caricias; se lavó las manos (y los dientes con la ayuda de un dedo); se secó y salió.

—Chau, hasta mañana.

—Chau, que descanses.

Antes de quedar tieso como un muerto sobre el suave e impoluto cubrecamas, hizo algo más: tratar de recordar si al cerrar la puerta del baño en la casa del general había puesto o no algún seguro o pasador. De haberlo hecho, con seguridad en ese momento la casa de Torres tenía una puerta o, al menos, una cerradura menos, destruida por alguna bota militar.

1.- Calificativo agraviante con el que, desde el golpe de Estado de 1955, los peronistas llaman a sus opositores, en general, y a los golpistas en particular.

2.- Intercambiar información.

3.- Carlos Saúl Menem.

4.- Trabajo.

5.- Secretaría de Inteligencia del Estado (Argentino).

6.- Término popular para referirse a una persona sumamente vulgar.

7.- Integrante o simpatizante del Movimiento de Libración Nacional (MLN) que colaboró con la CIA para derrocar al presidente constitucional de Guatemala, Jacobo Arbenz, en 1954.

Capítulo 16
LA CARNE ES DÉBIL

Durante la noche el viento cambió de dirección. Desconcertada, la tormenta se dirigió hacia el océano en busca de nuevas instrucciones y la capital de Umbilical amaneció radiante, fresca y limpia como pocas veces. Hasta daban ganas de reconciliarse con ella, con toda la región; exculparla de sus pecados, reconstruirla sobre sus mejores cimientos – la capacidad de resistencia de los indígenas; la infatigable laboriosidad de los campesinos; la disimulada vergüenza de los jóvenes; el espíritu emprendedor de algunos blancos; la actitud amigable, sencilla y solidaria de la mayoría de la población – y sellar un pacto con todos los dioses – indígenas y ladinos – que fueran necesarios para preservarla así, como esa mañana diáfana, sin sombras.

Cuando Guillermo se levantó y abrió la ventana desde la que se veían, imponentes, dos volcanes recortados sobre un cielo entre naranja y turquesa, el embajador ya había salido.

Con una extraña sensación de bienestar – hacía tiempo que sus relaciones con Eros no eran de las mejores – se dio un prolongado y prolijo baño, volvió a colocarse la bata para dar tiempo a que secaran y plancharan su ropa y se trasladó al comedor diario en procura de un suculento desayuno, con huevos, cereal, panes, mantequilla, jamón y queso, leche, yogurt, jugos y frutas.

Sobre la mesa Mansilla le había dejado el principal diario del día con una noticia destacada con varias vueltas de marcador rojo en la primera plana:

"Violento incidente en el Aeropuerto:
argentino trata de matar agente migratorio"

Un violento y confuso incidente se produjo en la mañana de ayer en el Aeropuerto Internacional de Umbilical cuando un turista que acababa de desembarcar de un vuelo procedente de Sudamérica trató de ahorcar a un agente migratorio mientras este revisaba su documentación para el ingreso a nuestro país.

Aunque las fuentes consultadas dijeron no saber las causas del intento de homicidio, informaron que el ciudadano argentino Guillermo O'Rourke, de 43 años – ex propietario de la agencia de turismo "Guerrilla Tours" que durante varios años funcionó en nuestra región – atacó al funcionario Alcides Moreno Coctix, de 36, utilizando las correas de su bolsa de mano con el evidente propósito de estrangularlo.

El empleado migratorio sólo logró salvar su vida gracias a la rápida intervención de un grupo de desconocidos, fuertemente armados, que irrumpió en el área de desembarque y, con lujo de fuerza, logró dominar al atacante para después llevárselo con rumbo ignorado.

Las autoridades migratorias y policiales investigan el caso, tratando de dar con el paradero del indeseable turista.

Aunque la placentera sensación con que se había levantado sufrió un traspié, los motivos que la mantuvieron en alto eran varios y poderosos : por fin había dado con el asesino de Susanne y tenía en su poder todos los elementos para hacer justicia; había arruinado las sospechosas intenciones del coronel López Chavarría y en pocas horas (al mediodía) él y el microfilm dejarían Umbilical para preparar, a muchos miles de kilómetros de distancia, un explosión acorde con las expectativas del general Torres... y con las suyas propias.

Pero había algo más...

¡Claro que había algo más!: una atractiva niña-mujer con una oferta imposible de rechazar en su sonrisa, en su piel, en toda ella: sustraerlo, aunque fuese por unos instantes, de las tinieblas de su universo con hedor a muerte, del agobiante y hasta monótono desfile de sordidez, conspiración y temor que no terminaba de transitar por su interior. Ya le había dado muestras de que podía alejarlo de todo eso, pero ¿para llevarlo hacia dónde? Sabía que en ese terreno estaba demasiado predispuesto a fantasear. No necesariamente tenía que ser así pero, generalmente, detrás de una sonrisa tan franca, de una mirada tan directa; de un apretón de manos tan cálido, había una mujer franca, cálida y, ¿porque no? excitable y apasionada. Si los últimos años de su vida no le estaban jugando una mala pasada, esa mujercita podía proporcionarle lo que tanto ansiaba: algo así como unas perfectas, transparentes y delicadas pompas de jabón con perfume a hierbas para limpiarlo de tanto hastío. ¡No necesitaba nada más!

¡La partida podía esperar!

Corrió hacia el teléfono (y cometió la peor estupidez de su vida porque la línea del general Torres no podía dejar de estar intervenida).

—Aló

—¿Mariana?

—¡¡Guillermo!! ¿Estás bien?

—Si, claro.

—¡Sos increíble! ¿Querés hablar con papá? Te aclaro que está furioso. Dice que te fuiste como un ladrón.

—No, no me lo pases... Decile que peor hubiera sido que hubiese entrado como un ladrón.

—¿Viste el periódico?

—Acabo de leerlo.

—Yo también estoy furiosa.

—¿Por qué?

—Porque te fuiste sin despedirte.

—Disculpame; no tuve tiempo.

—Sos un loco; pensamos que te habías desmayado dentro del baño.

—¿Derrumbaron la puerta?

—¡Si! Y salieron a buscarte por toda la ciudad.

—Lo lamento, pero seguí tu recomendación.

—¡Qué caradura! ¡Ahora la culpa la voy a tener yo!

—Vos me recomendaste que no me fuera con López.

—Sí, pero no que salieras por la ventana. ¡Estas re-loco! ¡Podrían haberte disparado!

—Mariana, por favor, decile a tu padre que esta todo OK. Que no tiene de que preocuparse. Que me disculpe. ¿Le vas a explicar?

—Claro; quedate tranquilo. ¿Dónde estás? ¿Dónde pasaste la noche?

—No sé si deba decírtelo.

—Es importante... Por cualquier cosa...

—En la residencia del embajador argentino.

—Ah, bueno.

—¿Mariana?

—¿Si?

—Me gustaría verte antes de irme.

—A mí también. ¿A qué hora te vas?

—No importa... El vuelo está demorado. Tengo tiempo. ¿A qué hora nos podemos ver?

—¿Te parece bien en dos horas?

—¿A las 12?

—¿En dónde?

—¿Se te ocurre algún lugar discreto?

—¿Qué tan discreto?

—Muy discreto.

—Te espero en la puerta del Banco del Café y de allí vamos a algún lugar. ¿Podés pasar a buscarme en un taxi?

—Si. Nos vemos en dos horas.

—¿Guillermo?

—¿Si?

—....

—¿Mariana?

—¿Si?

—¿Qué querías decirme?

—Después te lo digo; cuidáte.

A las 09.00 regresó al baño. Sentado en el inodoro, volvió a asaltarlo la preocupación por el papel higiénico. Con desconfianza miró el inofensivo rollo que, resignado a su suerte, se acurrucaba junto a él. Si por culpa de Lucio había adelgazado un poco desde la noche, la pérdida era casi imperceptible. Salvo que el embajador volviese urgido por una incontrolable diarrea, o que toda la servidumbre (cuatro o cinco empleados) se pusiese de acuerdo a partir de esa mañana para hacer fila en la entrada del baño del patrón (hipótesis totalmente descartable porque los empleados domésticos y los encargados de la seguridad tenían el suyo propio), era científicamente imposible que Lucio tuviese necesidad de recurrir a un rollo nuevo en los siguientes cuatro o cinco días, por lo menos. El acababa de decidir que se quedaría apenas un día más, así que no tenía por qué preocuparse. ¿O sí? ¿El personal de la residencia contaba con su propia reserva de papel higiénico? ¿O ese paquete ahí, en el armario, era el único en toda la casa? Debía averiguarlo antes de salir.

A las 9.15 le pidió a la mucama que le comprara un cepillo de dientes en la farmacia más próxima.

A las 9.35 descubrió, en un cuarto contiguo a la cocina, otro paquete con rollos de papel higiénico, seguramente destinados al personal.

A las 10.00 dejó la residencia diplomática, vestido con la misma ropa del día anterior, pero seca y planchada.

A las 10.25 llegó en un taxi a una agencia de viajes donde cambió su pasaje por otro hacia México para el día siguiente.

A las 11.00 salió de la agencia y caminó por los alrededores, evitando acercarse demasiado a "Il Focolare", andando siempre en sentido contrario a la circulación de los vehículos, entrando en un pequeño shopping center y en una galería de arte de manera que si alguien lo seguía terminase delatando su presencia al final de alguno de los pasillos sin salida y, finalmente, ingresando en un antiguo restaurante que conocía de memoria, por la puerta principal y saliendo por otra del fondo, para abordar, a la carrera, el primer taxi que encontró, haciéndole dar algunas vueltas – regresar por la avenida ya recorrida –como si estuviese desorientado, para dirigirse luego al lugar de la cita.

A las 12.00 había llegado frente al Banco del Café, pero Mariana no estaba allí. No tuvo tiempo de preocuparse porque a las 12.10 la vio bajar las gradas del edificio y dirigirse hacia el automóvil en el que la esperaba.

La luminosidad de la mañana se había apoderado de ella. ¿O era ella la responsable de que atmósfera estuviese tan diáfana, el cielo tan profundo, los colores de los edificios circundantes tan brillantes y las personas comunes y corrientes que transitaban por allí tan lindas y altivas como no las había visto jamás?

Se había puesto unos jeans ajustados y una camisa... ¡Un momento! ¡Detengámonos aquí! Cualquier mujer razonablemente delgada se puede poner unos jeans ajustados y llamar la atención. Pero los jeans de Mariana le permitieron a Guillermo observar, boquiabierto, la única y poco frecuente forma femenina que podía trastornar su mente y alborotar todas sus hormonas en un instante: un pequeño triángulo invertido lleno de nada, separando, apenas, los muslos exactamente por debajo del pubis. En términos anatómico-sensuales, para él las mujeres se dividían en dos grupos: la multitud anónima, impersonal con el triángulo con el vértice hacia arriba y las inconfundibles, elegidas por los dioses, del triángulo con el vértice hacia abajo... Ahora si podía continuar con la camisa rosada, que no necesitaba ser transparente para revelar sus flancos lisos y estilizados y sus pechos frescos, pequeños, firmes. De todas maneras, el atractivo de la muchacha superaba con mucho la suma de sus encantos más evidentes – el bendito triángulo, las piernas largas, la cola compacta, los senos juguetones, el cabello lacio, retinto, sedoso – Tenía que ver con otras cosas como el aroma a césped recién cortado; el aleteo de una perdiz al levantar vuelo; las velas tensas de un velero; el galope de un potrillo.

«Lo que pasa es que estás demasiado excitado», pensó para evitar tantas cursilerías, mientras descendía del taxi para abrirle la puerta.

Ella, en cambio, no tenía nada que exagerar porque sólo fue necesario que sus nalgas se rozaran casualmente, una vez sentados en el asiento trasero, para que se entrelazaran en torno a un beso profundo, prolongado, prodigiosamente indecente.

—¿Conoce el hotel "Las Hadas?" —le preguntó al asombrado taxista, mientras sujetaba, con fuerza, las manos de él en su entrepierna.

Comprendiendo que se trataba de un caso de extrema urgencia, el taxista se limitó a arrancar y partir a toda velocidad.

Por supuesto que en semejantes circunstancias ni él ni sus pasajeros, a punto de hacer el amor dentro del automóvil, se percataron que dos vehículos – con los vidrios polarizados – como surgidos de la nada, se lanzaron en su persecución.

Podrían haberlos interceptado en plena calle, en cualquier parte. El taxi no huía de ellos. Él y sus pasajeros progresaban.

Sin embargo, los perseguidores prefirieron no alcanzarlos. Esperaron que entraran en el hotel; que pidieran un cuarto; que extasiados con la piel, la humedad, el olor, las formas y los colores del cuerpo del otro comenzaran a besarse y desnudarse con pasión; para entonces derrumbar la puerta e irrumpir, enmascarados, en la habitación.

El grito de horror de Mariana destruyó la perfección del momento... y de todos los momentos posteriores.

Cuando vio que se abalanzaban sobre ella, Guillermo perdió

la escasa cuota de cordura que con tanto esfuerzo había logrado preservar durante esos años y se lanzó sobre los atacantes como si en vez de asesinos profesionales, armados hasta los dientes, estuviese enfrentando ratas, cucarachas, arañas, capaces de aterrorizar con su presencia pero indefensas ante las patadas y los golpes de un tipo de casi 80 kilos.

Como para detener semejante brote de locura – dio vuelta la cama, le arrancó una pata y de un formidable golpe transformó la máscara más próxima en un inmundo trapo negro empapado de sangre, mientras aullaba como un coro de demonios a la hora del Ángelus – lo que correspondía era que le dispararan y no lo hacían, pese a su descontrol se dio cuenta que la cosa era contra él y que lo querían vivo. ¡Bendita lucidez momentánea! porque entonces comenzó a berrear como un mamut herido por cien lanzas: —¡¡Déjenla salir!! ¡¡Déjenla salir!! ¡¡Déjenla salir, hijos de puta!!

Y como no parecían dispuestos a obedecerlo, de una patada rompió una puerta de vidrio que daba a un balcón, tomó a Mariana por un brazo y así, medio desnuda como estaba, a través de las astillas la lanzó más allá de la baranda, hacia el vacío.

Tratando de asimilar lo que acababan de ver los intrusos se quedaron paralizados durante algunos segundos.

—¡¡Ahora sí, hijos de puta!! ¡¡O me matan o los mato!! —gritó y se lanzó sobre la Uzi de uno de ellos, dispuesto a arrebatársela.

Después oyó que algo frágil se quebraba en alguna parte, tal vez en su interior.

Muchos transeúntes presenciaron el chirriante ingreso de los dos vehículos al estacionamiento del hotel "Las Hadas" y la entrada al edificio, a la carrera, de seis tipos armados y enmascarados, mientras otros dos, en actitud amenazaste, montaban guardia en el jardín frontal. Pero únicamente una anciana indígena, vendedora de dulces y cigarrillos en la esquina, corrió al auxilio de Mariana cuando, en medio de gritos y un estruendo, la vio caer desde el segundo piso y quedar despatarrada sobre el húmedo césped, como una hermosa muñeca descartada por inservible.

—No te atrevas a tocarla, miserable —le dijo al energúmeno que empuñando un M-16 se acercó al cuerpo semi-desnudo y desarticulado. Y el pistolero se quedó petrificado.

Después, los seis enmascarados salieron arrastrando el cuerpo de un hombre inconsciente y ensangrentado. Como si hubiese sido una bolsa de papas lo arrojaron en el interior de uno de los vehículos y partieron a toda velocidad.

Fue la anciana la que, a gritos, pidió una ambulancia y la que acompañó a Mariana, junto a los camilleros, hasta el vehículo, para regresar después, como si nada hubiese ocurrido, a su humilde actividad cotidiana.

Faltando 10 minutos para las 12 el general Torres miró su reloj y sonrió satisfecho. En ese momento, el avión con ese loco de mierda de O'Rourke a bordo debía estar carreteando rumbo a la cabecera de la pista para iniciar el despegue.

Sin embargo, en un segundo su sonrisa estaba convertida en contrariada expresión. ¿Cómo no se le había ocurrido enviar a algunos de sus muchachos al aeropuerto para darle protección a distancia y confirmar su salida? «Te estas volviendo esclerótico pinche general», se insultó asimismo. «Esa precaución estaba incluida en el plan original, pero la sorpresiva desaparición de Guillermo puso todo patas para arriba», se auto-disculpó.

«¿Por qué había preferido huir de esa manera hacia la residencia de su embajador (según le había contado Mariana) en vez de aceptar, como cualquier persona normal, que el coronel López Chavarría lo llevara al secreto y seguro lugar que le habían preparado? ¿Acaso su hija lo había convencido de que el coronel López no era un tipo confiable? Cómo era posible que en un abrir y cerrar de ojos una muchachita como Mariana hubiese influenciado a un tipo maduro, experimentado, fogueado como O'Rourke?»

«¿Y a propósito de Mariana y López, donde se habían metido?». Tomó el walkie talkie y ladró: —"Águila Uno", "Águila Uno"; aquí "Toro"; cambio. El característico ruido de la estática fue la única respuesta. —"Águila Uno", "Águila Uno"; "Toro" llamando; cambio. Nada. —"Águila Dos"; "Águila Dos"; aquí "Toro"; cambio . —Adelante "Toro"; cambio. —No tengo retorno de "Águila Uno". ¿Podés comunicarme? Cambio. —Negativo "Toro"; negativo; "Águila Uno" esta fuera del aire; cambio. —¿Sabés dónde anda?; cambio. —Negativo "Toro", negativo, cambio. —Necesito que lo localicen; cambio. —Comprendido "Toro"; comprendido, cambio. —Ok; cambio y fuera.

Se levantó y pesadamente fue hacia la cocina donde doña Alicia, con la ayuda de Estela, preparaba el almuerzo. —¿Y Mariana dónde está? —le preguntó.

—Se arregló y me dijo que iba al banco.

—¿Sola? ¿Sin seguridad?

—Pidió un taxi por teléfono...

—Esa muchacha está loca. Algún día va a darnos un disgusto...

—¡Dios no lo permita!

El general regresó a su estudio y por el walkie talkie ordenó que le confirmaran la salida del avión de Guillermo. Diez o quince minutos más tarde, por el mismo medio, le informaron que había salido en el horario previsto "sin novedad". Entonces sonó el teléfono de la sala y fue doña Alicia la que atendió.

—¡¡Paco!! —gritó desesperada al cabo de un par de minutos.

De dos trancos el general llegó a su lado.

—¡¡La nena!! Llamaron del "Nuevo Amanecer" (uno de los principales sanatorios de la ciudad). Algo pasó... ¡Está internada! ¡Por Dios; Virgen Santísima! Está internada... Un accidente. ¡Voy para allá —dijo la mujer y salió a la carrera, arrastrando consigo el aparato telefónico...

—¡Esperá! ¿Qué accidente? ¿Cómo está?

—¡No se! ¡No se nada! ¡Dejáme! ¡Pedí un auto!

—¡Yo voy con vos!

—¡No, quedáte por si vuelven a llamar! ¡En cuanto sepa cómo está yo te llamo!

Torres no había terminado de ordenar a la guardia que "tres hombres y el "colero "¹ salieran con doña Alicia, "a toda velocidad", rumbo al "Nuevo Amanecer", cuando el teléfono volvió a timbrar. Era su compadre, el coronel Leandro Fernández, comandante de la Dirección de Inteligencia

—¿Toro?

—Si Leandro.

—¿Ya sabés?

—Si; acaban de avisarnos. Está en el "Nuevo Amanecer". No sé nada más. ¿Vos sabés que paso?

—Acababa de llegar a "Las Hadas". Se llevaron a alguien que estaba con ella.

—¿De qué mierda me estás hablando?

—Toro, calmáte. Tu hija acababa de llegar a "Las Hadas" con alguien. Se metieron en la habitación en la que ellos estaban.

Derrumbaron la puerta. Hubo lucha. A ella la hirieron; a él lo secuestraron.

—¡...!

—¿Toro?

—... —

—¡Toro!

—¿Sabés quién era?

—Estamos averiguando.

—Hacé todo lo que puedas. Después te llamo.

Temblando de dolor y de ira, porque se imaginaba quién era el secuestrado, marcó el teléfono del "Nuevo Amanecer" y pidió hablar con "la esposa del general Francisco Torres".

—No se encuentra; aún no ha llegado —le respondió la telefonista.

Volvió a llamar diez minutos después. Y antes de que dijera algo, Doña Alicia, sin poder contener su emoción y sus lágrimas, le informó que Mariana estaba bien. Que sólo tenía un brazo y varias costillas fracturadas; un principio de conmoción cerebral y algunos cortes superficiales en diferentes partes del cuerpo, pero que estaba fuera de peligro. Más aun: estaba consciente y no dejaba de preguntar... por Guillermo.

—La nena estaba con él cuando los atacaron, Paco. Dice que peleó como un león.

Aunque ya se lo habían aclarado tres o cuatro veces, el general Torres volvió a preguntarle a uno de sus hombres:

—¿A qué hora fue?.

—Al mediodía, mi general.

—¡Al mediodía ese argentino de mierda tenía que estar saliendo de Umbilical! ¿Qué carajo tenía que estar haciendo con mi hija en un hotel?

El guardaespaldas se vio en serios apuros para contestarle y el general se avergonzó de su propia pregunta. Por lo tanto, trató de disimular pateando con furia cuanto objeto estuviese a su alcance.

—¡¡Idiota!! ¡¡Idiotas!! —gritaba mientras destruía todo lo que se interponía en su enloquecido ir y venir por la sala.

Y eso, pese a que doña Alicia ya lo había llamado dos veces más para tratar de tranquilizarlo. La primera le dijo que Mariana estaba bien; "bastante dolorida, pero bien". La segunda, que además de su propia escolta, dentro y fuera del sanatorio – vigilando toda la manzana – ya se encontraban los muchachos del licenciado y de "tu compadre Leandro". Que, por propia iniciativa, "Águila Dos" había asumido el mando de todo el personal.

Pero, el general parecía no escucharla. Invariablemente, cada conversación la comenzaba y la terminaba con toda clase de improperios contra Guillermo.

—¡Paquito, ese muchacho le salvó la vida a nuestra hija! —le reprochaba cariñosamente su mujer.

—¡Escucháme bien, Alicia!: quiero que le preguntes a Mariana si ese mierda tenía el "cuento"[2] encima.

—¿Cómo? —se horrorizó la señora.

—Vos preguntále eso y me volvés a llamar.

Si doña Alicia hubiese tardado un poco más en atender el pedido de su marido, a su regreso probablemente hubiese encontrado la casa en ruinas. Felizmente, volvió a llamarlo unos 10 minutos más tarde.

—¿Qué te dijo? —quiso saber el general, sin rodeos.

—Paquito, no sabía cómo preguntárselo a la nena.

—¡Me importa un carajo! ¿Se lo preguntaste o no?

—Y, sí.

—¿Y qué te contestó?

—Te transmito sus palabras textuales: "no, no sé si Guillermo tenía el cuento encima".

—¡Mierda!

—Paquito, ¿podés decirme a qué cuento te referís?

—No, no puedo. Voy a salir. Tengo un asunto urgente que resolver. Después voy para allá. ¿Ok?

—Ok. Tranquilízate. Te mando un beso.

—¿Dónde mierda se metió López? —se oyó rugir al general desde cada rincón del caserón. La única respuesta que recibió fue el eco de su propia pregunta.

Entonces, buscó un número en el directorio telefónico, marcó, esperó que lo atendieran y sostuvo una breve y nerviosa conversación.

Acababa de cortar cuando su teléfono sonó nuevamente.

—¿Toro? —Era el coronel Fernández, nuevamente.

—¿Qué pasa?

—El loco por la comida china. ¿Te acordás de él? (el jefe de la estación del Mossad en Umbilical).

—Claro; ¿qué pasa con él?

—Me llamó para decirme que tenemos un Zope[3] rondando. No se qué está pasando, pero es la guerra, Toro. Cuidate.

—Gracias Leandro.

«¿Con qué la guerra, eh?» La advertencia le sonó a música celestial. Como si a un regatista lo hubiesen llamado para invitarlo a participar en la "America's Cup". Fue hasta uno de los armarios y eligió cuidadosamente una pistola "SIG-Sauer P229", calibre 40 con tres cargadores suplementarios; se puso el chaleco anti-balas más ligero que encontró (la temperatura ambiente estaba bastante alta) y, súbitamente liberado de toda rémora civilista, bajó al garage dispuesto a organizar y dirigir personalmente un desplazamiento táctico motorizado, acelerado y diurno, cerca del enemigo.

Los factores de carácter táctico:

a) Objeto del movimiento (misión): alertar al embajador de la República Argentina del secuestro de su compatriota y amigo y pedirle su colaboración para salvarlo y recuperar el microfilm.

b) Distancia a la que se encuentra el enemigo y su actitud: distancia desconocida pero, presumiblemente muy próxima; actitud ofensiva, con apoyo de medios de observación de alta tecnología.

c) Posibilidades de encuentro con el adversario: muy grandes

d) Espacio de maniobra: restringido.

e) Vías para movimiento retrógrado o evasivo: muy limitadas a la izquierda de la avenida de las Tres Américas, por existencia de camellón arbolado.

f) Observaciones: alerta máxima; disposición para combate inminente, procurando aniquilamiento del enemigo o resistencia hasta el último hombre.

Los factores de carácter técnico:

a) Dispositivo y formación de marcha: como una parte de sus fuerzas se había dislocado con doña Alicia, tuvo que conformarse con el material disponible en ese momento: apenas otra camioneta sin protección blindada.

Para *colmo*, el segundo colero había desaparecido junto

con López. Esto significaba que carecería de vanguardia (escalón de reconocimiento y escalón de combate); de retaguardia (destacamento de seguridad) y, mucho más aún, de guardaflancos. Conclusión: esa piche camioneta (para el caso vehículo orgánico, de transporte y refuerzo; todo en uno) sería la vanguardia; el grueso de la unidad; el puesto de mando y control; la retaguardia y los guardaflancos. ¡Pocas veces se había esperado tanto de tan poco!

b) Longitud de la jornada: ?

c) Longitud de la columna: el largo de la camioneta.

d) Velocidad del movimiento: promedio de 80 kilómetros por hora.

e) Itinerario: Desde el punto de embarque (su casa) a la derecha cinco cuadras hasta la 10ª. calle; a la izquierda un kilómetro (aprox.) hasta la Avenida de las Tres Américas (doble circulación, con camellón central arbolado); a la izquierda un kilómetro y medio (aprox.) hasta destino.

f) Densidad del tránsito en el itinerario: de media a baja, por la hora.

g) Punto de desembarque: sede de la embajada de la República Argentina.

h) Hora de arribo: 1.430.

Sin amedrentarse por los riesgos de una marcha cerca del enemigo careciendo de la seguridad necesaria (en tales casos la teoría y la práctica indican, precisamente, que la seguridad debe privar sobre cualquier otra condición) y por la precariedad de los medios técnicos, el general pasó a seleccionar el personal y el armamento en función de ellos (y no al contrario como lo prescriben los rudimentos de las tácticas de Infantería).

Habitualmente el elemento humano del arma de infantería se elige y destina de acuerdo a su resistencia, bravura, disciplina, etc. Torres hizo su propia selección desestimando, por supuesto, la resistencia y priorizando (en este orden): la capacidad de alerta y reacción inmediata; el coraje; la serenidad y la iniciativa propia. Así, los elegidos para acompañarlo resultaron "Chepe", un diminuto indígena de la etnia Mam con cien batallas como explorador adelantado de las unidades comandadas por el general; Arturo, hijo de un colega muerto en combate, desde entonces, implacable asesino de cuantos se pusieran en el camino de su jefe y protector y "el flaco" Lorenzo, veterano experto en armas de apoyo, apasionado –

hasta enfermizo – tirador.

¿Las armas? entre las pistolas, (además de la suya) una "Heckler and Koch 9mm P9S" y dos "Browning 9 mm"; y entre las armas largas y de apoyo: dos "US Colt Commando M-16", 5.56 mm (con culata retráctil y cargadores para 30 tiros, cada uno), una subametralladora "Heckler and Koch" 9mmm parabellum MP5A3 (con cargador de 30 balas), un lanza granadas M79 de 40 mm., una escopeta "Franchi 12-Bore S.P.A.S" de seis tiros y un poderosísimo rifle "US Barrett M82A1", con un cargador para 11 balas de media pulgada, bípode y mira telescópica (un fusil calibre .50 tan poderoso que necesitó la autorización del Procurador General de la Corte Militar de los Estados Unidos para su uso contra seres humanos), además de una buena provisión de granadas de fusil (de fragmentación antipersonal y antitanque) y de mano ofensivas (con un radio de acción de 17 metros), defensivas (permiten realizar concentraciones a corta distancia contra un enemigo que avanza) y especiales (fumígenas e incendiarias), además de abundante "parque".

Satisfecho con los preparativos, Torres se sentó al volante de la camioneta y partió raudo.

En ese momento, no muy lejos de allí, en el interior de una sala de comando oculta en el interior de un inocuo taller mecánico, Álvaro Trinidad, secundado por el coronel López Chavarría, se preparaba para ejecutar la última fase de la operación Dúo, planificada, dirigida y supervisada por la CIA, desde su cuartel general, en Langley, estado de Virginia, a través de su estación en la embajada de Estados Unidos en Umbilical.

A tal nivel llegaba el interés y la preocupación de la CIA (y del Concejo Nacional de Seguridad) por esa operación que, con la correspondiente autorización presidencial, habían conseguido que la super-secreta Agencia Nacional de Seguridad (NSA, por sus siglas en inglés) intercediera ante la Oficina Nacional de Reconocimiento (NRO, por sus siglas en inglés) – un organismo más hermético aún al punto de que ni siquiera figura en el directorio oficial del Pentágono – para que, durante ese día, situara un satélite espía de última generación exactamente sobre la capital de Umbilical, con el propósito de orientar y monitorear la "caza" del general Torres.

—¿Y cómo piensan hacerlo? —le había preguntado el curioso director de la NSA al Director de Operaciones de la CIA, mientras almorzaban en el exclusivo restaurante del Metropolitan Club, en el centro de Washington.

—Bah, nada especial. Los viejos métodos tradicionales.

—Escucha, ¿no sería mucho más fácil y efectivo un misil "Crucero" lanzado desde un avión o una nave fuera de las aguas jurisdiccionales y guiado directamente hacia el objetivo por nuestro satélite?

—No se justifica semejante gasto para acabar con un general umbilicalense.

Las imágenes – normales e infrarrojas – y las señales de audio (éstas últimas alimentadas por múltiples intercepciones telefónicas y de radio), serían reorientadas por la NSA hacia la central de comunicaciones de la CIA, en Langley, y retransmitidas (por medio de otro satélite) a la estación CIA en Umbilical que, a su vez, las re-dirigiría a una laptop en la sala del comando operativo oculto en el taller mecánico. En total, todo el proceso, demoraba menos de un segundo y podría haber sido más rápido aún si no fuese porque las señales de audio debían ser desaceleradas para permitir su sincronización con las de vídeo.

En cuanto a la llamada inteligencia humana (aún imprescindible pese a toda la parafernalia tecnológica), el viejo Trinidad había sido reactivado después de una larga temporada de ostracismo que se inició aún antes de que su ex jefe George Bush (director de la CIA durante 1976 y vicepresidente de los Estados Unidos durante casi toda la década de los 80's.) dejara la Presidencia, en 1993, y que correspondió al derrumbe del bloque soviético y a las subsecuentes negociaciones de paz con las organizaciones guerrilleras en la región.

Según el veterano agente, ese era el destino de los verdaderos combatientes, como él: el mundo libre había dependido de ellos para sobrevivir y terminar derrotando a su principal enemigo, el comunismo. Cuando la Guerra Fría acabó y llegó el momento de cosechar los frutos de la victoria, ellos fueron sustituidos por pulcros negociadores «esos maricas del Departamento de Estado y hábiles economistas...» Los encerraron en el altillo, como se hacía en otros tiempos con los parientes retardados o seniles. Y allí, lo más lejos posible de los políticamente correctos foros internacionales y de las elegantes recepciones diplomáticas, permanecieron en reserva hasta que, en alguna parte, la situación volviera a pudrirse; como ahora, en Umbilical.

Para él la segunda mitad de los 70's fue una época, por así decirlo, de "profunda crisis profesional". Con la complacencia – la incapacidad, en el mejor de los casos –del gobierno de James E. Carter «y su podrida política de Derechos Humanos» en toda la región la subversión avanzó incontenible, como lo demostró el triunfo de la Revolución Sandinista, el 19 de julio de 1979.

Es cierto que la diplomacia estadounidense, con el apoyo de algunos de sus principales colaboradores regionales, como el arzobispo Obando y Bravo, intentó neutralizar a los guerrilleros, tratando de encontrar una salida negociada o presionándolos para que aceptaran subordinarse a un gobierno de los sectores democráticos.

Pero, el desastre del 19 de julio demostró - una vez más - para que sirvió la diplomacia cuando de lidiar con el comunismo internacional se trataba. «¡Diplomacia con esos malditos, cuando en lugar de cortarle el abastecimiento bélico a Somoza lo que correspondía era desembarcar a los marines (una vez más) y ordenar un bombardeo estratégico sobre las montañas y todos los alrededores de Managua!», reflexionaba Trinidad.

Mientras tanto, en Langley, el inefable Colby fue sustituído apenas por un año por George Bush para dar paso «¡a ese imbécil marinero de agua dulce!» (cita textual de Trinidad) de Stansfield Turner, preocupado por reducir a cinco palabras claves ("photint" comint", "huminit", "techint" y "royal") toda la clasificación de las informaciones recibidas por la CIA, mientras la marea roja se acercaba a la frontera sur de los Estados Unidos.

Felizmente, en enero del 81 Ronald Reagan llegó a la Casa Blanca «¡como festejo ese día!» y entonces sí, con el viejo William J. Casey (ex OSS y amigo de R. Helms desde los tiempos de la II Guerra) al comando de la Agencia, la situación cambio rápida y radicalmente: ¡pasaron a la contraofensiva!

Después del 54, los ochentas fueron sus años más activos, más plenos (y de mayores reconocimientos, porque Casey lo consideraba como uno de sus favoritos y lo señalaba como un ejemplo): participó en el diseño y supervisión de la estrategia de tierra arrasada en el altiplano indígena; colaboró con los oficiales del ejército argentino que llegaron para comenzar a organizar a los contrarrevolucionarios nicaragüenses y junto con el ahora general Mendoza, montaron y trabajaron infatigablemente en la red de abastecimiento aéreo – desde la base de la FAU – a los contras. También redactó el famoso manual "Operaciones Sicológicas en Guerra de Guerrillas" que, después, algún periodista hijo de puta (¿O'Rourke?) obtuvo y publicó, armando un gran revuelo simplemente porque recomendaba obviedades como, por ejemplo: "Pueden neutralizarse blancos cuidadosamente seleccionados y planificados, como jueces, oficiales de policía o de la seguridad del Estado...". Y durante los años en que el Congreso norteamericano suspendió el financiamiento a la contra, personalmente amenazó a poderosos dirigentes de la comunidad árabe de Umbilical con informar al Mossad que ellos colaboraban económicamente con la OLP[4] , si no hacían otro tanto con las "Fuerzas Democráticas Nicaragüenses" (la contra), a través del fondo clandestino organizado por el teniente coronel Oliver North.

¡Habían obtenido una aplastante victoria! No sólo en la región, sino en todo el mundo. Algún día la humanidad sabría cuánto le debía a agentes como él – sobre todo, a uno de ellos; el más encubierto – por el derrumbe de la URSS y de todo el bloque soviético. ¿La recompensa? ¡En su caso, el ostracismo y una investigación sobre la presunta participación de la CIA en las violaciones a los Derechos Humanos ocurridas en Umbilical! *"Fuck all you!"*

Ahora habían vuelto a recurrir a sus imprescindibles servicios...

Por medio del coronel López – antiguo asalariado de la Agencia – hacía tiempo que sabían que Torres dirigía las acciones terroristas contra el gobierno provisional con el propósito de sabotear las elecciones, y que el general tenía en su poder información lo suficientemente pesada como para hacer fracasar el plan de Washington de llevar a la Presidencia de Umbilical a Armando Arrau, por medio de elecciones supuestamente libres y democráticas.

En Langley varias veces habían considerado la posibilidad de asaltar la fortaleza de Torres – aprovechando que contaban con el coronel López como un verdadero Caballo de Troya en su interior – para apoderarse de esa documentación; pero otras tantas habían descartado la idea, primero porque dentro de ella había mucha gente – indígenas de la etnia Mam – dispuestos a dar la vida por el general, y segundo porque ni el propio López sabía con certeza donde Torres guardaba el material en cuestión. Estudiaban la alternativa de secuestrar al general, a su mujer o a su hija menor para obligarlo a entregar los documentos, cuando – siempre por intermedio de López – se enteraron del plan para ponerlos en manos de un ex corresponsal extranjero – hombre de absoluta confianza de Torres – que aún conservaba muchos vínculos con la gran prensa internacional.

Además de que Trinidad conocía muy bien a ese Guillermo O'Rourke - y tenía motivos personales para querer suprimirlo-, no necesitaron quemarse las neuronas para darse cuenta que bastaba con esperar a que el ex periodista recibiera de manos del general la información y abandonara la fortaleza, para capturarlo y apoderarse de ella. Después, ese O'Rourke sería hombre muerto. Pero, por algo habían decidido llamar Dúo a la operación. Torres podía tener duplicados de esos documentos o, en todo caso, el fracaso de su plan lo llevaría a redoblar sus operaciones de desestabilización. Por lo tanto, una vez capturados O'Rourke y los documentos, había que deshacerse lo más rápidamente posible del general. El ex periodista y ex propietario de "Guerrilla Tours" acababa de caer en sus manos; la cuenta regresiva para liquidar a Torres estaba en marcha. Las primeras imágenes satelitales – bastante nítidas y a todo color – del barrio militar de Umbilical ya estaban en la pantalla de la laptop.

Lucio Mansilla estaba preparándose para dejar la sede de la embajada cuando por el intercomunicador Alcira, su secretaria, le avisó que tenía una llamada del general de brigada (retirado) Francisco Torres, ex subjefe del Estado Mayor de la Defensa Nacional.

—¿Te dijo de que se trata? —le preguntó el embajador.

—¿No, sólo que le urge hablar con usted.

«¿De qué podía querer hablar con él tan siniestro personaje?», se preguntó y, por las dudas, antes de levantar el auricular, activó el sistema de grabación de sus conversaciones telefónicas.

—¿General Torres?

—Mucho gusto, señor embajador.

—El gusto es mío. ¿A qué debo el honor de su llamada?

—Embajador Mansilla, necesito hablar personalmente con usted. —¿Le gustaría adelantarme algo sobre el tema, general?

—No, no me gustaría.

—Bueno, de cualquier manera podemos concertar una reunión para cualquier día de estos. Discúlpeme, pero ya estaba saliendo...

—Pues no salga. Se trata de un asunto urgente y confidencial.

—¿Quiere venir ahora?

—Estoy saliendo para allá.

—¿Copió Beta? (estación de la CIA en la capital de Umbilical)

—Copiado Alfa (Langley)

—¿Copio Charlie? (Trinidad)

—Claro y fuerte. Alerta móvil Uno; preparados Dos y Tres.

Mansilla colgó y, a través del enorme ventanal de su despacho, se quedó observando a un pastor alemán que corría por el jardín detrás de una mariposa.

«Tal vez un nuevo elemento en el interesante enigma planteado por la insólita llegada de Guillermo y su intempestiva partida», pensó. A media mañana había llamado a la residencia y le informaron que su huésped había salido alrededor de las 10. ¡Se había ido de Umbilical sin despedirse!

«Según el diario, en la mañana anterior Guillermo había tratado de ahorcar a un agente de la Dirección de Migración ¡con las correas de su bolso de mano! Sin embargo, en la noche, cuando apareció todo mojado en la residencia ni siquiera ese bolso tenía consigo. ¿Dónde lo había dejado? ¿Dónde había estado y qué había hecho durante todo ese día? Evidentemente, había llegado a Umbilical para una brevísima y semi-clandestina estadía (de lo contrario le hubiese anticipado su llegada). ¿Para entregar algo? ¿Para recoger algo? ¿Para encontrarse con alguien? Semi-clandestinidad que se había ido a la mierda a raíz del incidente en el aeropuerto, obviamente. ¿Y los tipos armados que se lo llevaron del aeropuerto? Si no fue un secuestro (de haberlo sido no hubiese aparecido ese mismo día en la residencia y no hubiese rechazado la protección que él le ofreció); ¿qué otra cosa? ¿Lo estaban esperando para llevarlo a alguna parte? ¡Sí!» arriesgó el embajador, a modo de hipótesis: "Supongamos que lo estaban esperando para llevarlo, en secreto, con alguien que le daría información en contra de quienes lo obligaron a abandonar Umbilical ("te aseguro que en pocos días vas a conocer los motivos y muchas cosas más", le había dicho) ¡En contra de Armando Arrau! ("si te enteraras de que es un mafioso, criminal de la peor especie, socio de los militares más genocidas y corruptos, qué harías?", le había preguntado).

El secreto dejó de serlo debido al altercado en el aeropuerto. Los afectados por esa información se enteraron de su presencia; tal vez de que ya la tenía en su poder y lo persiguieron. Escapó bajo la lluvia, perdió el bolso, pero logró llegar hasta la residencia para refugiarse en ella» concluyó eufórico, levantando los brazos hacia el techo en señal de triunfo.

Trató de recordar todas las versiones que circularon cuando Guillermo abandonó intempestivamente Umbilical y en la mayoría de ellas, de una manera u otra, aparecía mencionada la CIA. —Arrau y la CIA; la CIA y Arrau —comenzó a murmurar. Pero, ese general Torres, por lo que sabía, no se identificaba con ninguna de las partes del binomio. ¿Cómo encajaba en todo eso?

Rebobinó la cinta y escuchó atentamente la breve conversación. «¿De qué asunto "urgente y confidencial" podía tratarse? Bueno, no tardaría en saberlo...»

Unos 15 minutos después escuchó el tableteo de ametralladoras. Un nutrido tiroteo...

Siguiendo escrupulosamente el itinerario que se había trazado, Torres dobló a la derecha para tomar la calle que lo llevaría directamente hasta la avenida sobre la que estaba la embajada.

—¿Lo tiene Beta?

—Lo tengo Alfa.

—¿Charlie?

—Lo tenemos. Atención móvil Uno; ahora va a pasar frente a ustedes. ¿Me copio móvil Uno?

—Copiado Charlie.

—¡Ese traidor hijo de remil putas! —masculló el general - sin que sus guardaespaldas entendieran a quien se estaba refiriendo.

—¡Ese maldito traidor; engendro mal cagado porque a ese no lo parieron sino que lo cagaron, me las va a pagar! ¡Juro por Dios, por mis padres muertos, por todos mis seres queridos, que le voy a arrancar el corazón con mis manos para dárselo a los perros! —dijo en voz alta al llegar a la calle que lo conduciría directamente a la avenida.

—Móvil uno a Charlie: camioneta gris con cuatro almas pero sin compañía, acaba de pasar hacia avenida Tres Américas; ¿la seguimos?

—Tranquilo Uno. Tranquilo Uno. Cuando yo le indique.

—Comprendido Charlie.

—Charlie, no dejes que Uno se quede demasiado atrás.

—Comprendido Beta. Cuando llegue al cruce con la avenida. Atención Uno: listo para señal...

....

—Ahora Uno, adelante... ¿Me copió Uno?

—Beta, ¿qué mierda está esperando ese auto?

—Está saliendo, Alfa. ¿Lo tienen?

—¿Me copió Uno?

—Copiado, Charlie, ya estamos en marcha.

—¡Entonces porque carajo no contestan!

—Charlie, sería bueno que te calmaras un poco. Ok?

—¡Le voy a aplastar el cerebro y voy a alimentar a los cerdos con la mierda que tiene adentro! —gritaba Torres como un energúmeno cuando dobló a la izquierda en la avenida Tres Américas y por el retrovisor vio que el mismo Toyota blanco - con los vidrios polarizados - que había visto estacionado momentos antes, hacía lo mismo.

—El Toyota blanco —les indicó a sus hombres.

—Uno a Charlie: estamos detrás de él, en la avenida, está acelerando. Podría habernos detectado.

—¡Charlie, ese mierda se está acercando demasiado!

—Charlie a Uno: manténgase alejado y alerta. Dos en marcha hacia su posición.

— ¡Se detuvo!

—¡Frenó!

—!Charlie! !Paró! !Nos están disparando! !Nos están disparando!..."

«Pasando a la ofensiva se obtiene la iniciativa» rezó Torres y atravesó la camioneta en plena avenida. Aún antes del frenazo, desde el interior, sus muchachos abrieron fuego contra el Toyota distante a 50 metros pero acercándose.

Había otros vehículos entre ellos, circulando en la misma dirección pero, salvo uno, probablemente alcanzado por una de las ráfagas de la "Heckler and Koch", que terminó estrellándose contra un árbol, el resto desapareció como por arte de magia.

—¡Abajo! —ordenó el general, descendiendo y parapetándose detrás de la camioneta, para descargar un peine completo de su "SIG-Sauer" sobre el Toyota que había logrado frenar a unos 35 metros de distancia.

—Charlie a Uno; Charlie a Uno. ¿Me copia?

—¡Los fogonazos! ¿Los está viendo Beta?

—¿No pueden ampliar esa imagen, Alfa?

—Ese es el máximo para conservar nitidez.

—¿No da para mejorar la imagen?

——¡¡Porque no se van a mejorar la imagen de los televisores de sus casas, mierdas!! Esos son disparos. Esos fogonazos matan!!

—¡¡Calma, Charlie!! ¿Con quién creés que estás hablando?

Que el automóvil no saliera disparado en reversa era una buena señal.

«"La explotación, cadete, la explotación". ¿Te acordás como jodía el teniente coronel Miranda, en la escuela de suboficiales, con "la explotación"? » recordó Torres en una fracción de segundo.

«"La explotación del éxito es una fase del combate ofensivo destinada a destruir toda facultad del enemigo para rehacer su defensa o para adoptar acciones 'retrógradas' más o menos ordenadas"».

—¡Le dimos! —gritó. —¡Fuego con todo! Y, como en el ataque todo buen comandante debe desplazarse de una posición ventajosa a otra para evaluar la situación y contribuir, con su ejemplo, a mantener el ímpetu del avance, pese a sus 115 kilos, corrió temerariamente a la descubierta hasta llegar hasta un árbol a unos 15 metros más adelante y a la derecha. Protegido por el tronco, soltó el cargador vacío, colocó uno nuevo y volvió a vaciarlo sobre el Toyota que en ese momento estaba recibiendo impactos de cuatro armas diferentes, desde diferentes ángulos.

—¡¡Salgan!! ¡¡Salgan!!" —gritaba "Charlie" por la radio en ese momento.

Ante la horrorizada mirada de la escasa pero selecta audiencia del "CIA TV Chanel" los tres tripulantes del automóvil intentaron obedecerlo; mejor dicho dos de ellos, porque el conductor recibió un plomazo en plena cara y en semejante estado ya no tuvo necesidad de salir a ninguna parte.

Sin embargo, con la "Heckler" Chepe estaba dispuesto a hacerles la vida más insoportable que nunca y la muerte la más atractiva. Arturo, más prolijo, tendido en el suelo afinaba la puntería con ráfagas cortas (tres disparos cada una) de un M-16, mientras Lorenzo, que había emplazado el rifle "US Barrett" en el techo de la camioneta, estaba destruyendo el automóvil enemigo... y todo lo que se encontraba a su alrededor.

—Dos en posición. A unos 200 metros de aquí están disparando sobre Uno. Esperamos órdenes...

—¿Charlie, que mierda está haciendo ese vehículo ahí?

—¡Dirigiendo el tránsito...! Es el de la intercepción, ¿o no lo ven?

—¡¡Basta Charlie!! ¡Están bajo fuego! ¡Qué intercepción ni que carajos! ¡Qué ataquen!

—Charlie a Dos. Cambio de planes. Abandone su posición y apoye a Uno. Tres en apoyo por la lateral. ¿Me copió?

—Copiado Charlie. Procedemos.

Uno de los dos atacantes que se batían en retirada dio una especie de salto mortal (muy mortal) y quedo retorciéndose sobre el asfalto; el otro desapareció de la escena y no se volvieron a tener noticias de él.

Del Toyota no quedó nada porque, cuando el fuego cesó (por unos instantes) el loco del rifle lo cambió por el M-79, caminó lentamente por la avenida (al mejor estilo Far West), miró casualmente hacia el cielo y de un granadazo lo convirtió en cenizas. Un impecable *coup-de-grâce*.

Fue entonces cuando el general vio a un segundo vehículo avanzando hacia ellos en sentido contrario, para atacarlos por la retaguardia. Y a un tercero, acercándose a toda velocidad por una calle lateral.

—¡Rifle hacia la retaguardia! —ordenó mientras regresaba, agachado, para protegerse detrás de otro árbol cercano a la camioneta . —¡Fuego con todo!¡Arturo, Chepe, el flanco!

Los cuatro dispararon con todo lo que tenían, pero los tripulantes de la camioneta que llegó por detrás no cometieron el mismo error que los del Toyota y rápidamente saltaron a tierra para desplegarse entre los árboles.

Como los del tercer vehículo hicieron otro tanto, el general y sus hombres no pudieron evitar que una lluvia de plomo, en aumento, cayera sobre ellos.

El primero en percibir su efecto mortal fue Lorenzo, alcanzado en pleno estómago por una bala que, primero, atravesó de lado a lado la camioneta y, después, a él.

Casi al unísono el general sintió su pierna derecha mojada y vio como el pantalón de ese lado se teñía de sangre.

—¡A la camioneta! —decidió entonces, mientras, cojeando, no dejaba de disparar contra los atacantes que avanzaban por la calle lateral.

Al verlo herido, Chepe corrió hacia él y lo ayudó a llegar al vehículo. Arturo, pasó por encima del cuerpo de Lorenzo, alcanzó los controles y el arranque, esperó que el general y su compañero estuviesen dentro y haciendo girar la camioneta 180 grados entró en la calle lateral, avanzando frontalmente contra el enemigo.

—¡¡No!! —vociferó Torres; —¡regresáte que nos matan! —al tiempo que empuñaba la "Franchi 12" a través de una ventanilla y abría fuego a quemarropa, contra los desconcertados atacantes, impactando a, por lo menos, dos de ellos.

El conductor obedeció al instante: volvió a hacer girar la camioneta y, con el acelerador a fondo, se subió a la vereda, chocó de costado contra un árbol y una cerca, pero logró escapar de esa calle para arremeter contra el jardín central de la avenida en busca de una salida del otro lado. Un buen intento con una desagradable sorpresa: el callejón en el que se metieron no tenía salida.

—¡Están atrapados, Beta!

—¡Están atrapados, Charlie!

—*¡You can all go to the hell!*

Allí, el general de Brigada Francisco Torres y sus dos últimos y valientes soldados libraron la batalla final. La menos recomendable para una unidad de infantería y para un comandante con cojones: una batalla irremediablemente defensiva, es decir sin ninguna posibilidad de dejar de serlo gracias a algo parecido a un contraataque. Agotaron sus municiones; arrojaron todas las granadas que pudieron, pero fueron superados por el número y el poder de fuego de sus adversarios.

—¡López! ¡Maldito traidor hijo de puta! ¡Podrida placenta porque al feto lo tiraron al río! ¡Cobarde de mierda! ¿Porque no venís vos a pelear? —gritó el general antes de morir.

¿Cómo supo que el coronel lo había traicionado? Tal vez intuición de padre desesperado por el ataque a su intuitiva hija.

—Good job, Charlie.

1.-Automóvil de escolta.
2.- "Cuento": regionalismo para referirse a cualquier objeto, independientemene de su naturaleza o características.
3.-"Zope": nombre clave utilizada en la jerga de los servicios de Inteligencia regionales para referirse a los satélites de observación
4.- Organización para la Liberación de Palestina

Capítulo 17
LOS PAPERS DE LA CIA

Aunque le acababan de deshacer un pómulo con algún objeto contundente, la sangre que había manchado su camisa no le pertenecía. Era demasiado buena para ser suya.

Visiblemente agotado (además de sucio) el joven rubio y de cabellos largos que Guillermo conoció en "Cerro Dorado" y que, como un perro, respondía al apodo de "Rick", haciendo gracias con una subametralladora en lugar de una maciza pelota de goma, salió corriendo al encuentro de su amo cuando lo vio aparecer en la entrada del pasillo subterráneo, para ratificarle lo que le había adelantado por radio:

—No tenía ningún documento encima. Sólo un pasaje de avión, su pasaporte, una billetera con unos dólares y algunas mierdas; nada importante. Es duro el hijo de puta. Pese a la calentada que le dimos se niega a hablar.

—¿Revisaste bien toda su ropa; sus zapatos; su cinturón?

—Sí.

—¿Su billetera?

—Si.

—Dámela, junto con el pasaporte, el pasaje, los dólares...

Álvaro Trinidad se guardó todo en un bolsillo y sin siquiera molestarse en mirar hacia el interior de la sala de torturas, dio media vuelta y, antes de marcharse, dijo:

—Tengo que comunicarme con Langley. No les va a gustar nada este asunto. Tenés que sacarle la información cuanto antes; hoy mismo. Antes de que decidan enviar algún mierda de allá. ¿Entendiste? No quiero que nadie venga a saludar con sombrero ajeno !Y mucho ojo, no se te vaya a pasar la mano antes de que consigamos la información!

<No siento nada. Si no me muevo, no respiro, no me duele nada. Ya no tengo casi nada que pueda dolerme. Ni ninguna buena razón para hablar – si hablo me matan, si no hablo, también –. Lo único que me queda es esta débil conciencia que va y viene y que, en cualquier momento se va para siempre. Y me deja seco y

los deja en bolas, frustrados, arruinados, vencidos, porque voy a morir sin decirles nada y eso es lo peor que les puede pasar. Están jodidos porque tienen que ser torturadores y enfermeros al mismo tiempo. Pero más se desesperan porque saben que en cualquier momento la cosa se les desequilibra y me matan o me resucitan y si me matan se joden de una vez por todas y si me resucitan se joden en cómodas cuotas por una elemental cuestión de probabilidades: intentarán hacerme hablar una vez más y otra y otra, con lo cual el riesgo de que muera irá en aumento hasta que se acabe la fiesta. La de ellos, porque la mía se acabó hace tiempo. Bastante antes de que me trajeran acá. ¿Y O'Rourke? No vino. No juega. Está muerto. Y los muertos no hablan. Se toparon con un tipo que no participa. No porque sea muy macho, sino porque no pertenece al club de los fans de la vida. !Qué boludo! ¿Por qué? Por no haberse afiliado cuando tuvo la oportunidad. ¿Acaso la tuvo? !Claro que la tuviste, pelotudo de mierda! No sólo la tuviste sino que la aprovechaste al máximo, como un sonámbulo, sin darte cuenta... ¿La aproveché? Como pocos. ¿O acaso no viviste siempre en el límite de tus posibilidades; impulsado por el amor, el odio, la desesperación, la sed de justicia o de venganza, la irresponsabilidad o la locura, hasta el temor y la inseguridad; aceptando todos los retos; sin arrugar nunca, intentando una y otra vez, siempre intentando? ¿Y qué creías que era la vida sino un permanente intento? ¿O esperabas resultados? !El único resultado es éste! El que estás a punto de encontrar. !No hay otro! En un tiempo en el que todos se comportan como si hubiése otros resultados trascendentes, viviste como si hubieses entendido – sin entenderlo – que los medios son lo único importante; el único fin justificable...y manejable. Como nunca tuviste conciencia de ello, te consideraste un fracasado. Sin comprender el valor de cualquier cosa – buena, mediocre o pésima, útil o inútil, trascendente o pasajera– que le proporcione sentido a la vida; de los medios como un fin en sí mismos, sin que lo que exista después – triunfo o derrota, dinero o miseria, fama o anonimato – importe un carajo. !Imbécil! ¿Cómo pudiste considerarte un fracasado teniendo dentro tuyo tanto amor, tanta rabia, tanta sed de revancha, tantas cosas... hasta tanta frustración? Mientras estás atado a esta mierda, recibiendo golpes y descargas eléctricas, ¿sabés cuanta gente, más cerca o más lejos, te sigue los pasos, sin una pizca de amor, de rabia, de sed de nada, sin haber vivido? !Estúpido, mal agradecido! Pensá cómo hubiese sido este último tramo de tu vida sin esa obsesión por vengar la muerte de Susanne. ¿Te das cuenta? ¿Fracasaste? Vas a morir sin conocer los resultados? ¿Los asesinos terminarán siendo descubiertos? ¿Conseguirán tomar el poder? ! A quién le importa! !Lo único verdaderamente importante es la entrega que pusiste en el intento! ¿Pero, no era que jamás me agarrarían vivo? Nunca hay que decir "de esta agua no he de beber" <Lo que más bronca me da es que no me dieron la oportunidad de morir como me hubiese gustado: experimentando que se siente cuando se mata a alguno, a varios de ellos. Nunca maté a nadie. Una asignatura pendiente para la próxima vida. Tal vez me convierta en un asesino en serie. !Hay tantos muertos por hacer! ¿No era que jamás pasaría por esta humillación? Hasta me exploraron el culo para comprobar si tenía una cápsula con la información. Claro que aún no han agotado el repertorio. Les quedan muchos caminos por explorar. ¿Pero, cuál sería el peor fracaso? El que no podría soportar? Decirles donde está el microfilm. Ese sí que no. Felizmente, es el único que depende exclusivamente de mí. Los tengo en mis manos. Vengan, vengan a comer, pajaritos...>

Efectivamente, en Langley estaban furiosos. Se habían asumido muchos riesgos y se había invertido mucho dinero para un resultado tan mediocre. ¿Dónde mierda estaba la información? —¿Revisaron cuidadosamente la habitación del hotel? —le preguntó el Director de Operaciones (DO). —Sí, claro —mintió Trinidad, a quien ni siquiera se le había ocurrido. —¿Y la muchacha? ¿No pudo habérsela llevado en su caída? —Salvo que se la haya metido en la concha, porque cuando cayó estaba casi desnuda —respondió el viejo encolerizado.—!Hey, espera un momento! —lo interrumpió el DO. —¿Dijiste que tenía un pasaje de avión?

—Sí.

—¿Lo tienes ahí?

—Sí.

—¿Qué fecha de salida?

—Para mañana, a México.

—¿Para mañana?

—Sí.

—!Bingo! !Lo cambió! !Entonces pensaba regresar a la residencia argentina!

—Es probable.

—!Quiere decir que la mierda esa la dejó en la residencia! ¿Para qué iba a salir con los documentos a la calle? Lo que tienen que averiguar es en qué lugar de la residencia los dejó. ¿Ok?

Trinidad salió furioso de la embajada gringa. ¿Cómo no se le había ocurrido a él mirar la fecha del pasaje?. Sentado en el asiento trasero de una camioneta blindada, rumbo a la cárcel clandestina que habían habilitado en un viejo edificio en las afueras de la ciudad, se dedicó a revisar minuciosamente el resto de los objetos de Guillermo para evitar que volviera a pasarle lo mismo con algún otro detalle revelador. Cuando llegó, desde la puerta entreabierta de la sala de torturas, les hizo señas a los tres tipos que estaban adentro para que salieran.

—¿Y? —le preguntó al rubio.

—Nada —contestó éste, más cansado y abatido.

"El día que les veas la cara considérate hombre muerto", le dijo una vez uno de los pocos sobrevivientes de la Escuela de Mecánica de la Armada. Y ahora le estaban sacando la capucha...

Puedo respirar un poco mejor, pero no logró ver nada. ¿Lo habían dejado ciego? Tuerto, tal vez, porque, con dificultad, a través de su ojo derecho comenzó a percibir un poco de luz. Era curioso: no veía formas; solo algunos colores… El color azul claro de algo que podía ser....¿una mancha?; ¿una corbata?; ¿ojos? Si, ojos azules. Eran como un rectángulo azul sin contornos definidos...y con olor a rancio. Un difuso rectángulo azul maloliente, debajo de una mancha blanca, sobre un fondo un poco menos oscuro que el resto.

—¿Es ella? —le preguntaron los colores, con un tono que le resultó conocido. Y para hacerlo se acomodaron un poco; se organizaron en algo parecido a un rostro.

No entendía qué le estaban preguntando. La mejor forma de no responder; de responder cualquier cosa, es no entender. Se le acababa de ocurrir. No era una artimaña. Era una bendición porque no estaba simulando. De verdad no entendía.

—¿Es ella? —volvieron a preguntarle los colores con pretensiones de rostro, de cabeza, de persona, con voz de....¿quién? Del viejo Trinidad.

Trató de abrir un poco más el ojo sano para que le confirmara la especulación de sus oídos y pensó que algo adentro suyo – el ojo, el nervio, el cerebro – no estaba funcionando como debía, porque, repentinamente los colores cambiaron: ahora eran varias manchas compactas, más pequeñas, más borrosas... Quiso tocarlas, pero las ataduras se lo impidieron. Le soltaron el brazo derecho. Inútilmente, porque no podía moverlo. Entonces los colores fueron hasta su mano y se dejaron acariciar. ¿Un cartón? ¿Una postal? ¿Una foto? Una mano, como una garra, tomó la suya - con el cartón o la foto dentro- y se la puso frente al ojo sano. Bueno, medio sano. Si, era una fotografía de los últimos excursionistas de "Guerrilla Tours", con Susanne en el extremo derecho. No necesitaba verla claramente. Ni siquiera verla. La conocía de memoria. Siempre la llevaba en su billetera.

—¿Es ella; la de la derecha?

—Si, es ella —contestó alguien por él, porque apenas podía mover la boca y nunca había sido ventrílocuo.

El viejo permaneció un rato en silencio.

¿Era inteligente?

—Muy —contestó su clon con un tono de voz que era para reírse a carcajadas o para llorar con desconsuelo.

—¿La más inteligente que conociste en tu puta vida?

—Sí.

—¿Por eso te enamoraste de ella?

—Y porque era hermosa.

—¿Parecida a su madre?

—Supongo que sí.

—Sabés que vas a morir?

—Todos vamos a morir.

—¿Por qué volviste?

—Tengo sed.

—Así como estas, el agua te puede mandar de una vez al infierno y necesito hablar con vos.

—...—

—Hablar de ella...

—Agua.

Los colores con forma y voz de Trinidad se movieron para reaparecer unos minutos después con un recipiente con agua, que dejaron caer lentamente sobre su boca, su cara, sus ojos.

Respirar agua, de vez en cuando, no mata a nadie, solo lo ahoga un poco.

—Te lo advertí.

Trato de tomar aire por la nariz pero sintió que la cara se le partía de dolor.

—Me han dejado hecho una mierda —dijo como disculpándose.

—¿Por qué volviste?

—Para averiguar quién la mató.

—¿Lo descubriste?

—Y a vos que carajo te importa?

—No tiene nada que ver con toda esta mierda.

—¿Y entonces?

—Es un asunto personal.

Pensó que un torturado estupefacto no es algo que se ve todos los días. Pero, de verdad, no podía creer lo que había oído...

—¿Tenés hijos, viejo de mierda?

Le dio una trompada en el ojo sano. En realidad no fue demasiado violenta.

—No,(mintió) ella era la única.

—¿Porque no la salvaste?

—El que pregunta soy yo, hijo de puta —gritó y lo agarró del pelo para golpearle la cabeza contra el metal, una, dos, tres veces....

Guillermo se quejó débilmente una, dos, tres veces.

—¿Me vas decir quien la mató?

—Vos.

—!Te reviento!

—Vos mataste a tu única hija...Por eso no tuviste más hijos, porque los hubieras..." El viejo le hundió un codo en el estómago; ahora sí con todas sus fuerzas.

Vomitó lo poco que le quedaba del suculento desayuno de la mañana, pagado por los contribuyentes argentinos. Y como si hubiese enloquecido del todo comenzó a entonar: —Aaaal gran pueblo aaargentino....!Salud!.

Trinidad lo miró con expresión estúpida, sin entender lo que estaba ocurriendo.

—No mientas; vos sabes que yo no la maté —le dijo casi en tono de súplica.

—...—

—¿Quién fue?

—...—

—¿Fue la Dos?

—Fue Arrau.

—!No me mientas, comunista mal parido!

—Arrau.

—!Te mato ahora mismo!

—!Arrau, Arrau, Arrau, Arrau!

—¿Cómo lo sabes?

—Tengo pruebas.

—¿Pruebas de qué? ¿De qué salió con ella? Eso me lo dijo él mismo.

—De que tu socio y amigo Arrau la mató.

—El me juró que dejó de verla mucho antes de que desapareciera.

Tensó todos los músculos que pudo, preparándose para lo que iba a venir...

—!Entonces te vio la cara de pendejo , viejo esclerótico de mierda.

...

—El me juró... —murmuró el viejo.

—Arrau la mató porque ella, sin quererlo, descubrió el negocio de la chatarra.

—¿Cómo sin quererlo?

—Estaba tratando de encontrarte a vos. Necesitaba saber quién era su padre. Por eso vino a Umbilical.

—.....¿Cómo sabés que fue Arrau? —. ¿Acaso había cambiado el tono de su voz?

—Tengo prueba.

—¿Qué pruebas?

—...—

—Mirá O'Rourke: a vos toda esta mierda política te importa un carajo. No es tu problema. Yo sé que querías vengar a Susanne. Tenemos la grabación de tu conversación con López en ese café de Buenos Aires. Yo también quiero vengar el asesinato de mi hija. ¿Si te prometo que voy a hacer justicia por mi propia mano, me vas a decir dónde están esas pruebas?

—...—

—Vas a morir, de todas maneras. Sabés demasiado como para salir vivo de aquí. ¿Preferís morirte sin decirme dónde están esas pruebas? O morirte pensando que lograste tu propósito?.

—¿Vos vas a hacer justicia? !Un tipo que dejó que mataran a su hija!

—!Si es cierto que ese hijo de puta la mató, te juro que me las va a pagar!

—...—

—Bueno, con tu muerte podés hacer lo que quieras —dijo Trinidad con tono de resignación, después de volver a atarle el brazo derecho.

Los colores con forma de Trinidad, con la voz de Trinidad salieron de su campo visual. Los oyó alejarse...

...

—Es un microfilm; está en un rollo de papel higiénico, en un armario de la residencia del embajador de Argentina...

Trinidad pareció no haberlo oído... Llegó hasta la puerta, la abrió y en voz baja les dijo a los torturadores que se preparaban para volver al trabajo:

—Desátenlo, lo limpian y lo visten.

Entró detrás de ellos y, en una esquina de la celda esperó que cumplieran sus órdenes.

Después, los hizo salir, y se encerró con Lalo, ante el desconcierto de sus hombres que no volvieron a escuchar ni golpes, ni gritos, ni nada.

Estaba anocheciendo en Langley y, salvo algún jefe de sección y los encargados de la guardia nocturna, el personal se preparaba para lanzarse al asalto de los bares cercanos (bueno, no tan cercanos) antes de regresar a sus hogares, cuando una sirena no muy estridente comenzó a sonar en la sala de control de Operaciones, el puesto de mando, por así decirlo, de la organización mafiosa más poderosa y más obvia del mundo.

—!Shit, el Golfo, otra vez! —dijo uno de las decenas de burócratas que tuvieron que quitarse el saco, aflojarse la corbata y regresar a sus asientos, frente a las terminales de la red de computación.

No, no era el Golfo, sino la Home Page de UMBICA, el área de Umbilical y El Caribe (Cuba, por supuesto, tenía el privilegio de tener su propia Home Page y sección, una de las mas visitadas y activas) la que había aparecido en una enorme cantidad de monitores, inclusive en algunos pertenecientes a analistas, técnicos y operadores que nunca habían tenido nada que ver con la región.

—!Dos a uno a que es un levantamiento militar! —arriesgó en voz alta un flaco, alto y desgarbado, con aspecto de lechuza anémica, adjunto de la mesa de Contingencias.

—!Tres a uno a un magnicidio! —gritó otro.

—!!Papel higiénico!! ¿Enloquecí o ahí dice: Clave Tres PA-PEL+ HIGIENICO -222JJJD-D99-988J18DAA.- Prioridad 3. DCI;-DDCI;DO/ ORIGIEN: UMBI.A: Control/Conting/Oper/Sec.UmbiCa/ Log/Abast /Cien/Tecn/Prueba papel higiénico/todo/URGENTE/? —le preguntó espantado un analista militar a su vecino de cubículo, un oficial de Inteligencia Nacional para la Frontera Sur, señalando el críptico mensaje distribuído a través de la red.

La carcajada fue, sin duda, la más sonora y generalizada de las registradas en los cincuenta años de la Agencia.

Cuando, después de unos 10 minutos, estuvo en condiciones de hablar, el adjunto de la mesa de Contingencias tomó uno de los teléfonos internos, marco una clave, carraspeó y espero que le contestaran.

—Anderson, señor —se identificó. —No señor; ..., no señor. Es que, francamente, ese mensaje.... Si señor. Ahora mismo señor.

Colgó y se levantó para ordenar en voz alta, casi gritando porque las risas y las bromas no habían cesado:

—!Jefes de sección; encargados de turno: a la sala de juntas!.

En su oficina de la séptima planta – contigua al despacho del Director de la CIA, quien en ese momento realizaba una gira secreta por el extranjero –, el Director Adjunto de la Central de Inteligencia (DDCI) no estaba para bromas. Media hora antes, por una línea telefónica directa – y super segura – había recibido un llamado del jefe de la estación CIA en Umbilical. En ese momento le estaba enviando un mensaje cifrado con los detalles, pero le adelantó que habían establecido con precisión el lugar donde se encontraba la información a interceptar: un armario en el interior de la residencia oficial del embajador de la República Argentina (es decir, jurisdicción territorial de un país amigo). Pese a ese inconveniente, había varias alternativas para recuperarla. El problema consistía en que se trataba de un microfilm colocado dentro de un rollo de papel higiénico que podía ser utilizado en cualquier momento por el embajador (actualmente vivía solo en la residencia, asistido por personal doméstico, un chofer y dos elementos de seguridad). Por lo tanto, estaban ante una emergencia; una verdadera carrera entre las necesidades fisiológicas del diplomático y los preparativos para cualquier alternativa que se seleccionara para apoderarse del microfilm.

Antes de terminar la conversación habían acordado utilizar las palabras "rollo", "papel" y "papel higiénico" como códigos para los mensajes sobre el caso e incorporarlas, de inmediato, a la enorme lista de palabras clave que las computadoras de la CIA están en condiciones de reconocer para clasificar – y direccionar dentro de la red – los mensajes que las contienen según su importancia en: "Top Secret" (material que en caso de ser revelado puede causar un daño "excepcionalmente grave" a la seguridad nacional) ; "Secret" (material que en caso de ser revelado causaría un "grave perjuicio" a la seguridad nacional) y "Confidencial" (que en caso de ser revelado supondría "cierto tipo de perjuicios" para la seguridad nacional).

Como "papel+ higiénico" fue el código acordado para la más baja clasificación (la información que puede circular por toda la red), el mensaje de prueba, enviado desde la estación de Umbilical, había aparecido en todos los monitores conectados en ese momento a la Home Page del área UMBICA. Ese era el muy serio y profesional motivo de tanta jarana.

Visiblemente irritado, básicamente eso fue lo que el Director Adjunto informó a su atenta y selecta audiencia (la mayoría treintones egresados de Harvard, Yale, Princeton) que, aunque trataba de disimular, no dejaba de encontrar la situación como la más surrealista que le había tocado afrontar a la Agencia.

Estaban por comenzar a analizar la crisis y los posibles cursos de acción, cuando el Director de Operaciones (DO) – que había sido llamado con urgencia por el adjunto de la mesa de Contingencias – entró en la sala con una copia del mensaje recibido (simultanea y exclusivamente) en su ordenador, el del DCI y el del DDCI. Un mensaje "Top Secret" con la palabra clave "rollo".

Sin entrar en detalles de mal gusto, como los métodos utilizados para obtener la información, el DO ratificó el informe del DDCI para concluir diciendo: —Bueno; supongo que es un trabajo que le corresponde a nuestro Directorio (Operaciones).

Dentro de la Agencia para nadie era un secreto la abierta rivalidad existente entre el DDCI y el DO. Por eso, ninguno de los presentes en la sala de juntas se sorprendió cuando el DDCI reaccionó como si le hubiesen pinchado el culo:

—Para completar tu equivocación te faltó decir que le corresponde !exclusivamente! a tu Directorio. !De ninguna manera! ¿Es qué acaso no necesitamos saber cuánto y cuántas veces caga ese diplomático sudamericano? ¿En cuánto tiempo dará buena cuenta del rollo que tiene en su baño para recurrir al del armario? Cuánto tiempo tenemos para que !tu! maldito Directorio pueda preparar el asalto a esa casa? !Aquí vamos a necesitar del trabajo en equipo de todos! De los expertos, de los científicos y técnicos, de los académicos, de los programadores y analistas de sistemas, entre otros. !Es una emergencia nacional y tenemos que movilizar a todos!. A esas alturas parecía haber perdido todo sentido de las proporciones...y del ridículo.

—Señor, tratándose del embajador y del territorio de un país amigo no habría que comenzar por analizar los factores político-diplomáticos de todo esto —se atrevió a opinar un joven analista.

—!Claro que sí! —le respondió el DDCI. —!Este es un asunto para el Concejo Nacional de Seguridad!

—¿El Concejo? ¿Te has vuelto loco? —le preguntó, sin ningún respeto por las jerarquías, el DO. —¿Vas a meter al CNS en esto? ¿Al Departamento de Estado y al Congreso? ¿Vas a recurrir a esas instancias para hablarles del papel higiénico y las cagadas de un embajador sudamericano?!Yo renuncio!

La gritería que se armó a continuación impidió retomar el tema central: como hacer para recuperar el microfilm antes de que el embajador lo encontrara. Por lo tanto, el DDCI dio por cerrada la sesión y salió casi corriendo en busca de unos remedios para estabilizar su presión arterial.

Enterado de la doble crisis (la externa y la interna), el DCI suspendió su gira secreta y regreso a Langley con urgencia para asumir el control de la situación.

De inmediato se puso en contacto con un viejo amigo; alto ejecutivo de "Procter and Gamble", una de las mayores productoras mundiales de papel higiénico. Almorzaron en un restaurante del Mayflower Hotel, en el centro de Washington, y el DCI fue directamente al grano (o al culo, como se prefiera): —Bill, ¿cuánto tarda un tipo de mediana edad y complexión regular en acabarse un poco más de medio rollo de papel higiénico?

—¿Me estás hablando en serio?

—Absolutamente. Se trata de un caso de seguridad nacional.

—Discúlpame que me ría o que llore. Si nuestra seguridad nacional ha llegado a ese nivel, me estas anunciando el fin de nuestra historia... De todas maneras, si con esos datos yo pudiera contestarte con aproximada exactitud, sería el presidente de Procter y ya habría obtenido el Nóbel —dijo el invitado.

—¿Que datos necesitas?

—Esta me parece la conversación más absurda que he sostenido en mi vida...Pero, comencemos por el usuario: edad, peso, altura, historia clínica completa – incluyendo un detallado informe de su estructura y estado dental –, hábitos alimentarios, si fuma o no fuma, si bebe o no bebe, actividad y rutina cotidiana, horarios, deportes, informe psiquiátrico y psicológico, nivel de stress. ¿Sigo? Ah, muy importante si tiene y usa bidet, ducha de mano, alguna de esas cosas. Ahora, vayamos al producto: qué papel, qué calidad, qué marca, qué largo total, qué ancho, simple o doble, el tubo de qué diámetro, el cartón de qué espesura, elaborado con qué tipo de proceso, etc. etc. Con todos esos datos, metidos en tus super-computadoras, tendríamos un estimado con un margen de entre un 10 y un 15 por ciento de error.

—Bill, ¿cómo andas de tiempo?

—Mal, como siempre.

—¿Podrías encargarte del estudio?

—Puedo supervisarlo. Pero tengo gente, con conocimientos técnicos superiores a los míos, más específicos, que podría hacerlo.

—¿En cuánto tiempo?

—Con todos esos datos, en una semana tal vez...

—¡Para entonces el tipo ya habrá recurrido a otro rollo! —comentó el DCI desconsolado.

—¡Ah, el proceso ya está en marcha!

—¿Qué creías?

¿Medio rollo me dijiste? Si no tiene el culo demasiado grande y peludo, digamos que se lo acaba en una semana.

—Ya han pasado casi tres días. ¿Me quedan cuatro?

Entonces el tal Bill lanzó una sonora carcajada. —Si se trata de un problema personal que quieres ocultar, puedo prestarte para que te compres un rollo nuevo.

278

Antes de despedirse, el ejecutivo agregó:

—Si lo que necesitas es ganar tiempo, como parece, lo único que puedo recomendarte es que trates de que el sujeto coma lo menos posible.

Los ojos del DCI brillaron de entusiasmo.

—No sabes como valoro tu asesoría.

Mientras tanto, como en Langley la cantidad de filtraciones a la prensa es inversamente proporcional a la calidad de la Inteligencia producida, dos días después de la memorable reunión en el séptimo nivel, el New York Times y el Washington Post publicaron sendas versiones sobre "Disputa por papel higiénico en la cúpula de la CIA"; "Sin papel higiénico, las cagadas de la CIA amenazan con llegar a la Casa Blanca". Para no quedarse atrás, Times, News Week y la CNN prepararon, de inmediato - a un costo varias veces millonario - los siguientes reportajes: "Desastre ambiental por el derroche de papel higiénico en el gobierno federal"; "Papel higiénico: ¿nueva arma del terrorismo internacional?"; "Espionaje chino obtiene secretos sobre nuevos usos del papel higiénico en los baños de la CIA".

El DCI estaba demasiado ocupado como para dejarse amedrentar por semejante campaña mediática. Llegaba al cuartel central a las 8 de la mañana, le daba un rápido vistazo a la montaña de informes "Top Secret" sobre Rusia, Irak, Medio Oriente, Corea del Norte, China; sostenía su habitual reunión de las 9 y se dedicaba por completo, el resto de la jornada, a lidiar con el papel higiénico. ¡El maldito papel higiénico se había convertido en su obsesión! Agentes del FBI habían salido a comprar todas las marcas, todos los tamaños, todos los envases existentes en el mercado y en su despacho las montañas de paquetes abiertos y sin abrir; rollos despegados y sin despegar; tiras del blanco papel desenroscadas por el suelo, colgadas de las lámparas, de las cortinas, del monitor de la computadora, le impedían caminar y lo privaban de la magnífica vista del bosque circundante.

Los mensajes cifrados iban y venían de Langley hacia Umbilical y de Umbilical a Langley con una frecuencia pocas veces vista en cualquier parte del mundo y en cualquier época desde la "Crisis de los Misiles". El tema era siempre el mismo. Prácticamente toda la Agencia había quedado atrapada por una monumental e intrincada telaraña de papel higiénico. Mientras tanto, el Directorio de

Operaciones se dedicaba a recolectar toda la información posible sobre el embajador Mansilla, presionando a la estación de Umbilical para que siguieran sus pasos; para que entraran en contacto con su médico, dentista y oculista (?); con su personal doméstico, especialmente; con los basureros del barrio - ofreciéndoles miles de dólares a cambio de un viejo rollo de papel higiénico proveniente de la residencia diplomática e, inclusive, doblando la oferta por una "hojita" de papel usado, (por mas cagado que estuviese).

El propósito: alimentar las super-computadoras de la Agencia con toda la información posible para saber cuánto tiempo más tenían hasta que el Concejo Nacional de Seguridad y el propio Presidente de los Estados Unidos de América se decidieran a autorizar una *covert action* contra la ya famosa residencia. !La burocrática mentalidad del DDCI había terminado por imponerse!

Para colmo, el mandatario dudaba. No faltaron los asesores que le recomendaron hablar personalmente con su amigo, el presidente de Argentina, explicarle la situación y pedirle una "ayudita". Pero, por lo visto, habían terminando imponiéndose los que argumentaron que, teniendo en cuenta los antecedentes del dignatario argentino y su entorno, esa "ayudita" podía salirle más cara al Tesoro que el propio Plan Marshall (17 mil millones de dólares). Hasta que en la mañana del quinto día, el DCI - cada vez más tenso porque el plazo estimado se acababa - decidió que había llegado el momento de utilizar toda la inteligencia "humana" disponible en Umbilical para seguir la recomendación de su amigo, el ejecutivo de Procter, además de "cierto" recurso tecnológico en fase experimental (un poderoso compuesto químico inhibidor del apetito y de la función intestinal, al mismo tiempo), que fue despachado, en medio de un gran secreto y con la mayor de las urgencias, en un Lear Jet de la Agencia.

Los jueves y viernes eran los días de mayor actividad social en la agenda de trabajo del embajador Mansilla: desayunos, almuerzos, cócteles, cenas, recepciones, inauguraciones, conmemoraciones, actos, fiestas y más fiestas. Siempre iguales, siempre con la misma gente y las mismas conversaciones intrascendentes. Sin embargo, esa semana el embajador percibió cierto cambio en el ambiente. Algo extraño estaba ocurriendo a su alrededor, pero no podía precisarlo. Era como, si de pronto, todo el mundo estuviese preocupado por su salud, por su dieta, por su estómago. En los bufetes, cuando llegaba a servirse ya no quedaba prácticamente nada. En los que había quien sirviese, depositaban en su plato el contenido de apenas dos cucharaditas. En las recepciones le escamoteaban las bandejas y le restringían las copas. Las veces que intentó entrarle a las lasañas, por ejemplo (que le encantaban), siempre apareció alguien (hombre o mujer) advirtiéndole que tenían un olor y un sabor "medio sospechoso". —¿Por qué no prueba esas galletas, que están deliciosas? —le sugerían, a cambio. !Y lo que, en realidad, le parecía que tenía un olor y un sabor francamente sospechoso era el agua que, cada tanto, algún comedido insistía en ofrecerle! En los pequeños grupos que siempre se organizan en cualquier reunión social, durante esos dos días invariablemente le tocó conversar con algún hincha pelotas preocupado por el colesterol, la grasa, esos rollitos. !Ya lo tenían hasta los huevos! ¿Qué carajo estaba pasando? Y se miraba en cuanto espejo encontraba para tratar de descubrir el origen de ese sabotaje premeditado y sistemático del que estaba siendo víctima su buen diente y su gusto por unos whiskachos de vez en cuando.

Ese viernes se trabajo hasta tarde en la estación de la CIA en Umbilical y en el cuartel central de Langley. Los informes desde el teatro de operaciones eran alentadores: aún la alta tecnología bélica estadounidense no había logrado desarrollar satélites para monitorear los niveles de mierda en las cloacas (aunque los principales laboratorios y centros de investigación de la Gran Potencia Mundial trabajaban arduamente en ello), pero confiaban plenamente en los resultados de la operación conjunta ayuno y evacuación cero. Por su parte, el Directorio de Operaciones esperaba con impaciente optimismo que la luz verde del Ejecutivo para ingresar subrepticiamente en la residencia argentina y apoderarse del microfilm se encendiera entre el domingo – el día del cierre de la campaña electoral en Umbilical – y el lunes. El viejo Trinidad y sus hombres ya estaban listos para eso.

Todo parecía bajo control. Hasta los detalles más insignificantes habían sido contemplados. El margen de error era, prácticamente, igual a cero. El sábado sería – !por fin! – un día para relajarse y descansar.

Al menos en la residencia argentina ese sábado fue de descanso absoluto. En la mañana el embajador Mansilla licenció a todo el personal – algo bastante raro en él –, menos a un agente de la policía nacional que debía permanecer de guardia en la entrada.

Y al mediodía salió con su automóvil particular...y regresó acompañado por una amiga. «La misma amiga de, por lo menos, dos embajadores anteriores», se dijo asimismo el vigilante, sin haberla observado ni un segundo, por supuesto.

Hacía bastante tiempo que el diplomático no veía a su esposa y, bueno, la carne es débil. Y cuanto más débil, más miope, porque la esposa de Mansilla era una delgada, elegante y sobria dama joven, cualidades que no caracterizaban precisamente a la señorita que el diplomático había invitado para pasar el fin de semana en la residencia, escuchar música, mirar televisión (el acto de cierre de la campaña de Arrau) y, si el clima ayudaba, nadar un poco y tomar sol. A decir verdad, no era fea, pero seguramente cuando vio las fotografías de la esposa del embajador distribuídas por toda la casa - Mansilla cometió el error de dejarlas donde estaban- no se sintió demasiado halagada. No era una cuestión de belleza (en realidad, también lo era) sino de..., como decirlo? "De pedegree" (ahora, con la revoluición bio-genética puede escribirse sobre el "pedegree humano" sin que parezca un discurso nazi), Bueno, de todas maneras, la invitada era alegre, simpática, espontánea, aparentemente sensual, aparentemente discreta...!y a todas luces glotona!

La gula no era su principal pecado pero si su sello distintivo.

Así que desde que se instaló en la residencia no paró de comer y beber: saladitos, aceitunas, sandwichitos de queso, litros de cerveza, sandwichitos de jamón, sandwichitos de mortadela, sandwichotes de chorizo argentino, hectolítros de Coca Cola, carne asada (Lucio era un buen asador), papas, ensaladas, frutas y postres varios; flan con dulce de leche, dulce de leche sin flan; helados, toda la tarde; panes dulces y no dulces, con manteca y jalea en la merienda; espaguetis a la boloñesa (Lucio era un buen cocinero) en la cena; pastel de chocolate, café "con tres cucharaditas de azúcar", licor de huevo, licor de naranjas, "alguna cosita mientras miramos televisión", "algo para pellizcar en la cama".

Contrastando con la (forzada) frugalidad de Lucio, su invitada no paró de comer y... de ir al baño.

El domingo, comenzando por el desayuno con huevos fritos, tocino y mucho pan – además de un licuado de banana con leche –, repitió la dosis del día anterior y hasta logró batir su propia marca. Mientras Lucio nadaba, ella devoraba hot-dogs. Mientras

Lucio ponía música "romántica" (no vaya a pensarse en baladas o boleros; sino en Liszt); ella chupaba caramelos. Y, en más de una ocasión, con el inconsistente argumento de que "la proximidad de las elecciones me pone un poco ansiosa" prefirió incursionar en la enorme heladera y la despensa de la residencia a aceptar las diplomáticas invitaciones de Mansilla para jugar sobre la alfombra.

Y cuando, ya tarde, pareció dispuesta a darle un respiro a su atormentado sistema digestivo para poner a trabajar un poco el visual sobre la multitud concentrada en el Parque Central, en torno a la tribuna del Partido de la Reconstrucción de Umbilical (PRU), que de tan compacta y entusiasta parecía a punto de reventar la pantalla del televisor e invadir la sala; y cuando casi se pone a llorar de emoción porque "Señoras y Señores; Umbilicalenses todos: ¡Allá viene! ¡Ya está llegando! ¡Aquí está con nosotros la Patria, el Futuro, la Esperanza, el Hombre junto a su Pueblo; codo a codo con su Pueblo, como Ayer, como Hoy, como Mañana:...!!!Armando Arrau!!!; ....!Arrau! chan, chan !Arrau, chan, chan !Arrau!. !Arrrrrrrmando Arrrrrrrau! ¡El Hombre de la Reconstrucción Nacional! Y cuando, se paró para vivarlo y aplaudirlo, junto con la multitud en la plaza, justo en ese momento, sintió (otra vez) el irresistible llamado del inodoro. Y salió corriendo...

Poco después, para sobreponerse a los aplausos, las expresiones de júbilo y los cánticos de la multitud provenientes del televisor, tuvo que gritar:

—Querido: se acabó el papel. ¿Me puedes alcanzar un rollo nuevo?

FIN

Guerrilla Tours de Juan Gaudenzi
se terminó de imprimir en los Estados Unidos
en febrero del 2014.

La edición estuvo a cargo
de Casa Editorial Abismos,
se imprimieron 500 ejemplares.